GERMÁN JIMÉNEZ MORALES

EL HOMBRE
QUE ARRODILLÓ
A LA JOYA DE
LA CORONA
QUIERE SER PRESIDENTE

Germán Jiménez M. Escritor y conferencista

El hombre que arrodilló a la joya de la corona
Germán Jiménez Morales ©
Primera edición: Septiembre de 2003
Segunda edición: Junio de 2021.

DEDICATORIA

A toda mi familia y en particular a mis hijos Andrea y Pablo.

SUMARIO

NOTA DEL AUTOR A LA 2ª EDICIÓN

"La joya de la Corona".

Así se conoce en Colombia a las Empresas Públicas de Medellín (EPM), un conglomerado empresarial que tiene integrada la prestación de servicios esenciales para la ciudadanía, como lo son la energía eléctrica, el gas, el acueducto y alcantarillado, las telecomunicaciones y la recolección de residuos sólidos.

A su vez, esta organización es el mayor botín que se disputan en tiempos de elecciones los políticos de profesión.

¿Por qué?

Les voy a dar algunas cifras para que se formen una idea del colosal poder económico y político que hay detrás de una empresa tan ligada a la calidad de vida de los ciudadanos.

Como grupo empresarial, EPM tiene presencia en México, Guatemala, El Salvador, Panamá, Chile y Colombia.

Sus frentes de actividad son diversos, pues incluyen la generación transmisión y distribución de energía, la distribución de gas, la provisión de agua, el tratamiento de aguas residuales y la gestión de residuos sólidos.

Al cierre del 2020 tenía cerca de 8,6 millones de clientes y usuarios, 9.177 proveedores y contratistas y una nómina de 15.498 colaboradores.
En medio de la pandemia del Covid 19, los ingresos consolidados de EPM crecieron un 8% y se situaron en 19,8 billones de pesos colombianos.
Su Ebitda descendió el 4% y cerró balance en $5,8 billones.
La utilidad consolidada del grupo empresarial ascendió a $3,7 billones, con incremento del 19% frente al ejercicio del 2019.
Sus activos también crecieron, un 16%, y culminaron ese año fiscal en $63,7 billones, en tanto que su patrimonio se situó en $27,1 billones.
El cargo de Gerente General de EPM es, si se quiere, más importante que el de un ministro de Estado en Colombia y que el de CEO de cualesquiera de las 5 más grandes empresas privadas antioqueñas. Y una de las razones para ello, es que en un año, como el 2021, esta organización maneja un presupuesto de $19,2 billones.
De este monto, $8,8 billones se van a la remuneración de la nómina.
Al pago de la deuda se destinan $3,4 billones.
Y en materia de inversiones -una de las variables claves para los políticos que pujan por este poder-, EPM maneja en 2021 un total de $6,7 billones.
Nómina, presupuesto y contratos. Tres variables que despiertan las ambiciones de los políticos de oficio que quieren formar también sus micro o macroempresas electorales.

Pues bien. Este libro es una buena muestra de la manera como un político muy hábil, controversial y frentero, movió desde la Alcaldía de Medellín todos los hilos de las Empresas Públicas: Luis Pérez Gutiérrez.

No dejó títere con cabeza.

Una prueba de la inestabilidad que se vivió en la organización durante su mandato, es que entre 2001-2004 EPM tuvo tres gerentes generales.

Tanto intervino directamente el alcalde en EPM, que sin ruborizarse declaró desde el inicio de su gobierno que él sería el primer Gerente General de Empresas Públicas de Medellín, con lo cual redujo a la categoría de simples títeres a las personas que puso en esos cargos.

Adicionalmente, Pérez despreció a los expertos de EPM, los desacreditó públicamente y puso sus intereses políticos por encima del rigor técnico, económico y jurídico.

¿Qué por qué sigue siendo relevante esa historia?

En primer lugar, porque estos hechos son un buen espejo de situaciones que se están viviendo en EPM desde enero de 2020, por cuenta de los dictados del alcalde de Medellín, Daniel Quintero Calle.

No se extrañen si por momentos piensan que el gobernante de hoy (2021) es el mismo del año 2001-2004).

Juzguen ustedes mismos, busquen las similitudes y analicen el comportamiento de las llamadas "fuerzas vivas de la sociedad" y de los empleados de EPM ante ambos gobernantes.

Y lo segundo, es que los ciudadanos tienen derecho a informarse adecuadamente sobre los antecedentes de quienes desean regir sus destinos,

desde un cargo tan relevante como es la Presidencia
de la República.

Este libro es, claramente, una ayuda de memoria.
Espero que la reedición sea de utilidad para todos.
Y eso incluye al exmandatario, que ahora busca
que los ciudadanos le renueven su confianza para
llevarlo a posiciones políticas más elevadas, ya no
en el plano local, sino nacional e internacional.

NOTA DEL AUTOR A LA 1ª EDICIÓN

El nuevo Alcalde de la ciudad tendrá que obrar con mucha inteligencia, para tratar de recuperar el orgullo que tanto la comunidad como sus empleados sienten por ese patrimonio colectivo que son las Empresas Públicas de Medellín.

Difícil es encontrar una administración que le haya hecho tanto daño a una organización que ha brillado en América Latina por su solidez, por la calidad de los servicios públicos prestados, por la férrea defensa que de ella hacen los ciudadanos y por el gran talento del que hacen gala sus funcionarios.

La verdad hay que decirla. Luis Pérez Gutiérrez nunca ocultó ante nadie que se iba a convertir, para la historia, en el Señor de las EPM. Lo cantó cuando dijo que él iba a ser el primer Gerente General, con lo cual dejaba como figuras decorativas o cosméticas a quienes nombrara para tal cargo. Lo reafirmó cuando en varias ocasiones desautorizó públicamente al primer Gerente General, Iván Correa Calderón. Lo dejó en claro cuando atentó contra el good will del cuerpo técnico, al que menospreció y sometió con todo el peso de su autoridad. Lo repitió hasta el cansancio cuando impuso su voluntad política para sacar adelante iniciativas que se convirtieron en una frustración para los más pobres, de los que decía ser su Alcalde, como es el caso de los descuentos Comerciales en las tarifas de energía y los 200.000 computadores con Internet e impresora, para citar sólo dos casos.

Y ya no inteligencia, sino también sensibilidad social, va a requerir el nuevo Alcalde y el equipo gerencial en EPM, para que los antioqueños vuelvan a mirar con admiración y respeto a sus hasta ahora intocables Empresas Públicas de Medellín. Da tristeza reconocerlo, pero hay mucha gente que recibe con desazón la cuenta de los servicios públicos y mucha más la que por física incapacidad de pago, no resiste las caras tarifas, así para consuelo oficial éstas sean las más baratas de Colombia.

También habrá que ser muy imaginativos para restituirle a los técnicos su libertad de pensamiento y de crítica, para que sigan haciendo sus análisis con la honestidad profesional que demanda la preservación de un activo superior a los $11 billones. La cultura del miedo que impuso la era Pérez se ha pagado con una alta cuota de desmotivación y de desconfianza por la cúpula gerencial. De ello dan fe el estudio de clima organizacional contratado por EPM con una firma externa, y la creación de un Sindicato de Profesionales, que declaró como bandera la de defender a sus afiliados, pero también la viabilidad de la organización.

Para el bien de la ciudad es conveniente que los candidatos se comprometan públicamente a decir con toda claridad cómo será su manejo de las

Empresas Públicas de Medellín; cuáles las principales estrategias que utilizarán para seguirle agregando valor y para retribuirle más beneficios a sus propietarios; cuál será el nivel de transparencia con que la administrarán; cuál el grado de autonomía que tendrá; cómo serán los perfiles del Gerente General y la Junta Directiva; y, sobre todo, qué se puede esperar de las relaciones entre las Empresas y el Municipio. Esos compromisos están plasmados en el capítulo que dedicamos al futuro de EPM.

Mientras a nivel nacional se aprecia un Gobierno que le da la cara a sus ciudadanos, y que somete a examen público el trabajo de su equipo ministerial, suena por lo menos sospechoso que en el plano local no exista un mecanismo de rendición de cuentas y que la información vital para hacer un buen seguimiento de una organización como EPM tenga que ser solicitada por Derecho de Petición o sólo sea accesible después de una compleja investigación periodística.

Es difícil imaginar que se repita un capítulo en la historia de las EPM en que un Alcalde sea capaz de desvalorizar sus inversiones calificándolas públicamente de improductivas, pero luego proceder a engordarlas. O una Gerencia General que ceda a un superasesor, y sin ruborizarse, la vital función de señalar el rumbo estratégico de la organización. O un cuerpo técnico subyugado, para el cual primero sea la defensa del puesto que la defensa de la empresa a la que se debe.

0 un Concejo Municipal sin poder de fiscalización, ciego, mudo, sordo y complaciente frente

a los problemas que se registren en la empresa más importante de la ciudad. O una Junta Directiva que, como dijo sin pena alguna uno de sus miembros, sea un club de amigos sin sentido de compromiso.

Cuando salgan a flote muchas más verdades sobre EPM, la comunidad podrá tener una idea de lo costoso que en términos económicos y sociales resulta tener toda una ciudad de espaldas a su "Joya de la Corona". Ojalá que la era del oscurantismo quede atrás, para darle paso a la era de la transparencia■

UN RÉGIMEN MONÁRQUICO

Empresas Públicas de Medellín (EPM), con sus $11.4 billones de activos y más de 10.000 empleados, lo es todo para Medellín. Tanto, que inclusive llega a pesar más en la economía que su mismo propietario, o sea el Municipio. La organización es un fenómeno social en medio de la crisis de lo público. La gente aún la lleva en el corazón y la defiende como su más preciado patrimonio colectivo. No es para menos. De su pulcro manejo y de la eficiencia con que preste sus servicios, depende la calidad de vida de más de un millón de usuarios y sus respectivas familias.

Su nuevo ropaje de Grupo Empresarial pasa un tanto inadvertido para el común de los mortales. Igual ocurre con la fuente de sus ganancias, sustentadas en más del 50% por la energía y 44% en telecomunicaciones. Otro tanto puede decirse del manejo de un portafolio cuyo valor supera el billón de pesos. Incluso, ya se da como normal que tenga una nómina de elevado perfil profesional y hasta exportable. Lo fundamental, para la gente, es la oportunidad y calidad de los servicios. Punto.

Por esa doble condición que tienen los ciudadanos, de propietarios y usuarios agradecidos, EPM debería ser una entidad abierta al libre examen y generosa en el suministro de la información para medir el acierto o desacierto de sus decisiones.

Esa transparencia, sin embargo, se ha visto enturbiada. Aunque Iván Correa Calderón, primer Gerente General de la administración de Luis Pérez Gutiérrez, se declaraba respetuoso de la libertad de prensa y del derecho a la información, este periodista al servicio de El Colombiano tuvo que enviarle el 13 de junio de 2002 una carta para protestar por el bloqueo ante una solicitud desinformación sobre temas relacionados con EPM, y que, siguiendo los conductos regulares, desde el 21 de mayo se había tramitado a través de su Departamento de Comunicaciones.

Desde entonces, se pidieron citas con los gerentes de las Unidades Estratégicas de Negocios (UEN) o con los funcionarios competentes para desarrollar cada tema. La negativa se disfrazaba con disculpas: la Gerencia General consideraba que el país estaba ocupado en otros temas y que sería conveniente esperar a después de las elecciones presidenciales; que Correa Calderón quería mirar primero la información que los gerentes entregarían al periodista... Pero que los funcionarios no habían cumplido con la entrega de los respectivos documentos.

El sentimiento de frustración llevó a finalizar así la carta dirigida al funcionario: "el recuento deja una sensación bastante amarga. Todo parece indicar que usted ha decidido bloquear el acceso a la información de EPM a este diario y a este periodista en particular. Y no me refiero a la información que la entidad genera, sino a la que nosotros solicitamos de cara a los informes especiales que estamos elaborando".

El periodista llamó el 24 de julio de 2002 al gerente General para indagar su respuesta a esa carta. "Le voy a responder por escrito", replicó aquel, pero hasta el presente no ha llegado.

El compromiso de penetrar en varios temas vitales de EPM obligó al periodista a remitirle al funcionario un largo Derecho de Petición, que fue atendido en los términos previstos en la ley. El mismo camino debió seguirse con la segunda Gerente General, Edith Cecilia Urrego Herrera, para un tema tan sensible y manipulado ante la opinión pública como la masificación de Internet.

El caso es que un Derecho de Petición es un mecanismo imperfecto para obtener información, porque no permite contrastar, ampliar o controvertir frente a frente con la fuente las cifras o conceptos que son recibidos. Con un agravante. Correa Calderón les ordenó a sus directivos que si el periodista Germán Jiménez Morales pedía una aclaración o ampliación sobre los temas del Derecho de Petición, nada se le podía dar directamente. Todo debería diligenciarse a través de la misma figura, o sea el Derecho de Petición.

El Concejo municipal, que suele llamarse a sí mismo "la Junta Directiva de Medellín", también ha tenido sus problemas con la administración de EPM. El edil Álvaro Muñera Builes (El Pilarico), ha expresado que "he observado que el Gerente (Correa Calderón) ha sido irrespetuoso con la corporación de que hago parte, no asistiendo a varias citaciones y respondiendo a las inquietudes con un "hemos tomado nota de las preguntas de los concejales y más adelante responderemos por escrito", lo que deja entrever que no tiene mucho conocimiento de muchos aspectos de la empresa que gerencia".

A esa débil percepción del papel que cumple el Gerente General también ha contribuido el propio Alcalde de Medellín, Luis Pérez Gutiérrez, quien desde un comienzo aclaró que él iba a ser el gerente de las EPM. Eso, sin embargo, tampoco ha resultado afortunado. Prueba de ello es la afirmación del concejal Gabriel Jaime Rico B., en el sentido de que "el Alcalde municipal ha ejercido un liderazgo tal en las EPM que desplaza a la gerencia en decisiones fundamentales, como invertir en vivienda*, contact center, cuestiones ambientales".

En una perspectiva similar, el concejal Edgar Alberto Duque ha dicho que Pérez es quien "direcciona las decisiones elmpone las políticas y proyectos a ejecutar. Es una actitud casi monárquica, que vulnera peligrosamente la autonomía de la entidad".

Tales conceptos no son unánimes. Desde otra frontera, María Mercedes Mateos Larraona ha manifestado que "EPM no se ha politizado y sigue manejándose con criterio empresarial. No obstante, su calidad de empresa pública la obliga a articularse con la función social y los planes de desarrollo de su dueño, el Municipio de Medellín".

A su turno, Germán Giraldo Villa ha planteado que "la función social de las EPM se ha magnificado en la administración de Luis Pérez".

Con todo, es inocultable que el protagonismo jugado por el mandatario local ha tenido efectos perversos.

Primero, sus constantes y duras críticas a las inversiones improductivas de las EPM fue la peor jugada del "ajedrecista". Esa, por supuesto, era una pésima señal para los potenciales inversionistas interesados en adquirir negocios en los que las Empresas ya iban de salida, como ISA, Isagen, Gases de Antioquia y Transmetano. Prácticamente intacto quedó el potencial estimado en $600.000 millones que se podrían recoger con la liquidación de esas inversiones.

Segundo, algunas de las inversiones que Pérez calificó como improductivas, fueron "engordadas" por la administración de las EPM, vía inyección de recursos frescos, o capitalizaciones que llaman los especialistas.

Tercero, públicamente Pérez impuso su criterio a los técnicos de las Empresas, les pidió sacar cuentas que demostraran la viabilidad de sus propuestas y los puso a trabajar aún ritmo endemoniado. Los frutos no siempre fueron dulces. Un modelo bastante reconocido son las contradictorias declaraciones sobre el programa de masificación de Internet, que pese a sus incuestionables bondades sociales ha sido desarrollado con una improvisación que riñe con el tradicional rigor con que EPM analiza y ejecuta sus proyectos.

Un ejemplo menos visible de lo perversa que ha sido la conducta de Pérez, es el fiasco con la congelación de tarifas. A los cuatro vientos la administración se ufanó del efecto social de este alivio, pero la verdad es que las ganancias se repartieron sin ninguna equidad. Y lo peor es que en el mandato que dijo jugársela por los más débiles, los usuarios más pobres de Empresas Públicas apenas recibieron el 3% de los casi $29.000 millones que dejó de percibir la entidad con su política tarifaría de abril 2001-abril 2002. Y cuarto, el castillo de naipes que Pérez construyó a partir de las finanzas de EPM mostró sus fisuras. Tal es el caso de los promocionados call center, luego rebautizados como contact center, a través de los cuales el Alcalde prometió generar 80.000 empleos.

Allí el problema no era de plata, porque la entidad la tenía. Tampoco era de mano de obra, porque había y aún hay un amplio ejército de desempleados disponibles en la ciudad. La limitación era de mercado, de clientela. Los primeros demandantes de estos servicios no resultaron ser las multinacionales que fueron a buscar al exterior los altos funcionarios de las Empresas, guiados por el superasesor Rafael Mario Villa Moreno, sino las firmas que conforman el mismo Grupo Empresarial EPM.

Iván Correa Calderón no respondía directamente a la pregunta de si se podría cumplir con la meta de 80.000 empleos con los contact center, ni decía cuántos se debían montar ni cuánta inversión se precisaría para ello. Lo único que confesó tener claro es que ese era un proyecto piloto, o "semilla inicial", que despegaba con una capacidad de 1.000 diademas y capaz de generar 5.000 puestos de trabajo entre directos e indirectos.

Los contrastes entre lo que Pérez quería y lo que realmente se ha hecho en EPM, deja flotando en el ambiente inquietudes como estas: ¿será que el Alcalde no conocía a fondo a la entidad? ¿Será que los técnicos, a los que no perdía oportunidad de darles madera públicamente, lo convencieron de sus errores? ¿O será que al mandatario no le hacían caso?■

NEGOCIOS EN BLANCO Y NEGRO

Empresas Públicas de Medellín seduce por donde se le mire. Cada cliente de la entidad alimenta con sus pagos las arcas de una compañía que percibe cerca de $13 de cada $100 que mueve el sector de los servicios públicos domiciliarios en el país. En el 2000 esa gran torta ascendió a $19 billones y la tajada de la firma local fue del 12%. La magnitud de los negocios de este patrimonio colectivo suena un tanto delirante.

En el 2001 los 5.5 millones de antioqueños produjeron una riqueza estimada en $28.5 billones, o sea el llamado Producto Interno Bruto (PIB). Y esta sola entidad, con su nómina de 6.268 personas en la casa matriz (o sea sin filiales), reportó ingresos operacionales cercanos a $1.9 billones, un monto que es equivalente al 6.7% del tamaño de la economía departamental.

Con la plata que en 12 meses le entraba a EPM por la venta de servicios, se podría pagar el 25% de la deuda total del Metro de Medellín, que rondaba los US$3.000 millones. Esos mismos ingresos de las Empresas eran casi seis veces

los $315.063 millones que el Municipio recibió
en el 2001 por impuestos. 0, si gustan, daban
para cubrir hasta 15.6 veces lo que la administración municipal planeaba pagarle ese mismo
año a sus acreedores por concepto de servicio
de la deuda.

Ya como grupo empresarial, o sea incluyendo a sus filiales, los $2.4 billones de ingresos
operacionales del año 2000 le alcanzaron a
EPM para compartir con la organización Ar-
dila Lülle el cuarto lugar entre los grandes
conglomerados económicos del país. El primero en la lista fue el Sindicato Antioqueño,
con cerca de $9.0 billones. El segundo puesto
lo ocupó Bavaria, que rondó los $5 billones,
según revela un análisis de las Empresas, fechado 9 de abril de 2002. Pese a la diferencia
de ingresos entre el Sindicato Antioqueño y
las Empresas, este último grupo reportó una
rentabilidad operacional superior en casi 20
puntos porcentuales al del conglomerado privado: 24% frente a 5%.

El nacimiento oficial de EPM como grupo empresarial se dio el 28 de septiembre de 2000.
Empresas Públicas de Medellín adoptó el papel de matriz y registró como filiales a EPM
Bogotá, EPM Televisión (ya absorbida), Telepsa, Emtelco, Edatel, Empresas Públicas de
Pereira, Eade, Aguas de Oriente y Emtelsa.
Orbitel también es de la familia, pero el 50%
de propiedad no está acompañado del control de la sociedad.

PORTAFOLIO DE INVERSIONES EPM

(Diciembre 2002)

ETB	EMTELSA	EDATEL	EPM BOGOTÁ	EMTELCO
56,14%	36.88%	56.00%	63.40%	99.54%

ORBITEL	Colombia MOVIL	TELEPSA OCCIDENTE	TELEPSA ORIENTE
50%*	50%*	60.00%	0.42%

AGUAS DE ORIENTE	EPM BOGOTÁ	EADE
56.00%	89.58%	63.90%

ISAGEN	ISA	FEN	TRANSMETANO
12.97%	10.68%	1.42%	38.93%

Convenciones g Control - (*) No está registrado como parte del GRUPO - (*) En liquidación

Fuente: Empresas Públicas de Medellín

Al funcionar como grupo, las Empresas van en busca de un auténtico tesoro. El primer Gerente General del mandato de Pérez, o sea Iván Correa Calderón, afirma que "las experiencias internacionales, según consultores especialistas en el tema, han demostrado que existe un potencial de reducción de costos administrativos para el grupo entre un 20% y 40% por la implantación de un Centro de Servicios Compartidos, lo que conlleva a períodos de repago de la inversión de aproximadamente 2.5 años".

Para ello se trabajaba una estrategia de grupo, que permitiera operar todas las compañías controladas dentro de la misma visión estratégica, capturar el mayor valor económico a través de un proyecto desintegración, adecuar la estructura de la organización a las necesidades de este modelo y diseñar estrategias de crecimiento.

Indicadores disponibles en el 2002 indicaban que dentro de los servicios públicos domiciliarios a el país el Grupo EPM percibía el 17% de los ingresos de telecomunicaciones, un porcentaje que lo situaba como el número tres del ramo, detrás de Telecom, que concentraba el 26% del mercado, y de la Empresa de Teléfonos de Bogotá (ETB), que manejaba el 18%. El servicio tiene varias líneas. Por ejemplo, en telefonía pública básica conmutada (Tpbc) EPM ha gozado de una participación de mercado del 30.28%, atendiendo más de 1.5 millones de líneas y cubriendo a Antioquia (excepto el municipio de Yarumal), Bogotá, Eje Cafetero, Montería y otras localidades de Córdoba.

PARTICIPACIÓN DE MERCADO POR UNIDAD DE NEGOCIOS

Segmento del negocio	
Energía generada (Gwh)	21.00
Transmisión (kV)	7.05
Distribución (Kwh)	11.00
Comercialización (# clientes en MND)	23.74
Telecomunicaciones Grupo EPM (ingresos)	16.00
Aguas Grupo EPM (ingresos)	6.80
Gas	

Duff and Phelps de Colombia, con fuente EPM

En larga distancia nacional e internacional su peso ha rondado el 20%, con una cobertura que abarca a Colombia y Miami.

Con servicios de valor agregado ha operado en Bogotá, Valle de Aburrá, Pereira, Manizales, Bucaramanga y Villavicencio. Allí ha reportado 61.759 cuentas conmutadas, 3.615 enlaces Multinet y 4.023 puertos Multinet. Todo ello le permitía administrar una tajada del 11.89% del mercado.

En televisión y servicios de banda ancha la participación ha superado ligeramente el 5%, siendo los principales productos el transporte de datos, televisión y el Internet por fibra óptica. Con ellos sirve el Valle de Aburrá, Pereira, Dos Quebradas, Buga, Armenia, Manizales, Villa María, Apartado, Chigorodó, Turbo y Carepa.

En el ramo de la energía, el Grupo EPM ha compartido el segundo lugar con Unión Fenosa, con 12%. Ambos escoltan a Endesa, cuya participación es del 18%.

En aguas, el Grupo EPM ha sido dueño del 8% del mercado, una participación inferior al 13% de la primera del ramo, que es la Empresa de Acueducto y Alcantarillado de Bogotá.

Toda esa presencia es fruto del trabajo que realizan, para el grupo, más de 10.200 personas que están vinculadas en forma directa. Si se incluye el empleo indirecto, la cifra anterior puede saltar a cerca de 19.000 ciudadanos cuya subsistencia está ligada a la suerte de EPM.

Un sector amenazado

El futuro de EPM está ligado al desarrollo de sus negocios básicos en el área de los servicios públicos. Y algunos de ellos, como la generación de energía, soportan una doble amenaza: el efecto de la confrontación armada y el deterioro de los márgenes de rentabilidad.

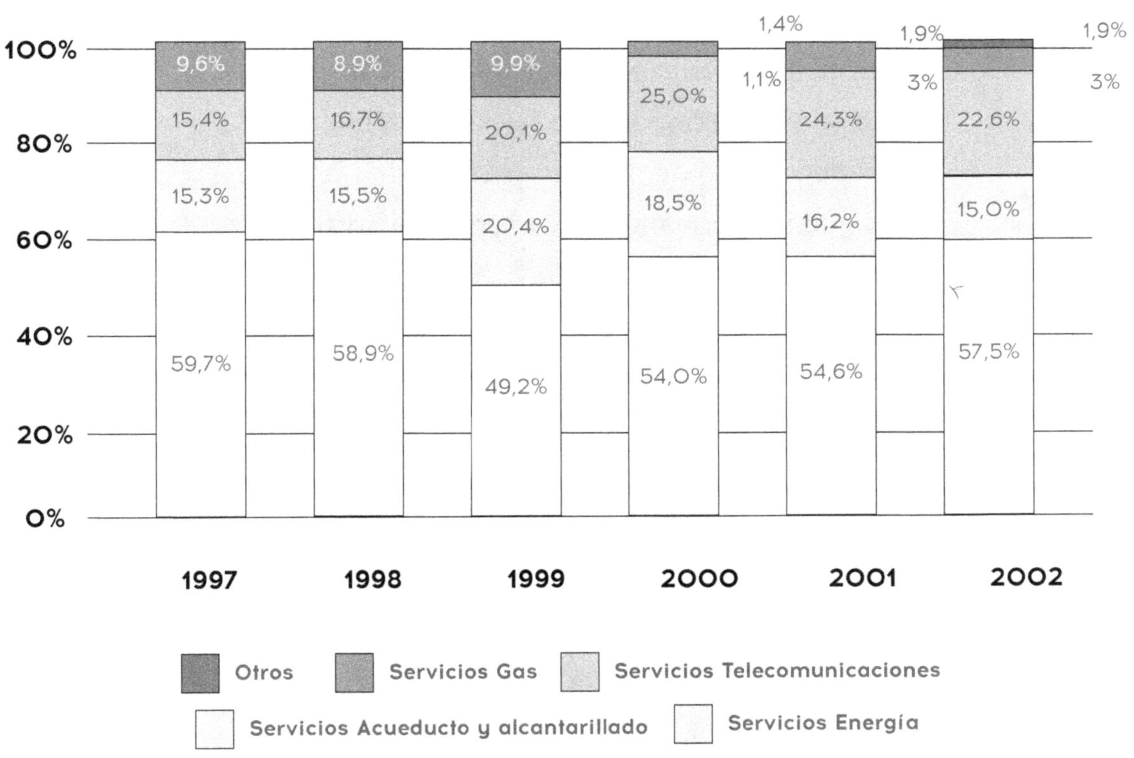

Fuente: Empresas Públicas de Medellín

Un documento interno de las Empresas advierte que "el sector de generación en situaciones de guerra y especialmente sin el gas de Cusiana, se verá enfrentado a racionamientos, a pesar de que en condiciones normales presenta una sobre instalación, que podría extenderse hasta comienzos de la próxima década. Estos hechos, conjuntamente con la iliquidez, la tasa de crecimiento de la demanda y la inadecuada remuneración de la con fiabilidad, desestimulan las grandes inversiones en infraestructura de generación y no permiten prever mejoras sustanciales de la rentabilidad del negocio, lo que a largo plazo podría originar déficit permanente de energía eléctrica".

Más de la mitad de la generación de energía del país está en manos privadas y recae principalmente en multinacionales. Ellas tampoco tienen razones para estar contentas, considerando que, según EPM, "el desempeño financiero del sector es pobre, dado que las rentabilidades obtenidas continúan por debajo del costo del capital, a pesar de la recuperación de ingresos". A mediano plazo no se ve redención posible o el mejoramiento de los márgenes, debido a la sobre oferta, la baja tasa de recuperación de la demanda y el incremento de la cartera morosa del sector.

NEGOCIO DE DISTRIBUCIÓN DE EPM INDICADORES DE GESTIÓN

CONCEPTOS	1998	1999	2000	2001	2002
GWh / empleado	[illegible]	[illegible]	[illegible]	[illegible]	[illegible]
Clientes/empleado	459.9	491.7	506.5	563	520.5
Ind. Operación / empleado	[illegible]	[illegible]	[illegible]	[illegible]	[illegible]
DES (horas)	6.1	7 69	2.7	2.17	7 47
FES (veces)	[illegible]	[illegible]	[illegible]	[illegible]	[illegible]
índice de pérdidas (%)	n.a.	11.73	10.48	9.51	8.28

Duff and Phelps de Colombia, con fuente EPM
DES: Duración esperada de suspensiones mayores a cinco minutos.
FES: Frecuencia esperada de la suspensión

NEGOCIO DE GAS EN EPM INDICADORES DE GESTIÓN

CONCEPTOS	1998	1999	2000	2001	2002
Ventas (Millones m3)	[illegible]	[illegible]	[illegible]	[illegible]	[illegible]
Número de clientes	1.849	7.098	20.410	41.324	72.612
Indicador de Pérdidas (%)	[illegible]	[illegible]	[illegible]	[illegible]	[illegible]
Continuidad del servicio (%)	100.00	99.90	99.90	99.90	100.00

Duff and Phelps de Colombia, con fuente EPM

Por el lado de las telecomunicaciones, los expertos de EPM indican que este es un sector en el que los clientes van ganando poder de negociación, a medida que se introducen innovaciones tecnológicas. Los cargos de acceso para operadores de larga distancia y celulares se reducen y hay una gran expectativa en el mercado por la introducción de los PCS, o sistemas personales de comunicación, en los que Empresas Públicas de Medellín es un actor de primera línea como dueño del 50% de Colombia Móvil*

La demanda que más está creciendo es la de servicios de valor agregado, especialmente Internet que impacta negativamente el tráfico de larga distancia. Se prevé que el incremento del número de usuarios en las tres principales ciudades Colombianas será lento, en tanto que en las pequeñas localidades y en algunas zonas rurales tendrá mayor dinamismo. La mayoría de los operadores han obtenido una buena rentabilidad, aunque se considera que ésta sigue siendo baja en comparación con estándares de América Latina.

En la larga distancia internacional, el crecimiento del tráfico es menor que en el pasado reciente, anota el documento de las EPM. La proporción entre llamadas entrantes y salientes ha llegado a ser de 4 a 1. Hay tres operadores con licencia y están llegando directamente a clientes importantes, saltándose al operador local.

El mercado se caracteriza por una lucha para ganar terreno a punta de precios bajos y ofertas especiales, y eso obliga a la realización de costosas campañas publicitarias que se comen un alto por-

NEGOCIO DE TELECOMUNICACIONES INDICADORES DE GESTIÓN

CONCEPTOS	1998	1999	2000	2001	2002
Líneas telefónicas instaladas	996.432	1.063.085	1.151.617	1.195.518	1.250.055
Densidad telefónica (%)	31.60	33.40	34.10	36.00	37.00
Densidad telefónica pública (%)	3.30	3.40	3.40	3.50	3.70
Cobertura (%)	86.90	91.10	95.10	98.40	99.40
% digitalización	86.20	89.00	91.50	95.10	100.00
Empleados/ 1000 líneas	2,670	2,697	2,705	2,897	3,005
Long. Redes residuales (km)	2.5	2.5	2.3	2.1	2

Duff and Phelps de Colombia, con fuente EPM

NEGOCIO DE AGUAS DE
EPM
INDICADORES DE GESTIÓN

CONCEPTOS	1998	1999	2000	2001	2002
Total clientes aguas	708.739	742.724	747.346	760.821	779.067
Total clientes alcantarillado	684.585	715.243	717.242	728.853	745.085
Cobertura de aguas (%)	99	99	99	100	100
Cobertura alcantarillado (%)	94	93	93	100	100
Índice de pérdidas (%)	30.98	32.64	31.91	33.95	32.80
Long. Redes acueducto (km)	2,670	2,697	2,705	2,897	3,005
Long. Redes residuales (km)	3,337	3,455	3,767	3,870	3,924
Empleados/ 100 clientes aguas	2.63	2.47	2.38	2.2	2.28

Duff and Phelps de Colombia, con fuente EPM

centaje de los ingresos.

Fuera de ello, en escena también están agentes sin licencia de larga distancia, como los VolP y Call Back. Orbitel y la ETB han crecido a costa de Telecom, y cada uno tenía cerca de una tercera parte del negocio .

En tal escenario, ¿cómo hacer entonces para crecer como grupo empresarial y reportarle mayores beneficios a Los accionistas?

Para comenzar, hay que decir que una estrategia de desarrollo de EPM que implique liquidar sus inversiones por fuera de la región antioqueña y volverlas parroquiales, carece de sentido económico y podría significar la cuota inicial de la lenta extinción de la organización.

Quienes tengan buena memoria aún deben recordar el pregón electoral del Alcalde Luis Pérez Gutiérrez, anunciando unas Empresas con acento paisa. Sin embargo, tal enfoque choca contra una realidad que puso de manifiesto su primer Gerente General, Iván Correa Calderón: el mercado natural atendido por las Empresas (Medellín y el Área Metropolitana), *"empieza a mostrar síntomas de saturación por sus altos niveles de cubrimiento"*.

Los indicadores son elocuentes. Los servicios de acueducto, alcantarillado y distribución de energía tienen una cobertura del 100%, en tanto que en telecomunicaciones hay una densidad superior a 35 líneas por cada 100 habitantes, que resulta ser de las más altas en América Latina.

Adicionalmente, en los negocios vitales de EPM, o sea los servicios públicos, el proceso de desregulación ha abierto mayores espacios para la competencia. De las fronteras geográficas no va quedando en el recuerdo y tampoco va más el concepto de dueño "natural" de los mercados. El sector cuenta con inversionistas privados nacionales e internacionales, algunos de talla mundial. Los márgenes que deja la prestación de los servicios se contraen y hay que pujar por la conquista de nuevos clientes.

De ahí que, como lo señalara Correa Calderón, *"la competencia del sector, los retos regulatorios, las exigencias tributarias y la saturación de la demanda local, exigen emprender una estrategia integral de crecimiento, que incluye las mejoras en los negocios actuales, la optimización del portafolio y la incursión en nuevos mercados".*

Trazar ese Norte es una responsabilidad de la Gerencia General, pero ésta delegó tan estratégica función en un asesor externo, Rafael Mario Villa Moreno. Lógico era, por tanto, preguntar por los frutos de tan delicado trabajo.

"Solicitamos, dice un aparte del Derecho de Petición remitido a Iván Correa Calderón, una copia de los documentos e informes que el consultor Rafael Mario Villa ha elaborado entre enero de 2001 y junio del 2002 en los que específicamente cumple con las siguientes actividades que tiene asignadas por contrato con esa entidad: Direccionar estratégicamente a las Empresas Públicas de Medellín frente a la actividad competitiva que debe desarrollar en sus diferentes negocios". "3) Asesorar aquellas áreas estratégicas claves que le asigne la Gerencia General" (cuáles áreas le fueron asignadas y cuáles son sus aportes y, sobre todo, los resultados positivos para EPM)".

En su respuesta, el Gerente General se limitó a decir que *"como su nombre lo indica esta información es de carácter estratégico"*.

Para que el silencio no fuera total frente al tema de para dónde va EPM, Correa Calderón indicó que para responder al entorno dinámico y competitivo, la organización ha fijado su proyección a través de un pensamiento estratégico, que puede resumirse en dos de sus elementos: La misión y la visión.

La primera, apunta a unas Empresas de servicios públicos domiciliarios integrales, complementarios, conexos y asociados de clase mundial. Que satisfaga las necesidades de sus clientes con servicios de excelencia. Que contribuya de esta forma al desarrollo socioeconómico sostenible de las áreas donde actúe. Que genere rendimientos económicos suficientes para atender su crecimiento y contribuir a la satisfacción de las necesidades de Medellín y su gente.

Por su parte, mediante la visión se busca ser la empresa líder en Colombia y relevante en América Latina en la prestación de servicios públicos domiciliarios. Que a partir del conocimiento de los clientes les brinde soluciones de valor agregado, un nivel de excelencia que los satisfaga, y garantizar su lealtad y maximizar el valor generado por cada uno de ellos. La visión también incluye contribuir al desarrollo socioeconómico sostenible de las áreas donde actúa.

Correa Calderón fue más generoso al momento de describir, por escrito, las principales decisiones que en su administración se tomaron para garantizar la supervivencia empresarial de EPM y que, en su

concepto, se reflejaron en un excedente operacional
de $623.734 millones en el 2001 y de $323.478 millones al finalizar mayo del 2002. A este nivel destacó:
Separación de las áreas de finanzas y planeación
y creación de la Gerencia de Consultoría (EPM
Consulting), *"con el fin de atender la nueva dimensión internacional de la Empresa"*.

Fortalecimiento y adecuaciones de las gerencias
Comercial y de telecomunicaciones, para optimizar sinergias entre las filiales del grupo. Contratación de los diseños detallados y prestación de
asesoría durante la construcción del proyecto hi-
droeléctrico Porce III.

Adjudicación de contratos para las centrales La
Vuelta y La Herradura, que se ejecutarán simul-
táneamente bajo el nombre Desarrollo hidroeléc-
trico del río La Herradura.

Programa de financiación para la conversión de
vehículos al gas natural.

Gestión integral del riesgo, para disminuir la vul-
nerabilidad en el contexto del conflicto y garantizar la prestación y sostenibilidad empresarial de
los servicios.

Conversión de una parte de su deuda externa a
pesos Colombianos.

Certificaciones de la calidad en diversos procesos
de generación y distribución de energía.

Generación de 7.728 empleos en la contratación
externa, que se suman a los

6.268 internos para un total de 13.996 empleos directos hombres / año a finales del año anterior.

Adjudicación de contratos nacionales por $321.965
millones, de los cuales alrededor del 80% queda-

ron en manos de firmas antioqueñas.

Transferencia a la comunidad de $28.959 millones a través de la congelación de tarifas y 118.238 financiaciones para usuarios morosos, por $37.500 millones.

Otorgamiento de $46.189 millones en subsidios en agua y telefonía básica. Inversiones ambientales por $63.382 millones.

Conexión al servicio de 18.710 instalaciones mediante el plan de habilitación viviendas.

Finalmente, como apoyo al Plan de Desarrollo Municipal ha hecho inversiones de capital y recurso humano en proyectos como los contact center, masificación de Internet, empresarismo y saneamiento del río Medellín.

De esas inversiones, la de contact center despertó una expectativa de miles de empleos que, según se desprende de las respuestas escritas del Gerente de EPM... no se verán en la administración de Luis Pérez. Lo único que manifestó al respecto es que la empresa que se montó para ese propósito, y que por los bajos resultados se degrada calificándola como una semilla o "proyecto piloto", les daría empleo directo e indirecto a 5.000 personas.

¿Y los restantes 75.000 empleos?∎

EPM NO GANA
LO SUFICIENTE

Luis Pérez Gutiérrez estuvo revestido del poder legal para nombrar a todos y cada uno de los siete miembros de la Junta Directiva de las Empresas Públicas de Medellín (EPM). Eso, sin embargo, no le garantizó que el grupo de dignatarios estuviera cortado con la misma tijera, o que siguiera una línea de pensamiento exactamente igual a la de la Gerencia General o a la de la primera autoridad municipal.

Mauricio Mesa Londoño, ex gerente Ejecutivo de Productos Familia y ahora presidente de Colombia Móvil, es uno de los integrantes de la Junta de EPM que fue escogido libremente por Pérez. Su nombre estuvo a finales del año 2000 en el sonajero como el más firme candidato para llevar las riendas de las Empresas. Méritos no le faltaban. Ingeniero administrativo de la Universidad Nacional, con estudios de postgrado en diversas universidades del exterior, ganador en varias ocasiones del título Ejecutivo del Año de la Revista Dinero, y ex viceministro de Desarrollo en la administración Samper.

Ante los ojos de cualquier ciudadano parecen exorbitantes las ganancias de $577.771 millones que EPM obtuvo en el año 2001.

Ante los de Mesa Londoño no. Por eso manifestó en el seno de la Junta que la organización tiene que ganar más, porque sumas como esa no demuestran una adecuada remuneración frente a sus activos, que por entonces sumaban $10.5 billones.

En otras palabras, EPM era demasiado grande como para ganar tan poquito. De hecho, los mismos ejercicios financieros internos revelan que su rentabilidad tendría que mejorar en un 50% o 100%. Por vía de ejemplo, si su margen de ganancia era del 7%, debería esforzarse para subir al 14%.

Para maximizar ganancias se aplica un recetario que pasa por el aumento de la eficiencia en la prestación de los servicios públicos, la rebaja de costos y la reducción de pérdidas. También se fomentan nuevos negocios, como la masificación de Internet, programa en el cual Mesa Londoño reconoce que es posible que EPM se hubiera equivocado en la primera licitación para la compra de los equipos, al poner un precio base muy bajo, que impidió la presentación de propuestas por parte de proveedores confiables en el largo plazo. Él le cree mucho a esta iniciativa y la ve trascendental para la comunidad.

Dentro de esos nuevos negocios también están los contact center. Ahí el miembro de Junta tenía un reparo: antes de montar la infraestructura se necesitaba conseguir los clientes, vía una estrategia de posicionamiento de Medellín como plataforma de call center. Otra actividad a la que le veía gran potencial era a la televisión por cable, al punto de visualizar a EPM como el proveedor más grande de este servicio en América Latina. Esa perspectiva internacional la reafirma con el trabajo de EPM Consulting, en el área de la consultaría.

En concepto de Mesa Londoño ni las transferencias de EPM al Municipio (30% de sus ganancias), ni los negocios que impulsa bajo la sombra del Plan de Desarrollo, comprometen el futuro de la entidad. Si eso llegare a suceder ya se lo habrían informado a la municipalidad y al Concejo.

Dentro de la Junta también hay otra línea de pensamiento, si se Quiere más crítica todavía, que ha encarnado un personaje llamado José Mario Restrepo Jaramillo, representante de los usuarios, quien confiesa que ese cargo es un honor que cuesta y que reporta un simbólico beneficio monetario. Lo primero, porque hay que ser casi un genio para meterse de lleno en todos los temas de una firma que ejecuta un presupuesto de $4 billones. Y lo segundo, porque aunque desde ese cargo se custodian unos activos superiores a los $11 billones, un miembro de junta gana $360.000 mensuales por concepto de honorarios, remuneración a la que algunos han renunciado.

Hasta los viáticos "son de buseta", dice Restrepo Jaramillo, quien llegó a la Junta en mar-

zo del 2001 y desde entonces ha sido un crítico de la administración de las Empresas. Tan
incómodo se ha vuelto, que inclusive ha tenido que acudir al constitucional mecanismo
del Derecho de Petición para obtener información necesaria para cumplir sus funciones.
Es más, hasta donde se sabe, es el único caso
en el país de un miembro de Junta que graba
las sesiones a las que asiste.
El hombre tiene su historia. Bachiller de la
Universidad de Medellín. Estudió ingeniería
administrativa en la Nacional. Participó en la
fundación de la Universidad Autónoma y de
la Alianza Nacional Popular (Anapo), esto último al lado de su padre, Juancho Restrepo,
quien actuó como mecenas del movimiento
que lideró el general Gustavo Rojas Pinilla.
Más recientemente le ayudó a su amigo Luis
Pérez Gutiérrez en la campaña para la Alcaldía de Medellín, y el mandatario fue quien lo
escogió como miembro de la Junta de las Empresas. La última batalla electoral la perdió,
pues le trabajó al grupo que buscaba la presidencia de la República para Horacio Serpa.
Pero sigue en la lucha, ahora a través del Movimiento Municipalista Colombia.
A Restrepo Jaramillo le pica la lengua para hablar
de las Empresas Públicas. Y al hacerlo dice que
no es infidente, sobre todo cuando confiesa que la
Junta de la entidad no es ese poderoso grupo de
personas que todo el mundo cree.
"Yo les he dicho a mis colegas que estas Juntas
son virtuales, que no tenemos ningún poder".

Ese poder, añade, lo tienen los tecnócratas y burócratas del primer nivel, que en su condición de gerentes de las Unidades Estratégicas de negocios (energía, telecomunicaciones, aguas, etc), forman parte de las juntas directivas de las filiales del Grupo EPM, como Eade, Edatel, Emtelsa, Orbitel, EPM Bogotá, entre otras. Parte de ese equipo se renueva cada tres años, como consecuencia de las decisiones políticas que toma el mandatario de turno.

Restrepo Jaramillo insiste en que la Junta de las Empresas "desempeña un papel formal y no participa en los grandes procesos de adjudicación. Cuando llegan a la Junta con un tema tan sensible, como la adjudicación de los contact center, uno tiene que esperar simplemente a que los comités de gerencia logren dilucidar entre ellos. Uno parte del supuesto de que ellos son los conocedores y que el aporte de uno queda limitado a que si el miembro de junta tiene conocimiento al respecto pueda hacer algunas consideraciones. En la adjudicación, según me lo ha dicho el mismo señor gerente, la responsabilidad es exclusivamente de él Total, la junta sirve para convalidar esa responsabilidad".

Dada la complejidad de los asuntos que allí se abordan, Restrepo Jaramillo considera que el miembro de Junta debería tener una dedicación exclusiva y hasta un sueldo decoroso. "La parte más débil la tenemos nosotros, los representantes de los usuarios", reconoce el entrevistado. No es fácil, a su juicio, encontrar personas que después de estudiar 20 años o 30 años y de hacer especializaciones, puedan efectuar casi gratis un trabajo eficiente como miembros de la Junta de EPM.

"Nosotros, precisa, tenemos unos honorarios, maravillosos, de $360.000 por mes, o sea menos de lo que se gana el celador que está en la puerta de las Empresas. ¿Usted cree que eso se justifica? Bueno, salvo que yo sea un hombre rico, porque en la Junta hay gente de mucho peso y sin afugias económicas y pueden ir a aportar su conocimiento como empresarios que son algunos de ellos. Pero ellos tampoco se las saben todas, y son personas que muchas veces por sus ocupaciones ni van a las reuniones. Es casi por deporte que uno está en esta Junta y asumiendo una gran responsabilidad".

Y se ganó mucho menos...

La apreciación de Mauricio Mesa Londoño, en el sentido de que EPM ganaba poco, se tornó más dramática al conocer los resultados alcanzados por la organización en el 2002.

RESUMEN DE ESTADO DE RESULTADOS
(EN MILLONES DE PESOS)

CONCEPTOS	2002	2001	2000	1999	1998
Ventas netas	2.234.417	1.891.389	1.642.097	1.302.599	1.176.969
% de cambio	18.1	15.2	26.1	10.7	n.a
Ebitda	1.001.090	926.168	796.585	676.916	479.392
Margen de Ebitda (%)	44.8	49.0	48.5	52.2	40.7
Depreciación y amortización	253.296	262.986	337.203	296.146	222.397
Ebit	747.794	663.183	459.382	383.770	256.995
Margen Ebit (%)	33.5	35.1	28.0	29.5	21.8
Intereses pagados	155.130	118.495	1C4.092	98.673	51.321
Costo prom. Financ estimado(%)	6.9	5.4	4.9	6.4	n.a
Diferencia en cambio neta	369.240	28.916	-92.729	-143.416	-144.857

CONCEPTOS	2002	2001	2000	1999	1998
Utilidad neta	264.472	577.771	465.681	594.221	248.309
Margen neto (%)	11.8	30.5	28.4	25.7	21.2
Retorno sobre patrim. prom. (%)	3.5	7.8	6.9	5.5	[illegible]

Cálculos de Duff and Phelps de Colombia, con fuente EPM

RESUMEN DEL BALANCE DE EPM (EN MILLONES DE PESOS)

CONCEPTOS	2002	2001	2000	1999	1998
Caja e inversiones corrientes	905.589	516.479	596.402	283.524	96.256
Activos totales	11.440.413	10.531.358	10.656.334	9.417.384	7.976.601
Deuda de corto plazo	581.038	177.371	188.056	196.794	[illegible]
Deuda de largo plazo	1.835.826	1.693.935	1.950.288	1.545.782	1.009.897
Obligac. financ. neta de balance	290.205	207.627	202.100	189.799	[illegible]
Deuda financiera total	2.417.070	2.078.833	2.340.360	1.912.375	1.165.435
Patrimonio (con s. minoritaria)	8.142.207	7.717.211	7.145.112	6.342.023	5.707.863
Capitalización	10.559.278	9.796.044	9.485.472	8.254.398	6.873.298

Cálculos de Duff and Phelps de Colombia, con fuente EPM

Ese, definitivamente, no fue un buen ejercicio para las Empresas, porque en su balance general las utilidades netas presentaron una caída de $337.834 millones frente a las registradas en el 2001. La suma es de tal magnitud, que en manos de un gobernante le alcanzaría para entregar, totalmente gratis, 21.114 viviendas populares con precio unitario de $16 millones. O, también, para que rinda más la plata, se podrían conceder 48.262 subsidios de $7 millones a igual número de familias.

En los planes de los directivos de las Empresas estaba como meta obtener una ganancia neta de $338.694 millones. En noviembre del 2002 el entonces Gerente General, Iván Correa Calderón, reportaba que la cifra se podría superar y que el monto final sería de unos $350.000 millones. Sin embargo, informes preliminares conocidos por El Colombiano revelaron que la utilidad no pasaría de los $240.000 millones. (Luego de unos ajustes internos, EPM elevó esa suma a los $264.472 millones).

Eso quería decir que, frente a lo estimado al comienzo del año, se tendría una disminución del 29.3%, en tanto que si el comparativo se hacía frente a la gestión del 2001 se infería una caída del 41%.

Para una empresa que cerró el año con activos totales de $10.4 billones esa ganancia representaba un bajo nivel de remuneración. De hecho, en el informe al que se tuvo acceso se resaltaba cómo la rentabilidad del patrimonio fue inferior a la que daba un .Certificado de Depósito a Término (CDT), pues tal indicador bajó en EPM del 8% en el 2001 al 3% en el 2002.

Para las Empresas, uno de los fenómenos que

más daño le causó fue el comportamiento de la devaluación, que de un estimativo inicial del 8% pasó al 25.03%. En cristiano eso significa que los dólares necesarios para cumplir con sus obligaciones en moneda extranjera le salieron más costosos y que, también, sus deudas en dólares se inflaron por esa mayor devaluación. En lenguaje técnico EPM describe esa situación advirtiendo que presupuestalmente se tenía contemplado un gasto por $117.007 millones y se registró finalmente por $369.240 millones. En el período noviembre - diciembre de 2002 se presentó un aumento en la devaluación del peso respecto al dólar de $81.

No obstante, en esas mismas anotaciones también alcanzan a percibirse otras situaciones.

Por ejemplo, el Impuesto de Seguridad Democrática le valía a las Empresas $71.487 millones.

Al mes de noviembre los costos y gastos de publicidad ya habían superado el presupuesto en $3.760 millones.

La fusión de ingresos y egresos de EPM con Telepsa le generó una pérdida neta de $8.390 millones.

Inversiones por $20.577 millones en reforestación y mantenimiento fueron reclasificadas como gastos.

EPM le pagó al Municipio $18.000 millones por concepto de arrendamiento del Edificio Inteligente.

Y se entregaron jugosas donaciones a la Fundación EPM, por valor de $42.467 millones, un tema que bien merece capítulo aparte, debido a las maniobras que se hicieron con esta entidad para proyectar un repunte que no tenían las ventas del programa de masificación de Internet.

Se alarmó el Contralor

El seguimiento periodístico a la administración de EPM terminó por llamar la atención de la Contraloría General de Medellín. El titular del ente fiscalizador, Óscar Giraldo Jiménez, formuló, el 7 de marzo de 2003, un llamado a la Gerencia General y a su Junta Directiva, para que revisaran varios temas que podrían comprometer las finanzas de la entidad y su crecimiento futuro: los subsidios no compensados, las tarifas de los servicios públicos, la rentabilidad de las inversiones en las filiales y las donaciones a la Fundación EPM.

Un primer asunto que llama la atención es la capacidad de EPM de generar riqueza, a través del manejo de un entable productivo de $11.4 billones de activos. Con esa plata, el grupo empresarial debería ganarse más de $1 billón, y en el 2002 sólo consiguió $239.000 millones, (elevada con ajustes a $264.472 millones).

Al no lograr un rendimiento superior a su costo de capital (que era del 11.7%), la Contraloría estableció que las Empresas destruyeron riqueza en una cuantía de $577.743 millones. "Esa es una pérdida económica, no un detrimento fiscal", precisó a la prensa Óscar Giraldo Jiménez, contralor General de Medellín.

Otro de los hallazgos del ente de control fiscal pasa por el desempeño de ocho filiales de EPM. En lo que se llama el portafolio de inversión, el grupo empresarial tenía colocados, a valores constantes de 2002, un total de $970.000 millones, que en el 2003 se planea complementar con inyección de $610.153 millones. Al escudriñar lo que ganan esas empresas, desde el punto de vista operacional, la Contraloría notó que en los años 2000 y 2001 sus planes de negocios quedaron colgados en $129.244 millones.

Los investigadores también dirigieron su mirada al tema de los subsidios otorgados por la entidad. Las cuentas indican que en el período 1999-2002 este auxilio para los estratos 1, 2 y 3 ascendió a $719.630 millones. De ese monto, $515.555 millones se cubrieron con las contribuciones que en las tarifas hacen los sectores con mayor capacidad de pago, como los estratos 5 y 6. En consecuencia, en este aspecto se evidenció un desequilibro de $204.075 millones, que afectaron la utilidad de cada período.

Para apreciar mejor la incidencia de tales subsidios en las utilidades, la Contraloría consideró que ese aspecto se debería unificar con lo que le cuesta a EPM la congelación de tarifas.

Por este último concepto, las Empresas vieron bajar sus ingresos en $45.647 millones entre los años 2001 y 2002. "El costo de la congelación de las tarifas, sumado a los subsidios no compensados asciende a $68.897 millones, que representan para el año 2002 el 29% de la utilidad neta obtenida", anotó la Contraloría.

Giraldo Jiménez calificó como un poco álgido el desempeño de las filiales y la Fundación EPM. A ésta última se le hacía un detallado monitoreo, dado el gran crecimiento de las donaciones que ha recibido de las Empresas Públicas de Medellín. En el 2000 nació con $90 millones, hasta el 2001 recibió donaciones por $1.290 millones y en el 2002 la Junta Directiva de EPM le aprobó la suma de $71.557 millones de pesos. "La Contraloría, dijo el titular de ese despacho, viene analizando esta situación con mayor profundidad, ya que dentro de los proyectos que le han sido encomendados a la Fundación está la participación en la masificación de Internet (adquisición de computadores), con una inversión hasta por $40. 000 millones, que debe destinar para comprarle a EPM el paquete informático que esa entidad sin ánimo de lucro distribuirá en escuelas y colegios".

Ana Cristina Márquez Rivas, directora de la Fundación, manifestó que los aportes recibidos de EPM sumaban $42.467 millones y que no tenía sumas pendientes de desembolso. De los $30.000 millones para los computadores, las Empresas podían descontar hasta $18.000 millones del Impuesto de Renta.

Volviendo al Contralor, la conclusión de su informe era que EPM es sólida, pero que para seguir siendo viable debía revisar estos temas, aliviar el pago de intereses y bajar gastos de funcionamiento.

¿Vamos para Emcali?

En esa misma tónica de prender alarmas se movió la Comisión VI de la Cámara de Representantes, presidida por Alexander López Maya, el antiguo obrero de la división de alcantarillado de las Empresas Municipales de Cali que una década atrás recibía a funcionarios de EPM que iban a aprender del modelo gerencial y de la eficiencia de la firma caleña.

Los tiempos han cambiado. López es representante a la Cámara, Emcali está herida de muerte y EPM, a su juicio, puede ver amenazada su supervivencia por el manejo de sus inversiones y las alianzas con el sector privado.

Según el congresista, el problema de las Empresas no lo constituyen los $20.000 millones que dedica a aliviar el bolsillo de los usuarios con menores tarifas. Para él, detrás de ese tema está lo realmente importante: el manejo de las grandes inversiones.

Para trazar un parangón, recuerda que a mediados de los 90s Emcali se metió en dos proyectos que la debilitaron. El primero fue Termoemcali, "un gran negociado" que se vendió con la ilusión de abastecer de energía a toda la región y que apagada le costaba a los caleños cerca de $12.000 millones. El segundo fue una planta de tratamiento de aguas residuales, que pasó de un costo inicial de US$60 millones a US$150 millones.

En el caso de EPM, al representante a la Cámara le inquietan los US$250 millones que deberá poner en el negocio de los sistemas personales de comunicación o PCS, una tecnología que, justamente por su elevado costo, fue descartada por naciones como Brasil, Italia y Argentina. Además, dijo López, "la alianza entre Bellsouth y Comcel para prestar el servicio de telefonía celular puede llevar a romperá Colombia Móvil la sociedad en la que EPM está aliada con la Empresa de Telecomunicaciones de Bogotá (ETB)".

La otra inquietud de López Maya surge a raíz de las alianzas que EPM hace con el sector privado para prestar servicios en Pereira, Armenia, Bogotá, Manizales. Él no se opone al crecimiento o a la expansión de los mercados, pero advierte que se deben revisar bien esos contratos, para que no se vaya a repetir la historia de Emcali, en la que al comienzo los negocios pintaban maravillosos, pero cuando surgieron los problemas la entidad pública terminó poniendo la cara. "No nos entrometeremos en esas inversiones, pero sí analizaremos sus implicaciones".

Fernando López Molina, presidente del sindicato de base de EPM (Síntraemsdes) también cree que los problemas de fondo de los usuarios de los servicios públicos no los van a resolver ni la Gerencia General de EPM en el Alcalde de Medellín.

En su opinión, más se lograría con el desmonte de la Ley 142, de servicios públicos domiciliarios, y con políticas macroeconómicas que no signifiquen, como en el caso de las Empresas, que una tajada equivalente al 50% de las ganancias se vayan al Gobierno Central, vía el pago de impuesto de Renta, o se esfumen como consecuencia de la devaluación.

López Molina y otros dirigentes sindicales manejan algunas cifras que ilustran las dificultades que deben sortear los usuarios. En Medellín, por ejemplo, EPM cerró el 2002 con una cartera por cobrar en servicios públicos de $128.000 millones, de los cuales un 65% corresponde a obligaciones de los estratos más bajos, o sea del 1 al 3. Así mismo, habían entre 80.000 y 102.000 viviendas con los servicios cortados.

La exigencia legal de que las tarifas deben ser remuneratorias para los inversionistas y reflejar los costos de prestación de los servicios, llevó, según los analistas, a que entre 1994 y 2002 el crecimiento de las tarifas superara en un 156% el nivel de inflación. Detrás de los números está la gente y hasta en una ciudad como Medellín se ven familias alumbrando sus hogares con velas y cocinando con leña. Eso produce una gran irritación social que, aunque no se sabe cómo medirla, sí se siente ■

¿CUÁNTO CUESTA EL GERENTE?

Iván Correa Calderón parecía olvidar por momentos que era la cabeza visible de las Empresas Públicas de Medellín (EPM), pues cuando se le preguntaba por el sueldo promedio en los distintos niveles jerárquicos de la organización omitía el de él, como Gerente General.

El lapsus del funcionario lo ayudaba a subsanar la Contraloría General de Medellín, pues según esta fuente en el 2001 dicho cargo en las Empresas tenía una remuneración mensual de $13.880.000.

De ahí para abajo, el ranking salarial de las Empresas, descrito por Correa Calderón en sus respuestas a un Derecho de Petición, tenía en segunda posición a los Gerentes, Directores y al Secretarlo General, quienes gozaban de un salarlo básico promedio mensual de $8.729.000. Contando las prestaciones, este nivel administrativo le valía en un año a las EPM un poco más de $2.616 millones. Como el grupo estaba conformado por 15 funcionarios, eso Quiere decir que en 12 meses su remuneración per cápita o por cabeza era de $174.4 millones.

En la escala siguen los Subgerentes y Jefes de Unidad, quienes devengaban un
básico de $6.243.000. En este nivel había
63 funcionarios, que al contabilizar las
prestaciones devengaban en el año más
de $7.859 millones, para un promedio
por cabeza de $124.7 millones.

Como Jefes de Área y de Departamento despa-
chaban 93 personas. Su ingreso básico al mes
era de $4.879.000. Con todo y prestaciones el
grupo ganaba al año $$9.067 millones, para un
promedio por cabeza de $97.4 millones.

¿Y el Gerente?

Tradicionalmente se ha dicho que ser gerente General de las Empresas Públicas de Medellín es un "sacrificio", porque las condiciones de remuneración no compiten, en nada, con los jugosos salarios que tienen los altos ejecutivos del sector privado y que los gerentes de filiales del Grupo Empresarial reciben una mejor remuneración que el número 1 de la organización.

Eso puede ser cierto, pero también resulta muy relativo. Bastaría con preguntar ¿cuántos de los administradores del sector público o privado gozan de un elevado grado de autonomía para manejar jugosos contratos como los que se firman en EPM y al amparo de figuras como la "solicitud privada de ofertas"?

¿O cuántas de esas mismas compañías manejan en un año un presupuesto de $4 billones?

A través de un Derecho de Petición se obtuvieron datos que ayudan a responder la pregunta de ¿cuánto gana un Gerente General de EPM y por qué conceptos? De los datos entregados en forma oficial por Efrén Barrera cuando oficiaba como Director de Gestión Humana, se infiere que en los 577 días que van del 1 de enero del 2001 al 31 de julio del

2002, el Gerente General de las Empresas le costó al grupo empresarial $511.897.116. Como quien dice, el cargo tuvo un costo mensual promedio de $26.6 millones, de los cuales cerca del 63% correspondió a los salarios y beneficios legales y extralegales percibidos por quien desempeñaba esas funciones.

EL COSTO TOTAL DE $511.8 MILLONES SE DESCOMPONE ASÍ:

Salarios	$322.2 millones
Tiquetes y viáticos	$105.0 millones
Conductores	$ 82.3 millones
Tarjeta empresarial	$2.2 millones

El desempeño de este cargo demanda constantes viajes. En el período referenciado se hicieron 35 de carácter doméstico. El mayor destino fue el centro de poder económico y político, o sea Bogotá, con el 60% de los desplazamientos. El funcionario hizo visitas a la Presidencia de la República, asistió a juntas de EPM Bogotá y Emtelco, se reunió con personal de los ministerios de Hacienda y Comunicaciones, acompañó en tres viajes al Alcalde de Medellín, Luis Pérez Gutiérrez, tuvo reuniones con las comisiones Tercera y Sexta del Senado y hasta le quedó tiempo para ir al Reinado de Cartagena (pero sin costo para las EPM, según aclara la entidad). Los viajes no sólo fueron parroquiales. El gerente General se dio un buen toque en el exterior, merced a 8 viajes internacionales en los que percibió viáticos por US$18.822.

Hasta el 31 de julio del 2002 el funcionario había pasado por Madrid, París, Estocolmo, Seattle (Estados Unidos), República Popular China, Tokio (Japón), Dallas (Estados Unidos), Miami, Washington y hasta Hollywood.

Algunas fueron invitaciones. La República Popular China lo llevó a conocer las últimas tendencias y los avances tecnológicos en telecomunicaciones. A Tokio lo llevaron las empresas Itochu Corporation, Fujitsu Limited y NEC de Colombia, para que conociera sus instalaciones y viera los avances y tendencias en el desarrollo del sistema de telefonía fija e inalámbrica. Allí mismo atendió invitación del Japan Bank of International Corporation para estudiar diversas alternativas de inversión y empréstitos. En Dallas sus anfitriones fueron Word Com, de telecomunicaciones, y Lemna que le presentó varias plantas de aguas residuales.

En la relación de los viajes aparece uno a Estados Unidos, sin detalles de las ciudades visitadas entre el 20 y el 25 de marzo de 2002, para "conocer más ampliamente algunas de las cinco compañías que compraron los pliegos de condiciones para masificación de Internet y llegar a acuerdos que beneficien el proyecto de masificación".

Entre el 19 y el 22 de julio del 2002, el gerente General de EPM y el Alcalde de Medellín se ocuparon de promocionar la Feria de las Flores y también hicieron "reuniones con el fin de establecer algunos contactos de interés para el área de telecomunicaciones", pero no se precisan nombres.

Efrén Barrera Restrepo afirma que "las Empresas no han asumido ninguna suma por algún miembro de la familia que eventualmente haya viajado con él (Gerente General), circunstancia que además no es de nuestra incumbencia

Según el mismo funcionario, el Gerente General no tenía asignados gastos de representación. Tenía, sí, una tarjeta empresarial para asumir los gastos de la Gerencia General en aquellas circunstancias que lo requiera. En el período indicado los pagos por ese concepto ascendieron a $2.229.126. El titular de ese cargo no gozaba de un seguro especial, tenía a disposición suya y de su familia tres vehículos y contaba con un servicio de escolta pagado por el Estado.

No faltará quien diga, con cierto cinismo, que cómo será de mal negocio la Gerencia General de las EPM, que hasta ayuda escolar le tenían que dar al titular del cargo.

LO PAGADO AL GERENTE GENERAL (1 DE ENERO DEL 2001 AL 31 DE JULIO DEL 2002)

CONCEPTOS	VALOR
Ordinario diurno	$262.900.977
Prima de junio	$29.848.332
Prima de Navidad	$16.295.513
Prima de vacaciones	$5.265.354
Vacaciones	$3.455.523
Intereses de las cesantías	$2.118.415
Viáticos	$1.253.303
Ayuda escolar	$888.000
Recreación EPM	$268.000

LOS VIAJES AL EXTERIOR

DESTINO	VIÁTICOS	PASAJE
Madrid-París-Estocolmo-Seattle	US$5.452	$15.586.476
Tokio (Japón) y Dallas (USA)	US$4.777	$14.665.832
Hollywood-Florida (USA)	US$1.862	$1.969.400
Estados Unidos	US$1.636	$4.265.675
Miami (USA)	US$1.440	$1.562.444
República Popular de China	US$1.430	Embajada china
Miami	US$1.400	$1.641.808
Washington	US$825	$1.728.502

Como es apenas natural, entre todo el personal de EPM hay un selecto grupo de funcionarios que tiene la sartén por el mango en materia de contratación.

En el 2002, por ejemplo, EPM manejó un presupuesto de $2.9 billones, de los cuales $1.2 billones, equivalentes al 41% del total, se destinó al rubro de inversiones. El poder y la responsabilidad de contratar se concentraban en el Gerente General y en 171 funcionarios de niveles directivos.

Jefes de Área y Departamento: podían contratar por un valor igual o inferior a 100 salarios mínimos legales mensuales, o sea $309 millones. Lo hacían bajo la modalidad llamada solicitud privada de una oferta o cotización y en forma directa en casos expresamente determinados.

Subgerentes, Jefes de Unidad y Secretarlo Auxiliar: lo hacían por cuantía equivalente o superior a 500 salarios mínimos, o sea $154.5 millones. No lo hacían directamente, sino por solicitud privada de ofertas, pidiendo por lo menos tres cotizaciones.

Gerentes, Directores y Secretarlo General: Estaban autorizados hasta por un valor estimado igual a 1.000 salarios mínimos, es

decir, $309 millones, y a través de solicitud
privada de ofertas.

Gerente General: cuando el contrato superaba
los 1.000 salarios mínimos, o sea los $309 mi-
llones, la competencia para celebrarlo radicaba
exclusivamente en este funcionario. Lo hacía
por solicitud privada de ofertas. Sin embargo,
si el contrato era mayor de 5.000 salarios mínimos, o sea mayor de $1.545 millones, se debía
hacer una solicitud pública de ofertas, lo cual
requería una invitación abierta mediante uno o
varios periódicos de amplia circulación.

Según EPM, cualquiera sea el valor de la inversión, esta debe ser sometida a consideración de
la Junta Directiva.

En muchos de esos puestos que tienen poder de contratación, se realizaron cambios
durante la administración de Iván Correa
Calderón. Al 10 de julio del 2002 habían in-
gresado a la organización 117 personas. De
estas, 3 entraron como Gerentes Auxiliares,
3 como Directores, 1 como Secretarlo General, 10 como Subgerentes y Jefes de Unidad,
11 como Jefes de Área y Departamento, 57
como Profesionales, 20 como trabajadores
de supervisión, oficina y operación, y 12 a
trabajos de sostenimiento.

De igual manera, se habían registrado 103 retiros
por pensión, 72 renuncias voluntarias, 130 termi-
naciones de contrato, 19 vacantes por muere, cinco insubsistencias y 5 retiros por Ley 6a ■

CONTRATACIÓN EN EL BANQUILLO

EPM es una máquina de hacer plata. En el 2002 manejó $2.9 billones de presupuesto. Eso Quiere decir que con los recursos que administraba en doce meses se podrían construir 146.691 viviendas populares de $20 millones cada una. El 41% de sus recursos estaban destinados a la inversión, o sea $1.2 billones, dinero suficiente para pagarles a casi 4 millones de trabajadores un salarlo mínimo mensual. La cifra era tan jugosa que, en sentido figurado, se podría decir que alcanzaba para que las Empresas tuvieran un fabuloso ritmo de contratación de $2.3 millones por minuto.

Eso hace que en condiciones normales pase relativamente desapercibida la noticia de que el Gerente General, Iván Correa Calderón, adjudicó el 17 de enero de 2002 un contrato de $12.504 millones (o sea un "minúsculo" 1.04% del presupuesto de inversión) y que el ganador fue un consorcio formado por una firma de Bogotá y otra de Canadá.

El caso es que ni los tiempos que corren son normales en el contrato se adjudicó de una manera tal que no dejara ninguna sombra de duda.

Lo primero, porque esos $12.504 millones le habrían prolongado la esperanza de vida a un grupo de cuatro firmas antioqueñas de ingeniería de consulta que están en una delicada situación y en las cuales laboraban cerca de 500 personas, de las cuales 300 eran ingenieros profesionales. La Sociedad Antioqueña de ingenieros y Arquitectos (SAI) lo advirtió en un comunicado del 25 de enero: "la decisión que acaban de tomar las Empresas Públicas, de contratar los diseños de la central de Porce III con un grupo de ingeniería de fuera de la región, se convierte prácticamente en la sepultura de la ingeniería de consultoría antioqueña para hidroeléctricas".

EPM no las mataba con su decisión, pero tampoco les ayudaba a su salvación. De entrada, eso desconcertó a la ingeniería local, porque en nada se compadecía con la promesa del alcalde Luis Pérez de estimular el trabajo y la mano de obra de la región. Prueba de su compromiso con esa política es que prometió repatriar capitales invertidos por las Empresas en otras reglones, para darle a sus inversiones un acento más local.

El consorcio antioqueño que le apostaba a ese contrato lo conformaban Sedic, Mejía Villegas, la Compañía Colombiana de Consultores (CCC) e integral. Esta última firma nació al amparo de las EPM hace 45 años y ha sido ganadora, en ocho oportunidades del Premio Nacional de ingeniería. El trabajo al que aspiraban no era ninguna novedad: hacer los diseños definitivos de Porce III, una hidroeléctrica que por entonces se estimaba costaría cerca de US$700 millones. Y no era una rareza, porque la consultoría local ha sido la responsable de proyectos de este tipo, como Guadalupe, Troneras, Guatapé, San Carlos, Jaguas, Playas y PorceII.

El asunto es que detrás de ese contrato también estaban el consorcio Ingetec- Klohn Crippen (de Bogotá y Canadá, respectivamente) y Gómez Cajiao Asociados (de Bogotá). EPM estableció que el concurso lo ganaría el que más puntos recibiera, de un total de 1.000 que se distribuían así:

Capacidad técnica ofrecida para el proyecto	550
Metodología	200
Precio	150
Plazo	100
Aseguramiento de la calidad	100
Capacidad operativa ofrecida para el proyecto	50
Experiencia del proponente	50
Total	1.000

Quien arma el negocio, en este caso EPM, es libre de decidir cuántos puntos le da a cada variable. Eso lo puede hacer a la luz de sus propios criterios o apoyándose en parámetros definidos por asociaciones de ingenieros o respetables instituciones como el Banco Mundial. El ciudadano común y corriente podría pensar que la clave para ganar está en decir que se hará el trabajo barato y en el menor plazo. Si así hubiera sido los locales hubiesen ganado, pues dijeron que harían el trabajo por $600 millones menos de lo ofrecido por el que recibió más puntos y lo entregarían un mes antes que aquél.

Pero no. Aquí EPM no le dio a esos factores el puntaje decisivo. Precio y plazo daban 250 puntos, o sea mucho menos de, por ejemplo, los 350 puntos asignados a lo que se denomina "capacidad técnica ofrecida para el proyecto".

Individualmente considerados, en el precio en el plazo tuvieron tanto puntaje como un factor que expertos de la ingeniería consideran como "subjetivo": el modo como se harían los trabajos o "la metodología", que es lo mismo. Ahí, justamente, está el germen de las suspicacias, porque fue en este ítem en donde el consorcio bogotano-canadiense recibió una ventaja de 40 puntos, que le aseguró la adjudicación del contrato.

En ninguno de los otros ítems la diferencia fue tan generosa. A los locales les pusieron las más altas notas en capacidad técnica (13.5 puntos más que a su rival inmediato), en plazo (7.83 puntos) y en precio (6.92). Eso apenas les daba una ventaja de 28.25 puntos, que se quedaba muy corta para compensar la brecha de 40 puntos que surgió en el aspecto de la metodología. Aunque este factor se controvierta por la alta carga de "subjetividad" que comporta al momento de la evaluación, las Empresas recuerdan que el Banco Mundial recomienda asignar a la metodología de 200 a 500 puntos y ellos optaron por el primer puntaje. Además, en el pliego de condiciones para contratar la Interventoría de la hidroeléctrica PorceII llegaron a darle 500 puntos y en los diseños de la central Nechí le otorgaron 400 puntos.

El consorcio local quedó desconcertado y disgustado. Uno de sus integrantes, Integral, había realizado los diseños de PorceII, y EPM había dicho que vería con buenos ojos que se utilizara para el caso de Porce III los mismos criterios de diseño de PorceII.

El malestar llegó a otras esferas de la ingeniería, en donde se miró con preocupación que los evaluadores de las propuestas contaran con un factor muy discrecional para inclinar el fiel de la balanza a la hora de adjudicar. Johel Moreno, un ingeniero civil de amplia experiencia en este campo, expresó que *"si de antemano ya las EPM habían definido el diseño conceptual del proyecto a los concursantes, disponer el evaluador discrecionalmente de 200 puntos (20%) para calificar la metodología, se aparta del principio de la selección objetiva que obliga la ley para otorgar un contrato y que no garantiza además una mejoría en el proyecto"*.

La Sociedad Antioqueña de ingenieros y Ar-

quitectos (SAl), también advirtió públicamente
sobre la necesidad de que entidades como EPM
eviten la elaboración de términos de referencia
"que se prestan a un manejo subjetivo y discrecional, desfigurando las capacidades de los
proponentes, con inequidades evidentes".
El coro fue más grande y tuvo otros ingredientes. Recién adjudicado el contrato,
104 ingenieros antioqueños, algunos perte-
necientes al consorcio perdedor, le pidieron
al Alcalde Luis Pérez que investigara si hubo
anomalías en la elaboración de los pliegos de
condiciones, la evaluación de las propuestas
y la escogencia del ganador. Además, dejaron
algo así como una constancia para el futuro:
*"No queremos pensar que Empresas Públicas de
Medellín hayan perdido su ecuanimidad y acierto en
estas decisiones y que más adelante se vean aboca-
das al manejo de desaciertos en los diseños de una de
las firmas ganadoras, como los ocurridos en Guavio,
Chivor, Chingaza, Salvajina, entre otros, donde es
de todos conocidos los atrasos y sobrecostos durante
la construcción y la cantidad de problemas que se
han presentado durante la operación con todo y sus
consecuencias para la comunidad".*
Por su parte, los ingenieros constructores optaron en este caso por prenderle una vela a Dios
y otra al Diablo. En carta fechada 18 de febrero
y dirigida al Gerente General de EPM, Iván Correa Calderón, comenzaron por decir que "Acic
Antioquia se siente tranquila porque los procesos citatorios de las EPM han sido transparentes y ajustados a la ley". Sin embargo, después

de analizar el caso de los diseños de Porce III concluyeron que *"los procesos de selección, plasmados en algunos de los términos de referencia, no necesariamente garantizan un proceso de selección lo suficientemente objetivo. Es por ello que queremos sugerir que los términos de referencia que se utilicen en futuros procesos contengan sólo criterios de calificación objetivos, basados en procedimientos eminentemente técnicos e imparciales, que permitan la selección del mejor proponente".*

Lo que habría violado EPM

Por encargo del consorcio perdedor, los abogados Alfonso Moreno Jaramillo y Mauricio Toro
Zuluaga revisaron el proceso de adjudicación
de los diseños de Porce III. Su conclusión es que
allí Empresas Públicas de Medellín violó normas legales, incluyendo su normatividad interna, e hizo un manejo amañado de la licitación,
*"que riñe con las obligaciones y la seriedad de quie-
nes tienen a su cargo a EPM"*. Su criterio es que
si se hubieran dejado de lado los 200 puntos de
la metodología, viciada por las calificaciones
subjetivas, el ganador habría sido el consorcio
antioqueño, con 785.83 puntos (sobre 800), con
segundo puesto del consorcio Ingetec-Klohn
Crippen, con 772.20. Sus argumentos:

Respecto del factor "metodología", EPM no
cumplió con el deber de fijar e incluir en los
términos de referencia normas de ponderación para la evaluación y comparación de
las propuestas en los subaspectos de "enfoque", "organización para desarrollar los
trabajos" y "procedimientos de control, revisión y verificación"). Esos criterios sólo
aparecen en el documento que contiene la
evaluación y tampoco son objetivos.

Para el subaspecto "enfoque" se trajeron de la nada diez criterios de evaluación, "sin que ninguno de ellos (tal vez con excepción del 6°) haga relación con parámetros que puedan ser verificables por cualquier persona, sin que en ello influya su apreciación personal, que es la característica que para el presente asunto entendemos por criterios "objetivos".

Por ejemplo, en esos criterios de evaluación se hace referencia a "comprender claramente el alcance de los trabajos", pero no se dice cómo se mide esa comprensión del proponente para llegar a la conclusión de que es o no clara; se hace referencia a si *es claro el enfoque de la metodología*", pero queda al arbitro del evaluador determinar la manera de saber cuándo un enfoque es más o menos claro; se hace referencia a que el participante en la licitación *"comprende claramente el alcance de la participación de las Empresas", cuestión que está relacionada con el fuero interno o pensamiento del participante, respecto de lo cual el evaluador solamente puede llegar a tener su interpretación personal; etc"*.

A los abogados les parece curioso *"que uno de los proponentes, el seleccionado como primera opción, siempre consiguió el máximo puntaje en cada uno de los 25 criterios subjetivos de evaluación que a última hora aparecieron de la nada y que a ninguno de los otros proponentes se le haya reconocido el máximo puntaje en ninguno de esos 25 criterios de evaluación"*.

Amparados en normas del Código Civil, los abogados indican que es nulo cualquier criterio

subjetivo de escogencia del contratista, *"pues
esa voluntad implica que la obligación de escoger la
mejor propuesta realmente queda a la mera voluntad
de quien escoge"*.

También se habrían violado normas internas
de EPM (cuya aplicabilidad ponen en duda), y
hasta del Código de Comercio, porque cuando
la evaluación queda al arbitro o al capricho del
evaluador *"es evidente que la buena fe de los proponentes puede ser asaltada, que la moralidad queda
sin parámetros, que la transparencia no tendría un
punto de referencia, que no habría forma de comparar para establecer la equidad de la evaluación, que
la igualdad podría no ser aplicada y que la imparcialidad no aplica cuando la decisión es subjetiva "*.

El análisis jurídico de Moreno y Toro no despertó mayor inquietud en el Alcalde de Medellín, Luis Pérez Gutiérrez, el Gerente General de EPM, Iván Correa Calderón. De hecho, en carta dirigida a Iván Darío Ochoa Hernández, representante del consorcio perdedor, ambos funcionarios expresaron que la selección del contratista que hará los diseños de Porce III *"estuvo ajustada tanto a la ley como a las normas que al interior de la empresa rigen la contratación"*.

Tampoco compartieron el contenido del concepto jurídico de Moreno y Toro, *"que parte de una base puramente semántica para aplicar unos conceptos jurídicos con desconocimiento de la naturaleza técnica del problema que se pretende resolver con la evaluación de la metodología y que ignora prácticas y recomendaciones ampliamente reconocidas en la ingeniería local, para la evaluación de estos asuntos"*.

Siendo así, Pérez y Correa se concentraron más en la respuesta a las observaciones del consorcio perdedor, con argumentos como estos:

Que los reclamos sobre la metodología son extemporáneos. *"Ustedes en ningún momento cuestionaron los factores de ponderación de las pro-*

puestas, ni tampoco hicieron observación alguna en relación con la forma como se evaluaría la metodología ni la capacidad técnica".

Que tampoco hay tal subjetividad. "La evaluación de la metodología realizada es objetiva en cuanto que si otra persona, con una formación técnica y profesional idónea y con una experiencia en evaluación de proyectos de esta naturaleza, examina las propuestas aplicando los mismos elementos de juicio (conductores), la conclusión desde el punto de vista cualitativo será la misma".

Que la forma de evaluación es similar a la utilizada en el pasado en procesos de contratación ganados por firmas del consorcio perdedor: diseños de PorceII, en donde el mayor puntaje en metodología fue para integral. Interventoría de PorceII, que en ese aspecto sacó ventaja Sedic. Diseños de la Planta de San Fernando, con puntaje favorable en la metodología para el consorcio en el que participaba la Compañía Colombiana de Consultores.

Que en esas oportunidades en que tales firmas quedaban de primeras en la evaluación de la metodología no se presentaban reclamos, como sí ocurre ahora que quedan de segundas al actuar consorciadas.

Que respecto a la preferencia que se reclama para las firmas locales *"es menester recordar que el desarrollo del objeto de EPM exige, en un ámbito de competencia, escoger tanto sus proveedores como sus consultores entre las mejores propuestas que se reciban tanto nacional como internacionalmente.*

*EPM no puede pretender ser una empresa de cla-
se mundial si sus proyectos los desarrolla con total
desprecio por la ingeniería de punta y menos aún si
sus procesos de contratación se diseñaran teniendo
en cuenta consideraciones como las que usted menciona, que si bien son importantes, no lo son tanto
cuando se trata de procesos de consultoría".*

Que EPM ha sido para las firmas del consorcio perdedor el mejor o uno de los mejores clientes. Desde su fundación, Sedic ha realizado para las Empresas 14 contratos. Mejía y Villegas, por lo menos 14. La Compañía Colombiana de Consultores unos 11. Integral, por su parte, *"ha tra-
bajado con EPM en casi todos los grandes proyec-
tos que éstas han ejecutado. En nuestros registros
figuran 41 contratos y un período ininterrumpido de
trabajo continuo durante más de 40 años".*

Y que todos esos trabajos les fueron asignados *"mediante procesos de evaluación de propuestas similares al proceso de evaluación utilizado para la
contratación de los diseños detallados de Porce III,
en tos cuales los contratos correspondientes se asig-
naron en cada caso sin otra consideración adicional
a ser la mejor propuesta".*

Cuando a comienzos del 2002 se debatió en el Comité de Gerencia de las Empresas la adjudicación del contrato para los diseños de Porce III, una de las pocas voces que se escuchó en favor de la ingeniería local fue la de Pedro Pablo Betancur, Gerente de Aguas de la organización.

En calidad de Gerente General encargado el funcionario planteó inquietudes respecto a la recomendación de la adjudicación a favor del consorcio bogotano- canadiense. Inclusive fue más allá y les pidió a expertos de la Subgerencia de Acueducto que hicieran una evaluación del controvertido tema de la metodología.

Los expertos cumplieron con su trabajo. Sin embargo, cuando se solicitó una copla del documento al Gerente General, Iván Correa Calderón, éste argumentó que *"me permito informarle que de manera oficial no existe dicho informe, habida consideración que el único que reviste el carácter mencionado es el elaborado por funcionarios de la Subgerencia Proyectos de la Gerencia Generación Energía...".*

Como hasta ahora EPM no es la Enron, finalmente se pudo conseguir una copla de la propuesta alternativa de evaluación de la metodología. Cuando los analistas desmenuzaron los puntajes para calificar las propuestas, notaron que el 80% del total se daba a factores objetivos (capacidad técnica, capacidad operativa, experiencia, aseguramiento de la calidad, plazo y precio). Por eso, para mantener la objetividad de la evaluación consideraban que la metodología también debería mantener la misma proporción. Es decir, que de los 200 puntos máximos que se asignaban, 160 se deberían evaluar con criterios precisos y objetivos.

Lo interesante del asunto es que bajo esta perspectiva en la evaluación de la metodología el consorcio de Bogotá-Canadá terminaba con 200 puntos y el de las firmas locales con 192. Es decir, la brecha que antes era de 40 puntos bajaba a sólo 8 puntos.

No contentos con eso, los técnicos señalaron: *"Adicionalmente, para disminuir la subjetividad de la calificación, sugerimos que se vuelva a realizaría asignación del puntaje a la metodología, el cual estableció la Subgerencia Proyectos Generación conservando la escala de calificación de 2 a 5, por tres personas diferentes que hayan participado en proyectos hidroeléctricos en cualquiera de las disciplinas de diseño, construcción e interventoría, conservando la propuesta del 80% de objetividad y el 20% de subjetividad".*

Nada de esto vieron los directores de Control Interno y de informática Corporativa, a quienes

el Gerente General les pidió hacer una revisión
de la contratación y cuyo documento sí se considera oficial. Según ambos funcionarios, hubo
total transparencia, sujeción a la normatividad
de contratación de las EPM, el equipo evaluador es idóneo y confiable, los criterios de calificación fueron los usuales y la calificación se
ciñó a los términos de referencia.

El cuento de la China

El ruido con Porce III no concluyó allí.
El martes 10 de junio de 2003, en rueda de prensa, la Gerente General de las Empresas Públicas-de Medellín, Edith Cecilia Urrego Herrera, reveló que tanto entre los gobiernos ruso y chino, como en los empresarios de esos países, existe interés en acometer la construcción de la hidroeléctrica Porce III y de suministrar los equipos para la central. *"Son ese tipo de proponentes los que vamos a tener"*, anotó la funcionaría.
Según cifras oficiales de EPM, de la inversión total, que se estima en US$547.6 millones, US$258.8 millones se van en obras civiles y US$154.8 millones en equipos. Lo atractivo del presupuesto ha llevado a que contratistas internacionales hicieran lobby ante el grupo empresarial para que, a finales del 2003, quedaran listos los procesos de contratación.
Fuentes de las Empresas, que pidieron mantener en reserva sus nombres, dijeron que acelerar la contratación de la presa y de los equipos sería un costoso error, así algunos proponentes estén dispuestos a ofrecer financiación o a ejecutar tales trabajos bajo el esquema de llave en mano.

Además, agregaron, EPM tiene suficiente experiencia y credibilidad como para salir al mercado mundial o ante la banca multilateral a solicitar crédito para la hidroeléctrica.

Respecto a ese tema de la contratación, el gerente de Generación Energía de EPM, Jesús Arturo Aristizábal Guevara, manifestó en público que la transparencia y rigor profesional que ha tenido el grupo empresarial en el manejo de sus proyectos llevará a que las licitaciones sean abiertas, de manera que muchas firmas puedan participar.

Así, de paso, se mantendría lo que ya es tradicional en la organización, que es sacar adelante proyectos en un plazo menor y más baratos de lo previsto.

Según informó la Gerente General de EPM, hasta junio de 2003 se habían invertido en el proyecto del orden de $25.000 millones. A esa suma se añaden los US$547.6 millones que se referencian como costo base y de los cuales la entidad puede cubrir con recursos propios entre el 45% y el 50%.

Para el porcentaje restante se requiere financiación, que puede provenir de gobiernos, banqueros o proveedores.

Edith Cecilia Urrego Herrera manifestó que Porce III, con su capacidad instalada de 660 megavatios, es el único proyecto de generación que estaría en condiciones de atender las necesidades adicionales de energía que tendrá el país hacia el 2010.

El plan de trabajo establece que en octubre de

2009 entraría en operación la primera unidad generadora y al año siguiente las tres restantes. Jesús Arturo Aristizábal Guevara, por su parte, resaltó el carácter estratégico de Porce III, porque la ejecución de este proyecto se convierte en una barrera de entrada al sector para potenciales rivales. Visto de otra manera, ésta es también una jugada para preservar las Empresas como el generador de energía que más vende en el mercado no regulado.

Porce III cuenta en el 2003 con un presupuesto de $51.309 millones, que equivalen al 21.8% del presupuesto de inversión para proyectos de expansión de generación de energía, el cual es de $234.898 millones.

Así mismo, absorbe el 2.6% del presupuesto de inversión total de EPM, que supera los $1.9 billones. También equivale al 1.2% del total de recursos que maneja en el 2003 el grupo empresarial, o sea $4.2 billones.

El programa de ejecución entre 2001 y 2010 establece 12 actividades. En lo que falta del 2003 y parte del 2004 se trabajará en la financiación, la compra de tierras y la construcción de obras de infraestructura.

Crecen las inquietudes

El anuncio de la Gerente General sobre los proponentes rusos y chinos causó entre los técnicos y directivos de EPM un malestar que, con los días, se volvía creciente.

Primero, porque el primer viaje internacional de la Gerente General fue precisamente a la China, en donde también estuvo como invitado su antecesor, Iván Correa Calderón.

Segundo, porque en junio de 2003 la funcionaría viajó a Rusia, con una agenda que incluyó tres días en San Petersburgo y un día en Moscú.

Tercero, porque había interés en la administración en acelerar el cronograma del proyecto, para dejar contratados a finales del 2003 la construcción de la presa, obras civiles de casa de máquinas, obras subterráneas, túneles, y equipos como generadores y turbinas.

Y cuarto, porque no se consideraba prudente que se estuvieran vislumbrando esquemas de financiación que pueden terminar amarrando la compra de los equipos, cuando si eso se manejara mediante procesos amplios de licitación internacional se podrían lograr economías en la ejecución de la obra. Veamos algunas inquietudes.

¿Es conveniente para EPM un contrato llave en mano para construir a Porce III?

El sistema llave en mano implica que EPM le pasa a un contratista los diseños de la central y éste entrega la obra lista para comenzar a generar energía.

El Sindicato de Profesionales de EPM (SinproEPM) afirma que sí se podría aceptar esta alternativa, siempre y cuando el contratista garantice que entrega en menos del tiempo estimado, 8 años, y con un valor inferior al presupuestado, o sea US$547.6 millones. De resto, no.

No obstante, otros técnicos de EPM, que pidieron mantener su nombre en reserva, dijeron que estos contratos se justifican cuando el contratante no sabe nada de la obra que requiere. No es el caso de EPM, que cuenta a su favor con un amplio catálogo de centrales de generación y que al tener las riendas de su desarrollo ha logrado costos menores a los inicialmente estimados. La última experiencia exitosa fue PorceII. Además, los antecedentes de contratos llave en mano en el país no son afortunados, como Termorío, La Miel y el Metro de Medellín, para citar sólo tres casos.

¿Es conveniente acelerar el
cronograma de la obra?

No, dijeron técnicos de EPM. El proyecto es de largo plazo y tiene unas fases que fueron definidas con criterio técnico y económico. Alterarlas, con el solo propósito de contratar lo más gordo, que es la construcción de la presa y los equipos, serla un costoso error.

En junio de 2003, por ejemplo, faltaba refinar lo que se llaman galerías exploratorias, que son vitales para el diseño de las fundaciones de la presa. La compra de tierras y servidumbres se proyectaba hasta el tercer trimestre de 2004 y la construcción de obras de infraestructura (para que el contratista no vea sólo monte, sino una zona con "urbanismo", con puentes, carreteras, energía), apenas finalizaría a mediados del 2005.

¿Es buena una financiación que esté
amarrada a la compra de equipos?

Tampoco, advirtieron los técnicos. EPM, por su fortaleza, credibilidad internacional y buen manejo de los proyectos, no debería dejarse seducir por propuestas de financiación que vengan condicionadas o que no permitan una competencia abierta, a nivel internacional, tanto entre proveedores como entre constructores.

Las Empresas podrían acceder sin dificultad a créditos del Banco Interamericano de Desarrollo (BID), que en el pasado financió PorceII y la Planta de Tratamiento de Aguas Residuales de San Fernando. Como EPM cubrirá con recursos propios hasta el 50% del valor de la obra, la otra mitad podría conseguirla emitiendo bonos.

Los técnicos seguían desvelados con la relación que la Gerente General estableció entre Porce III y los chinos y los rusos, porque la ortodoxa de EPM aconsejaba realizar licitaciones públicas internacionales, abiertas y transparentes, con participación de firmas locales e internacionales.

Fuentes de EPM que conocen de contratación en la entidad, anotaron que no es fácil, pero tampoco imposible, seleccionar a dedo a una firma que se encargue de suministrar los equipos electromecánicos de Porce III. Las normas que debe seguir la entidad establecen que ese modelo de escogencia sólo es permitido en aquellos casos en que el proveedor sea el único en el mercado o cuando se trate de proyectos de alta tecnología en los que tampoco existan competidores. Ni lo uno ni lo otro se da en Porce III. Los equipos para la central no tienen ningún misterio en el mundo y hay diversidad de oferentes. Por eso sería complejo explicar que a rusos o chinos se les adjudicara, así no más, un contrato de este tipo.

Licitación transparente: Pérez

Los rumores y temores crecieron de tal manera, que la administración municipal no tuvo más remedio que pronunciarse sobre el particular. Y lo hizo afirmando que la construcción de Porce III será contratada mediante un sistema de licitación internacional, se procurará que la ingeniería nacional juegue un papel protagónico y la sociedad Colombiana quedará segura de que ganó la mejor oferta.

Así lo prometió el Alcalde de Medellín, Luis Pérez Gutiérrez, en una carta enviada al presidente del Concejo local, Santiago Martínez Mendoza, y que está fechada 26 de junio de 2003.

"Me he enterado, dice el mandatario, de que algunos medios de comunicación han analizado la posibilidad de adjudicar la construcción de Porce III directamente sin licitación. Nada más absurdo. Porce III promete ser la obra hidroeléctrica más productiva que se haya propuesto hacer EPM en toda su historia y su adjudicación debe obedecerá una severa y transparente licitación internacional, donde la sociedad Colombiana quede segura de que ganó la mejor oferta".

El Alcalde reconoció que la central tardará muchos años en ser inaugurada y que cada gobierno deberá avanzar el proceso hasta su culminación. Así mismo, resaltó un detalle que calificó de muy importante: "debemos procurar que la ingeniería Colombiana juegue un papel protagónico en esta construcción y, de otro lado, la licitación pública se hará sólo cuando Empresas Públicas tenga terminados rigurosamente los términos de referencia".

Pérez Gutiérrez le hizo al presidente del Concejo un recuento de las gestiones que había hecho en el exterior para concretar apoyos a la obra. "Porce III viene siendo diseñada definitivamente desde hace dos años y medio. Y por tratarse de una inversión gigante (US$600 millones) debe acompañarse su factibilidad de una buena gestión internacional para que los diferentes gobiernos del mundo y empresas multinacionales se interesen en el proyecto y sean capaces de ofrecer los empréstitos necesarios".

En su carta, Pérez Gutiérrez mencionó los contactos con italianos, franceses, rusos y chinos, tanto a nivel de empresarios como de gobiernos y destacó algunos rasgos de los contratistas que estaba buscando: "una obra de esta magnitud requiere el cumplimento de varios factores. No sólo basta con hacer sus diseños, sino que además exige buscarla mejor tecnología, unos contratistas poderosos y honestos; y una financiación adecuada que garantice su construcción total, y no se convierta en elefante blanco al cabo de veinte o treinta años" ■

EL SUPERASESOR QUE GANABA MÁS QUE EL GERENTE GENERAL

Por lo menos medio Medellín sabía que Rafael Mario Villa Moreno era un superasesor en EPM. El tema servía de comidilla en los cocteles, pero nadie se atrevía a preguntar en las Empresas cómo llegó el ejecutivo a la organización, quién lo había apadrinado, qué papel cumplía y si era cierto que se ganaba más que el Gerente General y el mismo Alcalde. Todo se supo, entre el 19 y el 21 de noviembre de 2001, cuando se contó la siguiente historia. Meses más tarde, el personaje renunció al jugoso contrato para lanzarse como candidato a la Alcaldía de Medellín.

Sus canas son un poco precoces, pues no hace mucho marca con el 5 por delante. Su estatura, superior a los 1.83 centímetros, es directamente proporcional a su ego profesional. No en vano afirma que pocos ejecutivos en América Latina han tenido su nivel de capacitación en gestión corporativa y planeamiento estratégico. No ha

tenido muchos cargos importantes. De hecho, le
bastó trabajar en dos grandes firmas antioqueñas
para acumular prestigio, fama y poder local y nacional: la vicepresidencia Comercial de Cadenalco y la presidencia de Noel.

No es político, pero tampoco es alérgico a ellos,
pues dice tener amigos liberales, conservadores
y de izquierda. Tan nula es su alergia a la clase
política, que fue miembro de la Junta Directiva
de la campaña presidencial de Noemí Sanín Po-
sada. Oficialmente no era el Gerente General de
las Empresas Públicas de Medellín (EPM).
Tampoco le hacía falta, porque en la práctica reflejaba ser dueño del poder y la seguridad que
debería tener el titular del cargo. Es más, su pago
mensual estaba por encima del recibido por propio Gerente al que asesoraba: $18.9 millones ver-
sus $13.8 millones. Ni qué decir frente a los $7.0
millones del Alcalde. La ñapa no era menos en-
cantadora. Estar detrás de bambalinas lo eximía
de cargar con las responsabilidades fiscales que
implicaría llevar las riendas de una organización
pública de $11.3 billones en activos.

Los rasgos corresponden al abogado Rafael
Mario Villa Moreno, el hijo de un veterinario
de pueblo y una maestra, quien alguna vez se
autodefinió como "el típico exponente de clase media". A las EPM llegó en 1998, durante la
gerencia de Ramiro Valencia Cossio. Al directivo lo conoció en el bachillerato a través de los
hermanos de aquel, Fabio y Rubiel, y más tarde
fue compañero en la Facultad de Derecho de la
UPB de Margarita, la esposa del hoy ex minis-

tro de Minas y Energía. Villa no se atreve a decir que se volvió de la casa de los Valencia Cossio. Pero eso sobra cuando afirma que "Ramiro no ha sido para mí sólo un amigo, sino que ha sido mi consejero y una persona supremamente cercana".

Esos vínculos y la recíproca admiración están a la base del primer contrato que ambos suscribieron el 19 de noviembre de 1998. Por entonces la Price Waterhouse desarrollaba el proceso de transformación interna. Villa haría la veeduría de ese proceso, seguiría su aplicación e informaría de los resultados al Gerente General. El contrato, por 10 meses, tenía un valor de $225 millones, de los cuales se pagaron $70 millones como anticipo.

¿Con qué fundamento se estableció ese monto de $225 millones?

"Ese fue un proceso muy difícil, porque yo pedí como el triple", respondió Villa Moreno.

¿O sea $600 millones?

"U $800 millones. No recuerdo cuánto pedí, porque creo que eso era lo que realmente valía el trabajo. Pero Ramiro es un hombre supremamente duro y nunca me dejaba aumentar por encima de lo que él le aumentaba a sus empleados. Cada renovación del contrato era una batalla. Pero entre que Ramiro era un excelente negociante y que uno cuando está aquí (en EPM) se enamora del trabajo, eso se ha ido quedando ahí, sin mayores cambios".

Pero cambios sí hubo

El Coordinador del Grupo de Transformación Interna, el Gerente Auxiliar y el Gerente Comercial le dijeron al Gerente General que Villa Moreno había cumplido con sus obligaciones de contratista y recomendaron continuar con sus servicios. Valencia Cossio acogió ese concepto y se firmó otro contrato, por 12 meses, y por un valor de $207 millones.

Para la Contraloría General de Medellín no es tangible el fruto del trabajo realizado por Rafael Mario Villa en estas dos asesorías que le costaron a EPM $432 millones. El consultor señaló un estante con 40 folder y dijo que al organismo de control se enviaron 16 cajas con toda clase de documentos de soporte. Así mismo, él veía claro su sello personal. *"Acompañé al gerente anterior (Ramiro Valencia Cossio) en decisiones supremamente importantes del objeto del contrato, como fue la transformación interna y la orientación en lo estratégico. Influí en la formación de la Gerencia Comercial. Como ninguno, aún por encima de funcionarios de EPM, reclamo para mí el haber estado estrechamente vinculado al proceso de transformación, no sólo por mi motivación personal por aprender, sino por un gran compromiso con el pro-*

ceso liderado por el doctor Luis Javier Tirado. Además, mi contrato tenía el monitoreo de las grandes decisiones de transformación y me metí en el equipo de Price Waterhouse como uno más y trabajamos de una manera integral en toda la orientación de eso".

Ramiro Valencia Cossio, por su parte, también manifestó que había quedado más que satisfecho con el aporte del asesor.

En medio de esa recíproca satisfacción se produjo el cambio de Gobierno municipal. Luis Pérez Gutiérrez ganó la Alcaldía y, por esta vía, Villa Moreno aseguró su continuidad en el cargo de consultor. El gobernante le pidió a Valencia Cossio que le prorrogara el contrato al asesor. El todavía Gerente General quedó sorprendido con el documento que le presentaron, tanto por el monto pretendido, como por las funciones que le colocaban. Curiosamente, ambos personajes padecen de amnesia a la hora de recordar la cifra, pese a que el evento ocurrió a finales de diciembre del 2000 y a que le confería a Villa Moreno un poder tal que era innecesario tener oficialmente un Gerente General en la organización.

El tema era delicado. No de otra manera se explica que Valencia Cossio le hubiera pedido a Pérez que le dejara constancia, escrita, de que era por su expresa petición como mandatario que le prorrogaba el contrato a su amigo Rafael Mario. El acta de modificación bilateral se firmó el 29 de octubre de 2000. El valor se reajustó y quedó en $227.7 millones, pagaderos en cuotas mensuales de igual valor. Para facilitar las co-

sas, se estableció que el contrato *"será prorrogable automáticamente por períodos de igual duración
si no se da aviso de su terminación con una antela-
ción de por lo menos un mes"*.
Villa Moreno negó la versión de la suculenta cifra ($500 millones) que habría pedido en esta
oportunidad.

**¿Usted no aprovechó para pedir el triple,
ya que venía con la espinita desde
el primer contrato?**

"Ya estaba resignado".
La solución de continuidad era clara: Valencia
Cossio era conservador, Pérez era liberal y Rafael Mario Villa era amigo personal, pero muy
personal, de ambos. *"Al Alcalde, dijo el entonces asesor de EPM, lo conozco desde hace muchísi-
mos años. Lo considero mi amigo personal, es una
amistad demasiado especial. Considero que yo estoy
demasiado cercano al alcalde, a título personal. En
distintas etapas de la vida hemos recorrido temas
juntos. Tengo de él una valoración de sus capacidades extraordinarias y desde hace muchos años me ha
distinguido con su confianza"*.
La confianza era recíproca. Cuando Villa era
presidente de Noel, invitó a Pérez a las juntas
directivas de algunas firmas del grupo, como
Dulces de Colombia y Suizo. Luego, Pérez
como Alcalde nombró a Villa como su hombre
de confianza en EPM.

¿La amistad y la sintonía intelectual

**Los ha llevado a comprometer capitales
en alguna empresa de riesgo?**

*"Ahhhhh, sí. Una vez compramos unas acciones en
la bolsa. Eso lo manejaba Gabriel Jaime Restrepo
(corredor de bolsa en esa época y ahora constructor
(PSI) y asesor del alcalde en temas de vivienda), pero
nos quebró y hasta ahí llegamos".*

**Le pregunto esto porque se especula
que ustedes tienen un negocio
conjunto de maquila.**

*"Ese es un negocio de Luis, abierto, con una socie-
dad totalmente transparente, en la cual no he tenido
ninguna participación".*

¿Es una sociedad vigente?

*"Eso sí no sé. Como actividad, sé que no, pero si la
sociedad está vigente... no tengo conocimiento. En el
proceso de Noel logramos hacer un gran impulso a
todo lo que era out sourcing y Luis tenía esta empresa. Nos alcanzó a hacer algunas cosas. No mucho,
pero sí unos trabajos".*

¿Qué tipo de maquila se hacía?

*"Empaque de promociones, empaque en la línea de
galletería. Eso estaba muy al final del 97 y yo me
retiré ese año. No creo que haya sido una actividad
muy grande o muy sustantiva".*

Hablando de dinero... Villa Moreno sostuvo

que tanto por su contrato como por su forma de ser, no había participado, participaba ni participaría en ninguna decisión que tuviera que ver con inversiones de EPM. Tampoco, añadió, tenía que ver con vinculaciones de personal.

¿Usted se siente el segundo Gerente General de EPM, después del Alcalde Pérez, quién públicamente se ha calificado así?

"No, no. Esa es una especie que han tratado de propagar algunos malquerientes, con un ánimo bastante perverso. Eso es muy de la ciudad. Y lo grave es que hay personas muy importantes e influyentes en la opinión que le dan cabida a eso".

¿Y no le gustaría ser Gerente?

"Ya me lo ofrecieron en dos oportunidades, pero mis compromisos con Noel y el Sindicato Antioqueño me lo impidieron".

Pero ahora es un librepensador, es asesor y tiene libertad de movimiento.

"No creo que tenga el perfil para ser un buen gerente de EPM, porque el cargo tiene un elemento político importante, de manejo de medios y de opinión y no soy el de mayor tacto".

Pero esa modestia sorprende...

"No es modestia. Es realidad. Me gustaría mucho estar vinculado a este tipo de procesos, pero veo las angustias por las que pasa un gerente y tengo 5 7 años y esto es para muchachos".

¿Le tiene miedo a la responsabilidad que implica ser gerente o prefiere los entre telones del poder?

"No, no. Yo prefiero los proyectos concretos en los que puedo ser más eficiente y ser asesor de tiempo requerido. Esta madurez que dan los años le sirve a uno más para orientar procesos".

Las funciones

El contrato de Rafael Mario Villa Moreno con las EPM iba más allá del seguimiento al proceso de transformación interna y de la asesoría en aspectos Comerciales. En el acta de modificación bilateral N° 3 al contrato 9405827 se lee que con el fin de seguir con la ejecución de las distintas actividades propias al desarrollo, implementación, consolidación, proyección y crecimiento de la entidad se le adicionan algunas tareas complementarlas:

• Direccionar estratégicamente a las Empresas Públicas de Medellín (EPM) frente a la actividad competitiva que debe desarrollar en sus diferentes negocios.

• Direccionar y monitorear los planes de adecuación y transformación interna.

• Asesorar aquellas áreas estratégicas claves que le asigne la Gerencia General.

• Asesorar la gestión de la Gerencia Comercial, la cual se basa en la dirección e implementación de los planes y programas determinados en la transformación, y en especial en aquellos que resulten de la evolución del esquema Comercial propuesto.

• Dirigir el establecimiento de un proyecto para la creación de un organismo con participación de las EPM y otras entidades, buscando la colaboración de entes internacionales de carácter público y privado, en proyectos especiales para la entidad.

• Servir como enlace entre las EPM y la Alcaldía de Medellín, dentro de los proyectos en los cuales sea necesaria la participación.

• Las demás actividades que le asigne el Gerente General.

• Para su trabajo, las Empresas le facilitaban oficina, secretarla, acceso a computador y servicios informáticos corporativos. También le cubrían los tiquetes aéreos, gastos de alojamiento, alimentación y transporte terrestre, de acuerdo con la suma estipulada para los Gerentes y Directores.

Evolución de los contratos

Noviembre 19 de 1998. A través del contrato 8403540, el contratista se compromete con las Empresas a prestarle los servicios profesionales de monitoria, retroalimentación, veeduría e interventoría de todas las actividades que se realicen en el proceso de transformación interna que se adelanta, incluyendo tanto los productos finales que entregue la Price Waterhouse en desarrollo del contrato que actualmente ejecuta, como las demás actividades posteriores que se lleven a cabo dentro del proceso de implantación de la transformación como tal. Los resultados los expresará en reuniones periódicas con el gerente General (Ramiro Valencia Cossio), el equipo Gerencial, los líderes del proyecto y a través de su participación en el Comité de Dirección. Debe presentar informes cada dos meses, en la forma que el gerente General le indique. El contrato es por $225 millones más IVA. A la firma del contrato se pagan $70 millones como anticipo. El 15 de febrero del 99 se cancelan $50 millones. El 15 de mayo del 99 recibe otros $50 millones y los $50 millones restantes quedan para cuando el contratista presente el informe final, previa aprobación de EPM.

Septiembre 21 de 1999. En memorando 913613 del 7 de septiembre de 1999 el Coordinador del Grupo de Transformación Interna, el Gerente Auxiliar y el Gerente Comercial de las EPM le informan al Gerente General, Ramiro Valencia Cossio, que el contrato 8403540 fue ejecutado cabalmente por Villa Moreno. El gerente General considera que se debe continuar con el proceso y para tal efecto se firma el contrato 9405827.

Allí también se indica que "el consultor debe actuar como orientador en los temas críticos en los frentes de la Gerencia Comercial y la Dirección Gestión Humana, muy especialmente en cuanto a su conceptualización estratégica ya su desarrollo dentro del plan de transformación, ya sean producto del diseño por parte de terceros como los desarrollados por la Entidad directamente". Los informes pasan a ser trimestrales y en ellos se deben indicar las actividades más relevantes desarrolladas, los documentos analizados, las reuniones a las que asiste. El valor del contrato es de $207 millones más IVA, A la firma del contrato se pagan $31.050.000. El resto se cancela en cuatro cuotas trimestrales iguales de $51.750.000 más IVA, de los cuales se descuenta el anticipo.

Noviembre 29 de 2000. En el Acta de modificación bilateral N° 3 al contrato 9405827 consta que durante las reuniones de EPM y la comisión de empalme de la nueva administración municipal, que preside personalmente el alcalde Luis Pérez, "se ha considerado indispensable y solicitado expresamente dar continuidad a una serle de actividades que se han venido realizando por el doctor Rafael Mario Villa cómo parte de la estrategia corporativa en la consolidación, proyección y crecimiento de la entidad en los procesos de direccionamiento estratégico de la Entidad frente a la competencia, direccionamiento y monitoreo en lo referente a la transformación interna, asesoría en áreas claves asignadas por el Gerente General, asesoría en la gestión, implementación y evolución del esquema de la Gerencia Comercial, dirigir el establecimiento de un proyecto de creación donde interviene la Entidad y otros organismos, buscando colaboración de entes públicos y privados, en procesos especiales para las Empresas, así como servir de enlace entre las Empresas y la Alcaldía de la Ciudad en distintos proyectos en los cuales sea necesaria la participación". Se prorroga por un año su contrato, esta vez por valor de $227.7 millones, pagadero en cuotas mensuales de igual valor. Los informes de labores vuelven a ser cada dos meses y le reporta su trabajo al Gerente General.

Los comentarios en la prensa y en el Concejo municipal, amén de múltiples anónimos, terminaron por convencer a la Contraloría General de Medellín de la necesidad de evaluar un paquete de contratos de asesoría de las Empresas Públicas de Medellín (EPM) suscritos con prestantes personajes locales, entre quienes se hallaban el ex presidente de Noel, Rafael Mario Villa Moreno, el ex presidente de la Nacional de Chocolates, Fabio Rico Calle, y el ex Gerente General de las EPM, Carlos Enrique Moreno Mejía.

Las indagaciones efectuadas por el organismo de control le permitieron establecer que "hasta el momento no se ha encontrado una situación que implique violación a los mecanismos de control fiscal o a los mecanismos de contratación o asuntos disciplinarlos".

Así lo afirmó César Hincapié Flórez, funcionario de la subdirección Técnica con Alcances Fiscales en Áreas de Apoyo a las EPM, quien precisó que, de todas maneras, sí hay varios fenómenos que llevan a la Contraloría a recomendarles a las Empresas que sean más rigurosas al momento de fijar los honorarios de los asesores, establecer unas horas mínimas de trabajo y más formalismos en cuanto a los informes que éstos entregan y a la evaluación de sus aportes. Bajo la lupa de la Contraloría pasaron, además de los ya indicados, los contratos de asesoría de Juan Fernando Bermúdez Picón, Javier Gómez Restrepo, Luis Guillermo Vélez Álvarez, Marco Antonio Velilla y Carlos Alberto Atehortúa. Según Hincapié Flórez, "no se cuestiona la idoneidad de estas personas", aunque en el caso de Bermúdez Picón se indicó que tenía un perfil más académico y carecía de la experiencia necesaria para oficiar como asesor en materia de inversiones de las Empresas.

Según la Contraloría, el fruto del trabajo de los asesores no era claro para quien quisiera verlo, porque no se tenía un mecanismo de valoración del mismo. El número de horas de asesoría tampoco fue preciso en varios contratos y por ello se carecía de un parámetro para saber sí el servicio prestado fue caro o no. En el caso del contrato de Rafael Mario Villa, Hincapié Flórez afirma que "inicialmente a uno le parece elevado, si se compara su remuneración con la escala salarial de las Empresas o con el salarlo del Alcalde".

Siguiendo con ese mismo caso, la Contraloría expresó que no es muy claro el pago de un anticipo en un contrato de prestación de servicios. Eso es legal, pero se observa que la figura es más usual en los contratos de suministro o de obra civil, para realizar algunas inversiones que se requieren. En un contrato de consultoría, no.

"Los informes que se les exigen son muy libres", agregó el ente fiscalizadorr. "Se les debió
haber pedido un formalismo más riguroso en
cuanto a las fechas de entrega de los mismos y
que se evidenciara un contenido más personal
del trabajo de cada uno". La Contraloría resalta
como caso excepcional los informes de Carlos
Enrique Moreno, porque "tienen más cuerpo,
son más formales y rigurosos ".

El enlace de Villa

El tema del superasesor tiene mucho qué ver con la pregunta de ¿quién manda en EPM? En fuentes de la misma organización se trae a colación que en la época de Mauricio Restrepo Gutiérrez el poder mayor lo concentraban unos profesionales que hicieron carrera en la entidad y que llegaron a los cargos de gerentes auxiliares. En la gerencia de Iván Correa Calderón, el Alcalde de la ciudad, Luis Pérez Gutiérrez, dejó en claro en su campaña electoral que él sería el gerente, labor en la cual tuvo como mano derecha al asesor Rafael Mario Villa.

El ex Gerente General de EPM, Ramiro Valencia Cossio, se abstuvo de opinar sobre estos casos. No lo hizo directamente, pero tampoco renunció al derecho que le asistía de comentar su experiencia personal. Su criterio fue claro: *"En la administración mía los asesores no tenían ningún poder. Eran asesores"*.

Para él no podía ser de otra forma, pues el Gerente General es el que responde por toda la organización, es el ordenador del gasto y también el que traza la política de EPM.

"Es lógico, entonces, que el direccionamiento de la empresa lo dé el Gerente General, por su-

puesto, con el Comité de Gerencia o lo que sea. Cuando uno tiene las responsabilidades fiscales, penales y administrativas, no va a ser tan pendejo de correr con esas obligaciones y no tenerla facultad de orientaría organización", anota el ex ministro de Minas y Energía.

Fuera de ello, añadió que EPM se concibe como una empresa integrada. "Yo encontré 12 jinetes, cada uno arrastrando su carro por un carril. Lo que tratamos de hacer fue convertir a 12 jinetes arrastrando el mismo carro, con direccionamiento. Esa es la integración de la empresa. De lo contrario es una colcha de retazos, un añadido de gerencias. Por ello lo clave de la transformación interna es lo Comercial, porque se convierte en la cara de la organización hacia el diente. Las Unidades Estratégicas de negocios (antes gerencias auxiliares) tienen en la Comercial su caballería ligera. Por ello hay un controlador estratégico, que lo conforman el gerente General, la planeación estratégica, el financiero... eso tampoco es lo que le dé a uno la gana de decir".

Valencia Cossio no negó que en su ejercicio hubiera quedado claro que él era el Gerente General. Pero, anotó, *"ninguno de los gerentes puede decir que yo me les metí en las decisiones propias de su gerencia. Ni siquiera lo hice en el nombramiento de sus subgerentes".*

De cara a los asesores que tuvo durante su administración, el ex gerente resaltó el ejemplo del grupo de inversiones en portafolio. Allí el punto de partida fue una combinación entre personas de adentro de la organización y expertos que vinieran de afuera con otra visión. *"En las juntas teníamos el problema de que éramos los mismos de EPM, con el mismo criterio. Entonces, una firma que nunca compitió, que nunca había tenido que desarrollar habilidades Comerciales, dirigía sus empresas con los mismos criterios".*

Como alternativa se miró la forma como administraban sus inversiones el Grupo Empresarial Antioqueño, el Grupo Santo Domingo y el Grupo Aval. *"Sacamos nuestra propia forma de trabajar, que luego nos fue pedida por ellos. Lo que hicimos fue una mezcla, de experiencia de afuera, con conocimiento de adentro. Ese fue el sentido de agregarle valor. La prueba de ello es que lo que más le agrega valor a la empresa hoy es el portafolio. Cuando yo llegué había $800.000 millones y nadie respondía por ellos ni había un direccionamiento. Le asignamos a la Gerencia Auxiliar la responsabilidad y creamos ese grupo de expertos. Unos como asesores y otros internamente".*

El grupo de expertos incluía hombres de recorrido empresarial como Javier Gómez Restrepo, el ex presidente del Banco Industrial Colombiano, y Carlos Enrique Moreno, ex gerente de las Empresas Públicas de Medellín. Usualmente los contratos eran de tiempo requerido, algo que traducido en las palabras de Valencia Cossio significa que "estaban disponibles para todo lo que uno los necesitara".

Valencia Cossio comentó de manera particular los servicios de Fabio Rico Calle, ex presidente de la Nacional de Chocolates a quien le pidió que oficiara como asesor en el caso de Orbitel, firma de la que EPM tiene el 50%. El otro 50% es de los grupos Aval y Santo Domingo, que habían manifestado su intención de retirarse de la empresa de telecomunicaciones. Para las negociaciones los privados se asesoraron del ex ministro de Hacienda, Rudolf Hommes y eso obligó a buscar una contraparte de buenos kilates.

Valencia Cossio acudió a Fabio Rico Calle, quien por entonces estaba algo enfermo. "Por las EPM hago lo que sea", le respondió al Gerente General. Inclusive, el Industrial manifestó que lo haría sin cobrar un solo peso, propuesta que fue rechazada por Ramiro Valencia con este argumento: *"Si no firmamos un contrato y le pago por sus servicios, entonces no le podría exigió"*. Así las cosas, el ex presidente de Chocolates aceptó a regañadientes.

Con relación al ex presidente de Noel, Rafael Mario Villa Moreno, indicó que *"si él está asesorando en todas esas cosas que dijo y le está agregando valor, me parece extraordinario. A mí me sirvió mucho y hay asuntos de Price Waterhouse en la última parte de su asesoría, cuando diseñaron cosas que dijeron que no les correspondía, que las tuvieron que hacer por la intervención de Rafael Mario"*.

Finalmente, Valencia Cossio recomendó que la mirada sobre este asunto de los asesores de EPM, que despertó públicas inquietudes, se abordara de manera muy cuidadosa, "porque nadie ha dicho que los asesores, en sí mismos, son malos".

Carlos Enrique Moreno Mejía, ex gerente General de las Empresas Públicas de Medellín (EPM) afirmó que estaba *"10.000 veces tranquilo porque cumplí con súper creces mi trabajo de asesor y no acepto que se ponga en duda mi trabajo"*.

Sus servicios incluyeron el manejo más ordenado del portafolio de inversiones de EPM, labor en la cual trabajó al lado Javier Gómez Restrepo, el ex presidente del Banco Industrial Colombiano, por quien siente un profundo respeto y admiración. Su segundo frente era el regulatorio. Allí le acompañó el también asesor externo Luis Guillermo Vélez Álvarez, quien luego fue vinculado por las Empresas como jefe de la Unidad Gestión Regulatoria Corporativa.

"Hicimos moñonas y demostramos que si se trabaja en grupo, con gente profesional y buena se logran resultados impresionantes", anota Moreno Mejía. Por ejemplo: evitar que la última reforma tributaria le sustrajera a EPM $400.000 millones en dos años. Postergación de la aplicación del nuevo marco regulatoria en agua potable y saneamiento básico. Hundimiento del proyecto de liberación del precio del gas. Derogatoria de la Resolución 26. Hundimiento del Acto Legislativo 160 que tumbaba la legislación de servicios públicos domiciliarios, del proyecto modificatorio de la Ley 80 y del Proyecto de Telefonía Comunitaria. Gestiones en el tema de la local extendida, que abrieron camino a los acuerdos Comerciales entre Orbitel y Edatel. En todos los casos, la acción en equipo fue fundamental, concluye Moreno Mejía.

"Mi trabajo no es tanto de hobby porque para eso se requiere más una influencia política y económica que no tengo", afirmó Carlos Alberto Atehortúa, quien desarrolló para las EPM un trabajo de proactividad y relaciones interinstitucionales.

Traducido en palabras sencillas, eso significa que el profesional aprovechaba toda su experiencia en temas específicos para opinar sobre ellos a nombre de las EPM y defender posiciones que le sean favorables a la entidad en diversos escenarios, como el Congreso, las superintendencias de Servicios Públicos o las comisiones de Regulación.

Atehortúa fue coordinador de la Comisión de Telecomunicaciones y miembro de la misma por tres años. Asesoró al Gobierno en el tema de los servicios de comunicación personal (PCs). Antes había hecho lo propio en el tema de los celulares. Otro tanto hizo con la Comisión de Aguas, para la cual elaboró la Resolución 136, que abrió a terceros la gestión de servicios en el área de agua potable y saneamiento básico.

"En telecomunicaciones no ha habido decisión im-

portante en la que -sin ser exagerado- no haya inter-venido", afirmó el ex contralor General de Medellín, quien también ofició como asesor en el tema de las telecomunicaciones cuando se fue a expedir la Ley 142.

Sus servicios para las EPM implicaban estar disponible en determinadas coyunturas, asistir a reuniones y emitir conceptos oportunos. Sus honorarios los veía razonables. "No creo que es lo mejor del mundo, pero tampoco lo veo mal pagado".

Los contratos

Gerente EPM: Ramiro Valencia Cossio Rafael
Mario Villa Moreno
N° 9405827. Noviembre de 1998.
Monitoreo y retroalimentación del proceso de transformación interna y asesoría en la parte Comercial. $225.000.000 por diez meses.

N° 8403540. Octubre de 1999.
El mismo objeto. $207.000.000 por un año.

Acta de modificación bilateral N° 3 al contrato 9405827. Diciembre de 2000.
Se incluye direccionamiento estratégico de las EPM y, entre otras funciones, servir de enlace con la Alcaldía de Medellín dentro de los proyectos en los cuales sea necesaria la participación de la entidad. $227.000.000 por un año.

Carlos Enrique Moreno Mejía
N° 94044530. Abril de 1999.
Asesoría por un año en gestión de inversiones en sociedades en que EPM participa como accionista, con énfasis en telecomunicaciones. Termina anticipadamente el 13 de marzo de 2000. Valor $96 millones.

N° 9407470. Marzo de 2000.

Contrato por un año, en el cual se incluye el direccionamiento en la gestión regulatoria de las EPM. $132.000.000. En marzo de 2001 (bajo la nueva gerencia de Iván Correa Calderón) se prorrogó en iguales condiciones, por $180.000.000. Terminó en agosto, por nombramiento de Moreno en otra organización.

Fabio Rico Calle
N° 5409231. Octubre de 2000.

Contrato por 81 días para una asesoría estratégica relacionada con la compra de acciones de Isagen y la participación de socios privados en Orbitel. $20.000.000, de los cuales se pagaron $12.000.000, porque el contrato terminó de común acuerdo el 1o de diciembre de ese año.

Luis Guillermo Vélez Álvarez
N° 8208893. Agosto de 2000.

Se firma por cuatro meses, para servicios de asesoría en gestión regulatoria. Valor, $26.565.000. Se prorroga en enero de 2001 (bajo la nueva gerencia de EPM) hasta marzo de 2001 por $19.923.750. El 1o de abril de 2001 se hace una prórroga y modificación para llevarlo hasta el 31 de marzo de 2002. El monto, $86.070.600. Termina anticipadamente porque Vélez se vincula a EPM.

Javier Gómez Restrepo
Firmado en Abril de 1999.

Servicios por un año para gestión de inversiones en compañías en las que EPM participa como accionista. Valor, $84.000.000.

Gerente EPM: Iván Correa Calderón

Carlos Alberto Atehortúa

N° 090410119. Enero de 2001.

Relaciones interinstitucionales con el Congreso, las entidades de vigilancia y control y organismos de regulación. Valor, $84.000.000.

Delcy Mercedes Orrego Herrera

090411689.

Ingresa el 18 de julio de 2001 para gerenciar el programa de masificación de Internet. El período era de tres meses, que podrían prorrogarse. Valor, $24.000.000.

Fuente: Contraloría General de Medellín ■

EPM EN
EL CONCEJO

En el Concejo municipal se ha oído de todo con respecto a las Empresas Públicas de Medellín (EPM). El inventario de quienes exaltan lo bueno pasa por los elogiosos comentarios sobre su buen desempeño empresarial. Los resultados financieros que brillan con utilidades de $577.000 millones en el 2001. El apoyo al sector productivo y al empleo local. El satisfactorio balance de su función social. Y un manejo distante de la politización.

En la otra frontera hay críticos severos. Estos argumentan que su inversión social es baja y que se da el contraste de una entidad muy rica en medio de tanto pobre. Que sus inversiones improductivas son el inicio de una "Emcalización". Que su administración se ha "gobiernizado". Que el alcalde desplaza con su liderazgo al Gerente. Y que de orgullo de los antioqueños han pasado a ser un dolor de cabeza.

A mediados de 2002 se consultó la opinión de los 22 ediles. Siete respondieron dentro del plazo dado a los siguientes interrogantes:

¿Qué aspectos positivos resalta usted del actual manejo gerencial de las EPM?

María Mercedes Mateos L: Sus buenos resultados financieros ($577. 000 millones en el 2001). Compromiso con el Plan de Desarrollo del alcalde, a través de la generación de empleo con el contact center, el programa de re forestación, el desarrollo tecnológico vía masificación de Internet, infraestructura para el programa de vivienda y la congelación de tarifas. Ayuda a la ingeniería antioqueña y anticipa inversiones de largo plazo.

Germán Giraldo Villa: Seriedad gerencial. Proyección nacional e internacional. Honestidad de sus funcionarios. Los proyectos orientados hacia los estratos más bajos.

Marta Cecilia Castrillón Soto: De lo poco rescatable es el sentido de pertenencia que tienen los empleados y la cultura del ciudadano antioqueño que prefiere dejar de comer por pagar los servicios públicos, lo que le permite a EPM mantener un buen recaudo y una buena liquidez, la misma que utiliza no para su objeto social, sino para jugar en el mercado financiero.

Luis Fernando Pino Serna: El deseo casi obsesivo de llevar tecnología a todas partes donde tiene cubrimiento EPM y a otras áreas a las cuales Quiere acceder.

Álvaro Múnera Builes: El alto nivel de conocimiento que tienen los gerentes en cada una de sus ramas y el interés por mantener en la ciudad el altísimo nivel de cobertura de servicios públicos.

Edgar Alberto Duque G: El ánimo de expansión en su portafolio de servicios.

Gabriel Jaime Rico B: La búsqueda de la calidad en todos sus procesos. La participación en programas de vivienda. Congelación de tarifas. Generación de empleo y tecnología. Su participación en el desarrollo de la ciudad. Respeto a la calidad de los servicios que presta.

¿Qué aspectos negativos ha visto en la actual administración de EPM?

María Mercedes Mateos L: Ninguno.

Germán Giraldo Villa: El manejo vertical y de liderazgo que todos sus gerentes le han inyectado a la empresa me inhibe de juicios negativos.

Marta Cecilia Castrillón Soto: Baja inversión social. Disminución de la inversión en los propios negocios. Altos costos mensuales del grupo de asesores que ha contratado. La inversión en programas del Plan de Desarrollo de la Alcaldía, en detrimento de la inversión en los servicios públicos domiciliarios. La no incursión en negocios de valor agregado en el sector de telecomunicaciones.

Luis Fernando Pino Serna: No se sabe a ciencia cierta de dónde emanan las órdenes y directrices de la entidad oficial Prueba de ello es el enfrentamiento entre el Alcalde y los técnicos de EPM que se han opuesto a algunos proyectos masivos propuestos por Pérez, lo que hace pensar que las órdenes provienen de un nivel superior.

Álvaro Múnera Builes: El Gerente General (Iván Correa Calderón) ha sido irrespetuoso con el Concejo, no asistiendo a varias citaciones y respondiendo a las inquietudes de tos concejales con un "hemos tomado nota de las preguntas y más adelante responderemos por escrito". Eso deja entrever que no tiene mucho conocimiento de muchos aspectos de la empresa que gerencia.

Edgar Alberto Duque G: Prácticamente no existe una figura gerencial en EPM. Se tiene la sensación de que el gerente y rector de la entidad es el alcalde de la ciudad. Él es quien dirección a las decisiones elmpone las políticas y proyectos a ejecutar. Es una actitud casi monárquica que vulnera peligrosamente la autonomía de la entidad.

Dado el conocimiento que tiene de la entidad, ¿cree usted que las Empresas Públicas son hoy sinónimo de eficiencia, buen manejo y rentabilidad económica y social?

María Mercedes Mateos L: EPM sigue siendo sinónimo de eficiencia, buen manejo y rentabilidad económica y social. Desde el 98 hasta el 2001 ha aumentado su utilidad operativa y neta. Según la revista Dinero, es la primera del sector en ventas, activos, patrimonio, margen operativo y Ebitda. En todos los sectores es primera en patrimonio, segunda en activos y utilidad neta, después de Ecopetrol, quinta en ventas y sexta en margen operativo.

Germán Giraldo Villa: Los resultados financieros hasta la fecha, reconocidos por la Superintendencia de Servicios Públicos Domiciliarios, nos hablan de una empresa eficiente, caracterizada por una excelente gestión.

Marta Cecilia Castrillón Soto: Rentabilidad económica está obteniendo, pero no de la prestación de los servicios sino por el manejo de la liquidez. La rentabilidad social está en entredicho porque día a día es más difícil para los estratos bajos cancelar los servicios, dados los costos. La eficiencia y el buen manejo también están en entredicho ya que aproximadamente por cada peso que genera EPM gasta 30 centavos en administrarlo, cuando en empresas eficientes ese indicador es del 12%.

Luis Fernando Pino Serna: Hay eficiencia y efectividad en la prestación de los servicios. El balance económico muestra un alto rendimiento, pero no el balance social, en donde falla de manera dramática, como lo evidencian los hogares con servicios suspendidos.

Álvaro Múnera Builes: ¿Eficiencia? Un buen porcentaje. ¿Buen manejo? No tengo los elementos fiables para contestar esta pregunta. ¿Rentabilidad económica y social? Económica, sí. Social, le falta mucho.

Edgar Alberto Duque G: No lo son tanto como en el pasado cercano. En muy poco tiempo han dejado de ser el orgullo de los antioqueños para convertirse en su dolor de cabeza. La gente se enfrenta a la disyuntiva de pagar los servicios o comer.

Gabriel Jaime Rico B: Rentabilidad social hay

en los servicios de energía más baratos del país, los subsidios que entrega por más de $60.000 millones. Igual la instalación de call center y el centro de producción de software, en donde es socio el Municipio, el Museo Interactivo. Pero ha carecido de plan de negocios e improvisa por el afán del Alcalde de ejecutar su programa de gobierno.

¿Cree usted que EPM cumple una adecuada función social, en el contexto de una ciudad como Medellín agobiada por la violencia, el desempleo y la desigualdad? Sí. No. ¿Por qué?

María Mercedes Mateos L: EPM cumple satisfactoriamente su principal función social, la cual es la prestación eficiente de los servicios públicos en la ciudad, y asume dentro de sus estados financieros subsidios por $46.000 millones anuales. También ha contribuido con la congelación de las tarifas, el plan de alivio y reconexión y desarrolla proyectos nuevos para generar empleo.

Germán Giraldo Villa: Sí, y esa función social se ha magnificado en la administración del doctor Luis Pérez Gutiérrez.

Marta Cecilia Castrillón Soto: En la actualidad EPM no cumple una adecuada función social.

Luis Fernando Pino Serna: No. Hacen falta políticas coherentes entre la expansión de los servicios y la implementación de un modelo que permita a los usuarios continuar como abonados, facilitándoles diferentes formas de pago.

Álvaro Múnera Builes: EPM debe optar por un programa de generación de empleo más agresivo, donde se le dé prioridad a pequeños contratistas, por encima de los grandes. Que participe también en la solución de vivienda de los asentamientos de desplazados, con la instalación de la infraestructura de los servicios públicos básicos.

Edgar Alberto Duque G: No. La dirección de EPM y la administración municipal se encuentran empecinadas en ejecutar proyectos para una ciudad soñada. La masificación de Internet, los 200.000 computadores y los call center, aparecen como propuestas faraónicas absolutamente fuera de lugar frente a la pauperización de la gente.

Gabriel Jaime Rico B: Por un lado cumple una importante función social y por otro actúa como un poderoso (empresa) frente a un débil (ciudadano). El ciudadano ha empezado a sentir las Empresas como ajenas. EPM aparece como un rico frente a todos los pobres de Medellín.

¿Es usted partidario de que EPM transfiera más del 30% de sus ganancias al Municipio y lo participe con el Municipio en la aplicación de programas de emergencia que ayuden a generar empleo?

María Mercedes Mateos L: Personalmente considero que EPM debe continuar transfiriendo al Municipio el 30% de sus ganancias. También debe seguir realizando planes de emergencia para generar empleo, siempre y cuando estén bajo su objeto social y no pongan en peligro su solidez financiera.

Germán Giraldo Villa: Sí soy partidario. Es obvio que siendo la mayor empresa de los antioqueños y que Gracias a nosotros se ha encumbrado, revierta parte de sus ganancias en programas de generación de empleo.

Marta Cecilia Castrillón Soto: No, porque con esto contribuiríamos a descapitalizarla. No todas las utilidades son producto de su operación. También hay un alto componente derivado de operaciones contables: valoración de activos, diferencia en cambio, corrección monetaria, que no es plata que entre efectivamente en caja, pero sí sirve de base para el reparto de las utilidades.

Luis Fernando Pino Serna: No. Un 30% es adecuado para implementar políticas de choque para la generación de empleo. Con el 70% EPM puede continuar con sus estrategias de expansión.

Álvaro Múnera Builes: No. Hay que mantener la capacidad de inversión de la empresa, para que crezca y sea el soporte financiero del Municipio de cara al futuro. Pero definitivamente sí debe comprometerse con la generación de empleo en las zonas más deprimidas de nuestra ciudad.

Edgar Alberto Duque G: El 30% resulta adecuado. Lo que si reclama la ciudad es la implementación de políticas de empleo, ya que ni EPM ni la actual administración municipal han logrado dinamizarlo.

Gabriel Jaime Rico B: Me gustaría, entendiendo que hay unos topes legales. La participación en programas de empleo es lógica. Ya deberíamos haber convocado la participación del sector privado para desarrollar estrategias contra el desempleo. Es acertado que el Alcalde haya recuperado para la ciudad la vocación de servicio de EPM.

¿Está usted de acuerdo con el Plan de masificación de Internet?

María Mercedes Mateos L: Sí estoy de acuerdo. Es una idea visionarla del Alcalde.

Germán Giraldo Villa: El hecho de pertenecer a la órbita tercermundista no significa que estemos excluidos de ingresar a la tecnología.

Marta Cecilia Castrillón Soto: No, por los costos y porque si las familias escasamente tienen con qué pagar los servicios ¿cómo pagarían este nuevo?

La demanda del servicio es baja en los estratos 4, 5 y 6, y el 70% de esta población tiene un computador en la casa.

Luis Fernando Pino Serna: No. Esa inversión se podría dedicar, por ejemplo, a planes de generación de empleo o a subsidios que ayuden a los usuarios a cancelar sus cuentas.

Álvaro Múnera Builes: Sí.

Edgar Alberto Duque G: No es lo que requiere con urgencia Medellín y esos recursos pueden ser utilizados en proyectos que tiendan a solucionar las necesidades básicas insatisfechas de la población.

Gabriel Jaime Rico B: Sí. Es un gran esfuerzo.

Acceso a Internet es desarrollo del derecho a la información y la explotación de un potencial de negocios que se estaba desperdiciando.

¿Cree que el programa, como está concebido, volverá cibernautas a los más pobres, tal como lo ha prometido el alcalde Luis Pérez?

María Mercedes Mateos L: Paralela a la compra de computadores hay un proyecto educativo y centros comunitarios de navegación accesibles a personas que no puedan tener el computador en su casa.

Germán Giraldo Villa: Es posible que a corto plazo los pobres no amanezcan cibernautas, pero lo que sí está claro es que "un viaje de 20.000 mil leguas empieza con un paso".

Marta Cecilia Castrillón Soto: Las personas de los estratos 1, 2 y 3 no tienen claro que el Internet genera una factura y los impulsos generan otra.

Luis Fernando Pino Serna: No.

Álvaro Múnera Builes: No, porque un computador eleva los gastos mensuales de una familia (más gasto de energía, teléfono, mantenimiento del computador, etc) y no sé si una familia con un salarlo mínimo pueda darse esos lujos, me temo que veremos muchos de esos computadores en las casas de empeño.

Edgar Alberto Duque G: El proyecto no tiene la más mínima posibilidad de calar hoy en día en las comunidades más deprimidas. Navegar en Internet es exótico para quienes navegan en la absoluta pobreza.

Gabriel Jaime Rico B: Una vez popularizada la

red, los más pobres podrán acceder a ella, será algo normal y usual y no se distinguirá la riqueza o pobreza por este factor.

¿Cuáles son, en su concepto, las inversiones o los negocios improductivos que EPM debería liquidar?

María Mercedes Mateos L: Se deben liquidar los negocios o inversiones que ya cumplieron su propósito. El Concejo aprobó desinversiones en ISA, Transmetano, Gases de Antioquia, Occelelsagen.

Germán Giraldo Villa: Hasta ahora, sus gerentes han manejado con objetividad el concepto de "inversión productiva" y cuando las circunstancias así lo han exigido, han recurrido a la venta de alguna de sus filiales caso Gases de Antioquia. Últimamente, han sido cuestionadas Telepsa, Emtelco, EPM TV y Aguas de Oriente por sus resultados financieros. En su momento se tomará la decisión que más convenga a los intereses de la organización.

Marta Cecilia Castrillón Soto: EPM Bogotá y EPM televisión, entre otras.

Luis Fernando Pino Serna: Más que liquidar, se debe tener claro cuánto tiempo debe ocurrir entre el momento en que se hace la inversión y aquel en que se logra el punto de equilibrio (caso EPM TV), y hasta cuándo se debe seguir capitalizando pese a las pérdidas (EPM Bogotá).

Álvaro Múnera Builes: EPM Bogotá, EPM TV,

Transmetano, Telepsa y Gases de Antioquia. Me queda la duda sobre la rentabilidad que vayan a tenerlos Contad Center, con las dudas que ellos mismos le han sembrado al proyecto.

Edgar Alberto Duque G: Se deben replantear los proyectos de masticación de Internet y la venta de computadores. No se corresponden con las necesidades de la gente.

Gabriel Jaime Rico B: El alcalde ha hecho una mala presentación de las empresas cuyas acciones saldrá a vender al mercado, pues ha recalcado en forma explícita sus deficiencias. Es difícil decir cuáles negocios se deberían liquidar sin tener un parámetro financiero claro.

¿Cree usted que EPM ha iniciado un proceso de "Emcalización"? Sí. No. ¿Por qué?

María Mercedes Mateos L: No creo, los resultados financieros de los últimos años lo demuestran. EPM cuenta con personal altamente calificado que le ayudará a tomar las mejores decisiones para conservar y aumentar su patrimonio.

Germán Giraldo Villa: No. Por el contrario, EPM puede absorber a Emcali. Ese llamado proceso de "Emcalización" suena más a una jugada de bolsa, promovida por oscuros intereses del sector privado.

Marta Cecilia Castrillón Soto: Sí. Un argumento inicial es la entrega o venta del Edificio Inteligente al Municipio en forma poco clara jurídicamente. EPM ha mantenido muchas de sus inversiones improductivas, que no contribuyen al cumplimento de su objeto social y la alejan de sus nuevos proyectos.

Luis Fernando Pino Serna: Estaríamos dando los primeros pasos si se permite que se sigan usando sus recursos para financiar proyectos del Plan de Desarrollo, que generan cartera de difícil recuperación, como masificación de Internet y los call center.

Álvaro Múnera Builes: Es posible, si tenemos en cuenta que no se han salido de los negocios improductivos, se traspasó del edificio Inteligente con una figura jurídica que deja muchas dudas y se soporta ti Plan de Desarrollo con mucha participación de EPM, más ti costo de los 200.000 computadores, podríamos estar ante un duro golpe a la estabilidad de las Empresas.

Edgar Alberto Duque G: Quiero pensar que no, pero es necesario estar atentos. El confuso negocio del traslado del Edificio Inteligente representa un campanazo de alerta y puede constituirse en el inicio de una privatización vía la descapitalización de las Empresas.

Gabriel Jaime Rico B: No responde.

¿Cree usted que EPM se ha politizado y que eso es una amenaza para la supervivencia de la empresa? Sí. No. ¿Qué evidencias tiene de la politización?

María Mercedes Mateos L: EPM no se ha politizado, sigue manejándose con criterio empresarial. No obstante, su calidad de empresa pública la obliga a articularse con la función social y los planes de desarrollo de su dueño, el Municipio.

Germán Giraldo Villa: En las tres últimas administraciones, incluida la actual, esa politización no ha sido tan evidente.

Marta Cecilia Castrillón Soto: Sí. Como lo evidencia el cambio de los directivos, que si bien es cierto son profesionales idóneos, no tienen la experiencia del manejo gerencial de una firma especializada en la prestación servicios públicos domiciliarios. También se ve en ti manejo populista de programas como los Call Center y la congelación de tarifas.

Luis Fernando Pino Serna: Decisiones como el traspaso del edificio Inteligente hacen pensar que a futuro se puedan politizar las EPM, alejándola de sus objetivos técnicos y administrativos.

Álvaro Múnera Builes: Eso dicen, pero como nunca he hecho política con base en puestos, no sé quién ni cómo entra la gente a EPM.

Edgar Alberto Duque G: Sí aparecen síntomas de politización. La falta de una figura o cabeza gerencial y la imposición de las decisiones del alcalde de turno, menoscaban la autonomía de la entidad y la hacen cada vez más cercana a los vaivenes de la politiquería.

Gabriel Jaime Rico B: Más que politización es gobiernización. El relevo en cinco gerencias y otros cambios obedecen a este proceso de sometimiento al sistema administrativo trazado por el alcalde, quien ve a EPM como generador de riqueza que debe redistribuirse. En años anteriores la entidad era acumuladora de riqueza que debía capitalizarse■

ADIÓS PAZ LABORAL

Por momentos, la vida laboral en EPM se ha convertido en un infierno. Quien crea que eso es una exageración, bastaría con que recordara la inestabilidad que genera en cualquier organización el ingreso de personal amparado más en recomendaciones políticas que en sus capacidades, las difíciles relaciones entre la administración de las Empresas y el sindicato tradicional, el surgimiento de una nueva organización sindical y el amenazante cambio de trabajadores oficiales a empleados públicos para más de 200 directivos (que finalmente cobijó a 150 personas que desempeñaban cargos de subgerentes, jefes de Unidad, jefes de Área y jefes de Departamento). De la pérdida de paz laboral, y del poco respeto por la alta dirección de EPM, dio cuenta un estudio que sobre el clima organizacional realizó el Centro de investigación e interventoría en Comportamiento Organizacional (Cincel).

El mismo se conoció externamente en mayo de 2002 y dejó al desnudo que el nivel gerencial de las Empresas, liderado entonces por Iván Correa

Calderón, tenía un grave problema, porque internamente se pensaba que su estilo de dirección era inconveniente. Así mismo, los empleados percibían que sus directivos no tenían claro el futuro de esta compañía, cuyo entable productivo superaba los $10.5 billones. Y, lo peor, la firma acostumbrada a ser número uno en todo, fue la que mostró los resultados más deficientes en estas áreas, cuando se le comparó con otras 50 organizaciones Colombianas.

La "confesión" fue colectiva, pues la hicieron 2.123 servidores de las EPM, que equivalían al 33.6% de la nómina. El "confesor", como se ha dicho, fue el Cincel, que aplicó sus encuestas entre gerentes, directores, subgerentes, jefes de área, otros mandos y personal sin mando.

El encargo del consultor era medir lo que se llama el clima organizacional. En cristiano, eso indaga cómo se siente la gente en el trabajo, cómo la están tratando, cómo ve a los demás, qué tan estimulada y comprometida se encuentra. En palabras académicas, eso se define como "las percepciones compartidas que las personas desarrollan en relación con las políticas, prácticas y procedimientos organizacionales, tanto formales como informales".

Todo eso es medible, así suene muy subjetivo. En este caso Cincel utilizó una escala de 0 a 24, en la que un valor inferior a 16 es inconveniente, 17-19 satisfactorio, 20-22 bueno, y 23-24 excelente.

A la luz de esos parámetros, los resultados hablan por sí mismos.

Los empleados y trabajadores de las Empresas percibían que sus jefes no los apoyaban lo suficiente ni los estimulaban ni les daban adecuada participación. Esto, porque la "nota" para el estilo de dirección fue de apenas 16, o sea deficiente.

Tampoco veían gran equidad en la remuneración y en los beneficios que recibían por su trabajo, habida cuenta de que el factor retribución terminó con un puntaje de 16.

Tanto hacia adentro como hacia fuera despertaba inquietud la pobre percepción que había sobre la calidad y la coherencia en la dirección. El puntaje fue de 16.3 y lo que allí se evaluaba era el "grado de claridad que tenía la alta dirección sobre el futuro de la empresa. Medida en que las metas y programas de las áreas son consistentes con los criterios y políticas de la alta gerencia".

El panorama comenzaba a ser satisfactorio cuando se dirigía la mirada a otras tres variables en las que se obtuvieron puntajes entre 17-19. Por ejemplo, los empleados sentían que entre ellos se ayudaban y que había un ambiente de respeto y consideración. Eso se reflejó en una nota de 18.4 para las relaciones interpersonales.

También consideraban que contaban con la información, los equipos y el aporte de otras personas y dependencias para efectuar su trabajo, lo cual condujo a que la calificación para la disponibilidad de recursos fuera de 18.6.

De igual manera, los trabajadores veían claras posibilidades de permanencia y estimaban que la gente se conservaba o despedía con criterio justo. Así lo reflejó la nota de 18.8 para el ítem de la estabilidad.

La evaluación de los valores quedó un poco en el limbo. El puntaje de 19.5 superó el techo de lo satisfactorio, pero no alcanzó el piso del nivel de bueno. En todo caso, se perfiló detrás de ello un ambiente interno de cooperación, responsabilidad, respeto y buen trato.

En ningún aspecto del clima organizacional EPM obtuvo una calificación de excelente. La máxima nota fue de 20.8 y correspondió al sentido de pertenencia. Eso indicaba que los vinculados a la compañía se sentían orgullosos de ello, tenían sentido de compromiso y eran responsables en relación con sus objetivos y programas.

Decir que la alta gerencia era la fuente del mayor ruido en las EPM no era una herejía ni un despropósito. La experiencia le ha dicho a Fernando Toro, gerente de Cincel, que un clima organizacional es determinado en un 48% por las relaciones interpersonales, en tanto que la estabilidad o la retribución juegan papeles marginales. El mayor peso lo tiene, con un 50%, el estilo de dirección o la percepción de qué tan buenos son los jefes, un campo en el cualtas Empresas quedaron rajadas, como se diría en lenguaje universitario.

Desconfianza recíproca

El deterioro del clima laboral, y sobre todo el ambiente de desconfianza que reinaba al interior de la misma cúpula directiva de EPM, se hizo más que evidente en mayo de 2003 cuando la Gerente General, Edith Cecilia Urrego Herrera, concentró las decisiones de contratación. La determinación la tomó sin un estudio previo que le sirviera de sustento y bajo su responsabilidad quedaron las determinaciones que antes tomaban cerca de 170 funcionarios de niveles directivos, o sea desde jefes de Área hasta Gerentes de las Unidades Estratégicas de negocios (UEN). La medida significaba en la práctica que para comprar un modesto rollo de papel o una sofisticada turbina se precisaba la firma de la funcionaría.

La medida tomó cuerpo en el Decreto 1291, que en dos breves artículos ordenó que desde el 14 de mayo se suspendían temporalmente la desconcentración de funciones y las delegaciones para el proceso de contratación, con excepción de la comunicación y autorización para el pago.

Algunos gerentes trataron de decirle a su jefe que la medida era altamente inconveniente y que podría paralizar a la empresa, pero no tuvieron éxito en su argumentación. Por mandato del 1291 los jefes de Área y Departamento ya no podían contratar por un valor igual o inferior a 100 salarios mínimos legales mensuales, o sea $33.2 millones. Ni los subgerentes, jefes de Unidad y Secretarlo Auxiliar podían seguir contratando por una cuantía equivalente o superior a 500 salarios mínimos, o sea $166 millones. Ni los gerentes de UEN, directores y Secretarlo General podían contratar hasta por un valor estimado igual a 1.000 salarios mínimos, es decir, $332 millones.

La determinación gerencial causó terror en la organización, especialmente en el nivel directivo, porque EPM quedó literalmente a las puertas de una parálisis. No era exageración. Ejecutivos de alto rango señalaron que el decreto implica que absolutamente todas las decisiones de compra tenían que llegar al escritorio de la Gerente General, lo cual tenía varios efectos.

Primero, todas las adquisiciones, llámese bienes muebles, materiales de mantenimiento, químicos, repuestos, etc, requerían la aprobación de la Gerente General, lo cual, se advertía, transformaría al piso 12 del Edificio Inteligente, desde donde despachaba la funcionaría, en un constante desfile de personal buscando su firma.

Segundo, no se podrían atender en forma inmediata aquellas emergencias en las que se requiera la compra de algunos materiales o la contratación de personal externo. Una fuente gerencial consultada anotó que el asunto llegaba a un punto casi absurdo, porque si se requerían 10 tornillos ningún funcionario estaba autorizado para hacerlo, dado que "la Gerente General es la que compra".

Tercero, el 1291 exigía la modificación del sistema de información contable y de pagos, llamado One World, que contempla los 127 perfiles de funcionarios autorizados para iniciar los procesos de compras y adquisiciones, sobre todo en el esquema de compras electrónicas, que son las inferiores a 50 salarios mínimos mensuales, o sea 16 millones 600.000 pesos. Ese sistema informático se paralizaba, porque ahí también estaban programadas las delegaciones y la desconcentración de funciones.

Y cuarto, la función de la Gerente General corría el peligro de verse reducida a estar sentada todo el día en un escritorio, firmando órdenes de compra y contratos. Eso, visto de otra manera, implicaba que, por física falta de tiempo, la organización perdía al responsable de trazarle el rumbo y de pensar en su desarrollo estratégico.

Suena exagerado, pero no tanto. En el primer trimestre de 2003 el Comité de Gerentes (que también desaparecería, porque tiene la función de asesor en esa materia), analizó unos 27 contratos grandes y complejos. El resto de la organización, o sea el nivel 2 y 3, estudió en el mismo período unos 278 contratos superiores a 100 salarios mínimos e inferiores a 1.000. A eso hay que agregar una suma diez veces mayor, que se deriva de las órdenes de compra o contrataciones inferiores a

100 salarios mínimos (33 millones 200.000 pesos), que no se tramitan por escrito, sino vía electrónica, y que incluyen desde un almuerzo hasta la elaboración de un plegable.

Todo ese movimiento, de menuda y gruesa en contratos, significó en el primer trimestre de 2003 la movilización de $140.000 millones.

El malestar interno llegó a un punto tal, que una fuente afirmó que los gerentes de las UEN tendrían qué renunciar, porque el 1291 les quitaba una de sus funciones más vitales. Algunos funcionarios creían que la motivación de la medida podría estar ligada con las reiteradas referencias de la Gerente General a la corrupción en la organización. Sin embargo, advirtieron que esa apreciación era injusta, que no había un hecho tan aberrante como para justificar tan perturbadora medida y que, si lo había, la funcionaria ya tendría que haberlo puesto en conocimiento de la Fiscalía.

Tan improvisada fue la decisión gerencial, que el viernes 16 de mayo, o sea dos días después de haber entrado en vigencia el Decreto 1291, la Gerente General expidió el 1292, en el cual establece que la suspensión de la desconcentración y las delegaciones para el proceso de contratación no aplican para contrataciones hasta 50 salarios mínimos mensuales ($16.600.000).

Las razones de la Gerente

Edith Cecilia Urrego Herrera se mostró sorprendida por las reacciones internas que generó el Decreto 1291. De su parte, la suspensión temporal de la desconcentración de funciones y las delegaciones para el proceso de contratación obedeció al deseo de redistribuir toda la delegación y a la necesidad "de saber en quién tengo delegadas las cosas".

La funcionario anunció que el 19 de mayo de 2003 levantaría la suspensión y daría a conocer el nuevo esquema para el manejo de la contratación. Quedarse con tales atribuciones no estaba en sus planes, porque, dijo, "sería el error de los errores y me investigarían por todo lo que pasara. Además, yo no adelanto los procesos. Simplemente es la posibilidad de tener un conocimiento de a quién le estoy delegando, porque al igual yo sigo asumiendo la responsabilidad. A pesar de que yo delegue, sigo siendo la responsable, y por ejemplo en los Comités de Gerencia que adjudicamos yo soy la que asumo la responsabilidad, porque el Comité funciona como un asesor. Con este Decreto 1291 lo que hicimos fue recogerlas y empezarlas a entregar nuevamente. En esa tarea estoy".

**¿Pero cuál es la inquietud mayor que
usted tiene con las delegaciones y la
desconcentración de funciones?**

*"No, es la tranquilidad de saber en quién tengo dele-
gadas las cosas".*

**¿Pero ese tema usted no lo tiene bien
documentado, en la medida que venía
trabajando como presidente de la Junta?**

*"No, porque desde la presidencia de la Junta uno
no se entera de esto, porque la Junta ni siquiera
contrata. La Junta no lleva ningún tema de esos
allá y uno no logra detectar donde está. No es porque estemos desconfiando de este o aquel gerente,
sino porque yo quiero tener el conocimiento exacto
y todo ahí publicado en Te Cuento, aún siendo un
peso. Es que mire, vienen diciendo que en EPM
hay corrupción, que hay esto, que hay lo otro. Entonces yo tengo que tener un conocimiento profundo de hasta dónde he delegado y cuáles son las
personas involucradas en este tema, para poder
saber cómo pido que me respondan o poderme defender más fácil cuando empiezan a decir, porque
entonces uno es como quedándose callado, y eso
no es justo. Es simplemente organización. No sé,
inclusive, por qué tiene ese impacto, si no estoy
tocando el tema de pagos".*

**Algunos dicen que el 1291 responde a su preocupación
por el tema de la corrupción y que por eso revisaría las
funciones y delegaciones para la contratación.**

"Si nos cuestionan porque hay corrupción, yo tengo qué saber en manos de quién está cada una de las delegaciones, para tener tranquilidad, porque también tengo qué defender la gente".

La medida se toma el 12 de mayo, entra a regir el 14 y hoy estamos a 16. ¿Ha tenido tiempo de hacer algún estudio sobre esa materia?

"Hemos evaluado cosas internamente, pero todavía no le cuento porque no las he sacado públicas. Claro, eso lo hemos revisado y además cada gerente ha pasado una información diciendo cómo tenía su contratación. Aquí toda la contratación va al Comité, porque es muy grande. Lo que no queremos es que nos haga ruido una cantidad de cosas chiquitas".

¿Cuando usted dice "cosas chiquitas" está hablando de qué niveles?

"No, pues, es que... un momentico. (Le hace la consulta al Secretarlo General, Jorge Iván Carvajal). Lo de menos de 1.000 salarios mínimos no va al Comité. De 1.000 en adelante sí va".

O sea, menos de 332 millones de pesos. Ese es un nivel de contratación de subgerentes, jefes de área y departamento. ¿Usted tiene alguna inquietud con eso?

"Lo que quiero es antes que quede en ese nivel. Quiero revisar, bueno dónde está, porque hay algunas cosas que si uno no recoge totalmente no logra coger

todos los casos. A mí me parece que debe estar al nivel de subgerentes, directores, en esos niveles tiene que seguir quedando, pero no más abajo".

A ver, los que manejan contratación son 171 funcionarios de niveles directivos. Los jefes de área y departamento pueden contratar hasta 100 salarios mínimos legales, o sea 33.2 millones de pesos. Los subgerentes y jefes de unidad y Secretarlo Auxiliar, hasta por 500 salarios mínimos, o sea 166 millones. Y los gerentes, directores y Secretarlo General, hasta por 1.000 salarios mínimos, o sea 332 millones. Cuando supera ese nivel le corresponde al Gerente...

"Al Comité de Gerencia, porque yo no adelanto ningún trámite. Ellos llevan allí la autorización de inicio, de modificaciones, de prórrogas y de adjudicaciones. Eso no tiene ningún misterio. Es mirar, está en esto, entonces yo lo conozco hasta este nivel, cómo lo tengo, o reduzcamos este tan abajo y pongámoslo más arriba, pero no puede quedar concentrado ni en los gerentes ni en el Gerente General".

¿Usted va a modificar los topes que se tienen para cada uno de estos niveles?

"Estamos revisando eso".

¿Y en cuánto tiempo?, porque esto genera una parálisis...

"No, no. Si la empresa se paralizó son culpables los gerentes, porque yo no estoy diciendo que no firmo. Estoy diciendo que traigan lo que necesitan mientras hacemos el decreto. Si ellos lo paralizan es culpa de los gerentes y me parecería a mí que es un mal síntoma".

Pero le toca firmar casi hasta la compra de lápices y de una turbina.

"No, tampoco. Aquí las compras no se hacen de hoy para mañana, son programadas. De aquí a que tengan que comprar eso ya la delegación está nuevamente dada. Esta empresa no compra diez lápices no más. Si un gerente dice eso, me parece el colmo".

Cuando usted dice "suspensión temporal", ¿eso es hasta cuándo?

"No, no, todo eso está listo el lunes. Yo tengo todo dedicado para acabar de sacar esos decretos. Y con cada uno de los gerentes, porque con ellos he conversado. Yo tengo unas ideas generales y con cada uno de ellos discutimos, porque estas no son imposiciones".

Nace SinproEPM

Desconfianza recíproca e inestabilidad laboral, son también dos ingredientes que estuvieron presentes en el nacimiento del segundo sindicato de las Empresas Públicas de Medellín, el 10 de octubre de 2002. La diligencia legal se hizo en forma acelerada, pues en cuestión de 60 minutos un grupo de 150 personas de alto nivel directivo creó SinproEPM, al cual también se afiliaron esos pesos pesados que son los subgerentes.

"El 80% del organigrama ya firmó", dijo por entonces una fuente. Es decir, además de los funcionarios antes citados, en el seno del sindicato se encuentran jefes de Área, de Unidad y de Departamento, amén de ingenieros y tecnólogos.

La idea se cocinó en altos círculos y fue orientada en sus aspectos legales por abogados de las unidades jurídicas de cada uno de los negocios que tiene EPM. La administración estuvo al tanto y se le notificó de su creación a Iván Correa Calderón. Aunque eso podría dar la idea de que se trata de una organización sindical de bolsillo, no es necesariamente cierto, pues SinproEPM tuvo diversas motivaciones.

Algunos informantes colocaron como telón de fondo el régimen de terror que había implantado la administración de las Empresas. Los profesionales, en particular, se sentían desmotivados, porque de la mano de prestantes dirigentes liberales habían entrado al Grupo Empresarial personas que ni siquiera se sometían a los procesos de concurso. Eso había convertido en rey de burlas la carrera administrativa y había dejado con las ganas de ascenso a personas que llevaban 15, 20 o más años de servicio en EPM. Entre las áreas señaladas como críticas sobresalían la Unidad de negocios de Aguas y Gestión Humana.

La segunda motivación era económica. Con el Decreto 1919, del Gobierno Nacional, cerca de 1.000 empleados no sindicalizados de las Empresas corrían el peligro de perder beneficios extralegales en la prima de junio, en la prima de vacaciones y algunas ayudas escolares y médicas. En plata blanca, eso era equivalente a un 20% de un salario anual. Como la ley sólo respetaba las gabelas contempladas en las convenciones colectivas, cerca de 850 personas corrieron a afiliarse al sindicato tradicional, Sintraemsdes. Los restantes 150 no tenían cabida allí, por su condición de jefes. Estos buscaron un pacto colectivo con la dirección de las Empresas, pero les argumentaron que eso no era posible, por no ser mayoría. Ante sus ojos no quedaba más que una alternativa, crear el sindicato y darle mayor cobertura abriéndolo a los profesionales, con lo cual su potencial de afiliados pasó de 150 a 1.500. El despegue lo hizo con 105 y cinco meses después tenía 1.023.

Al formar sindicato los funcionarios ganaban estabilidad y se aseguraban de que en caso de despidos les tuvieran que pagar completa su indemnización. Para funcionarios que llevan 15 o más años eso vale un jurgo de plata.

Ese personal de la administración estaba muy aporreado. Un buen día les podían pedir el cargo, simplemente porque lo necesitaban para alguien que llegaba con recomendación política. Además, les han llegado a hacer propuestas indecentes, como el típico "renuncie, que luego lo enganchamos en otro puesto de menor jerarquía".

"Firmamos todos sin miedo", manifestó uno de los funcionarios de alto rango que ingresó al Sindicato de Profesionales. Si algo de miedo les quedaba, lo agotaron con motivo de la publicitada salida de Iván Correa Calderón de la gerencia General de EPM. Su pronunciamiento es elocuente, sobre todo cuando terminan con esta recomendación a Pérez: "consideramos que la gestión del Alcalde municipal debe centrarse en resolver los verdaderos problemas que tiene la ciudad (seguridad, educación, salud, empleo, disposición de basuras, etc) y no de aquellos asuntos que están resueltos, como es el tema de los servicios públicos domiciliarios".

En los planes de SinproEPM está el tener un Secretarlo Ejecutivo, con dedicación exclusiva, para que pueda visualizar mejor la manera como la organización cumplirá sus objetivos de fondo: unas relaciones respetuosas entre empleador y empleados. Un trabajo mancomunado para que se obtenga el rendimiento que requieren la compañía, el Municipio y sus trabajadores. Educación avanzada para los afiliados. Y, sobre todo, velar por la supervivencia de las Empresas, lo cual exige, anotan, no hacer peticiones que hagan inviable su futuro.

Desde afuera, una de las mayores expectativas que ha generado SinproEPM es su Comité de Transparencia, integrado por siete miembros, casi todos subgerentes. Su tarea fundamental es luchar por la integridad y la legitimidad del quehacer empresarial de las Empresas Públicas de Medellín. Esa, al decir de sus voceros, es la estrategia clave de supervivencia, que de paso asegura que el grupo empresarial siga gozando de buen reconocimiento en la comunidad.

Intento de golpe

Pérez y la alta dirección de EPM sabían que en una cuestionada administración no es buen negocio tener como enemigo a los sindicatos, especialmente al de Profesionales, que maneja información vital para mostrar cómo son realmente las Empresas por dentro, cómo marchan los controvertidos programas en que el Alcalde ha embarcado a la organización y hasta liderar, desde adentro, la defensa de la viabilidad empresarial del ente autónomo, tal como la organización lo definió entre sus objetivos.

Aún así, en la segunda semana de marzo de 2003 se develó un plan interno que buscaba debilitar las estructuras de SinproEPM: convertir en empleados públicos, de libre nombramiento y remoción, a 252 personas que ocupaban labores de dirección.

El tema era doblemente estratégico. Según fuentes de la alta dirección de EPM, esto no era más que un avance en el proceso de reestructuración administrativa que deseaba realizar en el grupo empresarial el Alcalde de Medellín.

En otros sectores, como el sindical, se percibió como la cuota inicial para desarticular a SinproEPM.

Desde la perspectiva de la administración de EPM, se resaltó que la Junta Directiva, cuyos siete miembros son nombrados en su totalidad por el Alcalde de Medellín, tiene la competencia para decidir quiénes son trabajadores oficiales y quiénes empleados públicos. La diferencia es grande. Un trabajador oficial se puede sindicalizar y la ley le permite negociar una convención colectiva de trabajo para defender su estabilidad y las conquistas laborales. El empleado público, por su parte, tiene labores de dirección, confianza y manejo, y su cargo es de libre nombramiento y remoción.

Los abogados de la administración de EPM retomaron el régimen vigente hasta 1997, cuando se efectuó la transformación de la organización en Empresa industrial y Comercial del Estado. Antes de ese cambio de naturaleza jurídica, aprobado por el Concejo de Medellín, el nivel directivo de EPM estaba clasificado como empleado público. "En virtud de una norma contemplada en la Ley 142 de Servicios Públicos Domiciliarios, estos funcionarios pasaron a ser trabajadores oficiales. Ahora se Quiere ir de regreso", dijo una fuente consultada.

La medida, que se cocinó legalmente en un tiempo récord de un mes, básicamente afectaba a los niveles dos y tres de la organización y a otros cargos de confianza. El nivel uno, en el que estaban los 16 gerentes, incluyendo al General, era todo de empleados públicos. El nivel dos, por su parte, cobijaba a los Subgerentes y a Jefes de Unidad. Entre tanto, el nivel tres

incluía a los Jefes de Departamentos, de Área,
de Proyectos y también a quienes desempeñaban algunas funciones especiales de confianza,
como el Tesorero, el Director de la Mesa de negocios, entre otros.

Cuando al Alcalde se le consultó del tema…
se hizo el desentendido. Desafortunadamente,
para él, ese mismo mes de marzo se filtraron
algunos documentos que lo dejaban muy mal
parado y a las puertas de una denuncia por persecución sindical.

Una de esas cartas llegó a las redacciones de los
medios de comunicación por el correo de las
brujas, o sea, como enviada por un fantasma.
Contiene términos duros, como la denuncia de
que sobrepasa los límites de lo tolerable que en
las Empresas Públicas de Medellín exista una
"aristocracia empresarial" sindicalizada, amén
del calificativo de "vergonzoso" para el hecho
de que ejecutivos que, según se afirma, ganaban más de $10 millones mensuales, estuvieran
sindicalizados.

El autor de la carta es Luis Pérez Gutiérrez, Alcalde de Medellín. Y la destinataria es la Gerente General de EPM, a quien se dirigió en el siguiente tono:

"Doctora Edith Cecilia Urrego Herrera, Gerente
General Empresas Públicas de Medellín. Apre-
ciada Gerente, he leído una carta del Sindicato de Profesionales de EPM. Lo más valioso de
EPM es el conocimiento que tienen sus funcionarios. La empresa progresa si los empleados
atesoran conocimientos modernos y de pros-

pectiva. Ellos, como los gobernantes y ciudadanos, deben tener la idea fija de luchar primero por la misión de EPM. Sobre los profesionales prácticamente recae toda la responsabilidad en adjudicación de contratos, en selección de personal y en consolidación de los proyectos y en la creación de nuevos planes. De ahí la gran importancia de su autonomía y respeto permanente a su labor. Para mi sorpresa he descubierto que las EPM tienen 6.383 empleados, de los cuales 5.360 están en el sindicato de base, que viene de tiempo atrás y con el que la Empresa se ha entendido bien. Y 1.023 ejecutivos que ahora conforman el nuevo Sindicato.

En otros términos, de 6383 funcionarios, 6.368 están sindicalizados, esto es, el 99.8%. Lo que Quiere decir, entonces, que sólo están por fuera de los sindicatos los Gerentes.

Le manifiesto mi preocupación porque la Empresa más grande de los antioqueños esté en manos de casi el 100% de empleados sindicalizados. Resulta, por lo menos, vergonzoso que ejecutivos con ingresos mensuales superiores a 10 millones de pesos y que tienen en sus manos las decisiones de la más alta política empresarial se encuentren sindicalizados.

Por tradición, tengo respeto, admiración y buen entendimiento con los sindicatos, pero que la aristocracia empresarial también se sindicalice sobrepasa los límites tolerables.

Le solicito respetuosamente analizar este tema en una próxima Junta, porque, no tengo duda, afecta el libre desarrollo empresarial y la estabilidad de la Empresa, ya que en muy corto tiempo, seguramente, empezarán a reventarlos conflictos de intereses. Luis Pérez Gutiérrez".

El mandatario reconoció la autoría de la misiva, fechada 5 de marzo de 2003, y al ser consultado sobre el centro de sus preocupaciones frente al Sindicato de Profesionales de EPM indicó: "lo que digo ahí, es que el 99.8% de los funcionarios que tienen las decisiones fundamentales de la empresa están sindicalizados. En EPM hay una descentralización total. Allá los contratos, los nombramientos, todo lo hacen los técnicos. La autonomía la tienen ellos y me parece bien. Pero me parece que se desdibuja un poco la figura del sindicato, cuando personas que ganan más sueldo que el Alcalde están sindicalizadas".

¿Cuál es el temor fundamental que usted tiene con el sindicato?

"No, ahí está la carta. Sobre eso no quiero entrar como a descalificar. Es una preocupación que me parece que la Junta tiene que estudiar y también la ciudadanía debe pronunciarse sobre eso".

¿Parte de la estrategia para enfrentar la sindicalización en EPM es el cambio de 252 trabajadores oficiales a empleados públicos?

"Yo no conozco una decisión todavía sobre el número de funcionarios que se vaya a cambiar. Yo lo que entiendo es que el Sindicato de Profesionales lo

promovieron para eludir el Decreto 1919 del Presidente de la República. Si el problema era económico se podría solucionar, simplemente, aumentando los salarios de los profesionales y de los ejecutivos para que no perdieran ninguna prima. Es decir, que neto no perdieran absolutamente nada. Eso parece mucho más benéfico para la empresa, que ellos si Quieren sigan en carrera administrativa, pero sin la sindicalización, porque en algún momento pueden haber dificultades por conflicto de intereses. Por ejemplo, cuando se escoja a la gente que va a negociar por la empresa con el sindicato de base (Sintraemsdes), tendrían que ser otros sindicalizados, y cuando se vaya a negociar con el Sindicato de Profesionales sería una responsabilidad que recaería en muy pocas personas".

¿Es una decisión tomada el cambio de esos 252 trabajadores oficiales a empleados públicos? ¿Cuenta con la bendición suya?

"A mí de eso no me ha hablado todavía la Gerente".

Riposta SinproEPM

Como era de esperarse, los sindicalistas respondieron. "Ningún miembro del Sindicato de Profesionales de las Empresas Públicas de Medellín (SinproEPM), gana más de $10 millones, como lo afirma el alcalde Luis Pérez Gutiérrez". Así lo manifestaron a mediados de marzo de 2003 voceros de la organización sindical, quienes consideraron perjudicial para su imagen ante la opinión pública, y para las mismas Empresas, que el mandatario hubiera pasado de descalificarlos como tecnócratas a endilgarles el título de "aristocracia empresarial".

Los dirigentes de SinproEPM agregaron que las declaraciones del alcalde local apuntaban, en el fondo, a un debilitamiento de un sindicato que tiene información como para desnudar lo que internamente estaba ocurriendo en las Empresas. No obstante, para hacer claridad sobre el tema salarial, expresaron que el máximo nivel directivo que está en el sindicato es de los subgerentes y que cada uno de los once funcionarios de ese rango percibe una remuneración de $7.873.531,01. Dentro de los gerentes de Unidades Estratégicas de negocios (UEN), que no estaban en el sindicato, el mayor salarlo (de $11.402.052 pesos), lo tiene una funcionaría que entró en la administración de Luis Pérez, en tanto que la Gerencia General percibía mensualmente $15.915.760.

Varios abogados laboralistas consideraron que SinproEPM tiene derecho a la libre asociación y advirtieron que lo expresado por el Alcalde y el eventual cambio de condición de trabajadores oficiales a empleados públicos de los 252 funcionarios, la mayoría del Sindicato de Profesionales, podrían llegar a tipificar una conducta de persecución sindical.

Uno de los entrevistados, que prefirió mantener en reserva su nombre, dijo que en el salarlo (por alto que sea) en el nivel de formación profesional pueden limitar el derecho de asociación. La Policía y los militares son los únicos que tienen restringido ese derecho, porque no son deliberantes y sólo obedecen, unilateralmente, la soberanía del Estado.

"El hecho de que unos profesionales se asocien para proteger sus derechos, no sólo mira su nivel de salarlo, sino el nivel de estabilidad y de condiciones y elementos de trabajo. No es posible que el administrador de la cosa pública, llamado Estado Colombiano, a nivel de Gobierno, Ejecutivo y Legislativo, cambie unilateralmente las condiciones de la relación laboral de empleado público a trabajador oficial, o viceversa, para limitar el derecho de asociación sindical, porque ese acto atenta contra el Libre derecho de asociación sindical, del Convenio 87 de 1948, ratificado por Colombia", precisó la fuente.

A la luz de normas como el Convenio 87 de la Organización Internacional del Trabajo (OIT) y el artículo 354 del Código Laboral, modificado por el artículo 39 de la Ley 50 del 90, el abogado laboralista expresó que "si el comportamiento del alcalde de Medellín va a continuar de esta forma, Colombia se verá expuesta a una nueva queja ante el Comité de Libertad Sindical de la OIT, por transgredir el derecho de asociación sindical, el derecho de negociación colectiva, la Libre movilidad del trabajador. Las sanciones que se imponen a un gobierno no son económicas, ni punitivas. Son de exclusión del país en el contexto internacional de lo económico y las ayudas de los organismos multilaterales de la ONU. A eso puede verse expuesta Colombia, como le pasó a Birmania y a Costa Rica".

El abogado Luciano Barrientos García, por su parte, anotó que "según las informaciones de prensa y lo que he conocido de las declaraciones del alcalde y de los sindicatos de EPM, considero que no se está infringiendo ni la ley ni la Constitución porque se haga un sindicato de empleados. Tampoco hay límites en salarios que restrinjan el derecho a la libre sindicalización. Los empleados públicos están en todo su derecho de agremiarse en sindicatos y sus salarios, altos o bajos, no aumentan ni quitan ninguno de esos derechos. Respetando la Ley, respetando la Constitución, la libertad sindical es lo que esos trabajadores de EPM, aunque sean de niveles muy altos, están practicando. La carta del alcalde hasta podría ser, no digo que es, podría ser una persecución sindical, pero habría que mirar en una forma más amplia las implicaciones que ha tenido la formación del sindicato".

Jesús Vallejo Mejía, ex magistrado de la Corte Suprema de Justicia, no albergó ninguna duda en cuanto a que las declaraciones que sobre el Sindicato de Profesionales de EPM habían expresado en diversos escenarios la Gerente General de las Empresas, Edith Cecilia Urrego, el Alcalde de Medellín, Luis Pérez Gutiérrez, y el presidente del Concejo municipal, Santiago Martínez Mendoza, eran pruebas suficientes para presentar ante el Ministerio de Protección Social una denuncia por persecución sindical.

La denuncia se puso, vía internet, el 19 de marzo de 2003 y el punto básico era que se pretendía introducir unos cambios en los estatutos de las Empresas para cambiar de trabajadores oficiales a empleados públicos a un grupo de profesionales que estaban sindicalizados. Teóricamente ellos tendrían derecho a la carrera administrativa, pero como ésta no había sido desarrollada adecuadamente, podrían quedar en interinidad y en grave riesgo de ser removidos de sus cargos.

La mayoría del personal que sería cambiado de empleado público son jefes de los niveles 2 y 3 de las Empresas y el jurista veía en ello un riesgo enorme de politización. Sobre este peligro se había pronunciado públicamente SinproEPM, al controvertir el manejo que el alcalde Pérez le estaba dando a las Empresas.

En la denuncia se lee que después de esas declaraciones sindicales "se han presentado acciones del señor Alcalde Municipal y las directivas de la Empresa, con el ánimo de menoscabar el derecho de asociación de los servidores de EPM y del SinproEPM, amén de crear un ambiente dentro de la comunidad contrario a la organización y lo más grave contra el personal de la institución, uno de los recursos y activos más importantes con que cuenta la organización y la han posicionado en el lugar que hoy ocupa". "Si los sindicatos gozan de protección penal, no es lógico que sea el mismo Estado el que los persiga". Concluyó el ex magistrado.

El documento presentado por Vallejo Mejía sirve, también, para ilustrar hasta qué punto se fue degradando el clima organizacional en EPM. Para comenzar, se recuerda que SinproEPM se constituyó el 10 de octubre de 2002, en ejercicio del derecho constitucional y legal de libre asociación. Dentro de los fines y objetivo del sindicato, se plasma el preámbulo, así:

"Quienes suscriben el Acta por la que formalmente se constituye el sindicato dejan expresado que reconocen la importancia del elemento humano en las EPM,, como portador del talento y el conocimiento, que constituyen insumo fundamental para la gestión ordenada y eficiente de los servicios a cargo de la entidad; señalan la responsabilidad que tienen las personas vinculadas laboralmente a las EPM de procurar con su talento profesional el respaldo de su posición competitiva más allá de la mera viabilidad empresarial;

manifiestan el imperativo de mantener relaciones laborales con la entidad enmarcadas en el respeto, la responsabilidad y la equidad, consultando tanto los sectores económicos en los que compite como las condiciones económicas y sociales, de modo que se garantice la permanencia de la empresa en condiciones de sostenibilidad y viabilidad empresarial, y de rentabilidad para el ente territorial, y se preserve el conocimiento como activo fundamental para la entidad en el éxito de la gestión de largo, mediano y corto plazo del objeto que desarrolla".

En un ambiente de entendimiento y cordialidad con la administración de Iván Correa Calderón, la organización firmó en la etapa de arreglo directo un acuerdo convencional el 27 de diciembre de 2002. Salvo ligeras variaciones en los montos y las normas sobre estabilidad, simplemente se recogieron las normas y prestaciones que se venían cubriendo a este personal desde antes de la transformación de la Entidad, por tanto protegidas por la Constitución y el Acuerdo Municipal 069 de 1997.

Según el ex magistrado, "la transparencia y pulcritud con que se manejó esta negociación colectiva, se traduce no solo en la cordialidad y prontitud con que se llegó al acuerdo, sino en el interés de la organización sindical de buscar el respeto de los derechos que se tienen establecidos desde hace más de veinte años. Esta situación se puede evidenciar cuando lo requiera el señor Ministro mediante requerimiento a las mismas Empresas, o si a bien lo tiene, estaremos a su disposición para el efecto".

No obstante, todo parece indicar que en el sindicalismo las lunas de miel son bastante efímeras. El primer choque con el Alcalde se dio a finales de marzo de 2003, cuando el mandatario declaró insubsistente al Gerente General, Iván Correa Calderón. La ocasión fue propicia para que SinproEPM discrepara, públicamente, con el manejo que Pérez le estaba dando a las EPM. El pronunciamiento, anotó el ex magistrado, "se dio a la luz pública con el propósito de buscar dar transparencia al manejo de las Empresas Públicas de Medellín y de evitar que políticas erradas en su administración y direccionamiento den al traste con el patrimonio de una comunidad como lo es EPM, ante ejemplos palpables como los que se han visto y hoy se dan en nuestro ámbito nacional, en especial en las empresas prestadoras de servicios públicos, como son las de Cali, Caucasia, las electrificadoras de las costa, entre otras".

De la exposición de Vallejo Mejía se colige que el comunicado se convirtió en un florero de Llorente, porque tanto el Alcalde como las directivas de EPM tomaron acciones "con el ánimo de menoscabar el derecho de asociación de los servidores de EPM y de SinproEPM, amén de crear un ambiente dentro de la comunidad contrario a la organización y lo más grave contra el personal de la institución, uno de los recursos y activos más importantes con que cuenta la organización y la han posicionado en el lugar que hoy ocupa.

¿Cómo fueron esas reacciones, que Vallejo Me-

jía califica como "persecución sin cuartel" contra SinproEPM y en boca de quién se dieron?

Primero. El 1° de marzo de 2003, en el acto de apertura de las sesiones ordinarias marzo-abril, el presidente del Concejo de Medellín, Santiago Martínez Mendoza, dijo textualmente:

"Yo revindico a los nuevos ejecutivos que sin abolengo o fortuna han logrado incrustarse en el piso 12 del edificio Inteligente y en un mano a mano, por sus capacidades, han demostrado que los del pueblo también saben de administración, de gestión empresarial, de ingeniería, de planeación estratégica, etc.

De no ser por ellos, las políticas sociales de la ciudad serían irrealizables. Porque la tecnocracia de EPM, y para mayor colmo, el nivel directivo ahora organizado en un sindicato de profesionales, paga en la prensa avisos en contra de lo social, del gobierno y del plan de desarrollo.

Yo propongo a la Junta Directiva de EPM que todo el nivel directivo debe ser empleado público de libre nombramiento y remoción. Para que el gobernante de turno, así como se hace con el Gerente general, defina qué equipo debe acompañarlo en su gestión. Y quien no comparta la dirección y la política pública de la ciudad debe irse inmediatamente."

De la propuesta de Martínez Mendoza, el ex magistrado colige que la razón que motiva la reclasificación de los empleados no es precisamente una redefinición de las funciones de los cargos de la entidad, sino, como se consignó en el acta del Concejo, una respuesta adecuada contra el supuesto despropósito que está sucediendo en

Empresas, en la cual existe un sindicato de profesionales que permite que los "tecnócratas" o profesionales ejerzan su derecho sindical. *"A juicio del Presidente del Concejo, y es obvio por lo anotado, no son las funciones del cargo las que permiten clasificara un funcionario como empleado público, sino la "conveniencia" que brinda para la administración poder disponer discrecionalmente de la elección de sus funcionarios, y obviamente, de remover inmediatamente todo aquel funcionario que no comparta la dirección y la política públicas".*

La segunda reacción en contra de SinproEPM tiene como responsable a la gerente de EPM y se soporta en la ayuda de memoria del Comité de Gerencia de Empresas Públicas de Medellín, el cual fue celebrado el II de febrero de 2003. En esa reunión Edith Cecilia Urrego expresó, literalmente: "el equipo de dirección de Empresas, sindicalizado, es un hecho exótico, se debe revisar urgentemente".

El apoderado de SinproEPM afirma que "sin hacer más conjeturas, es incuestionable -según allí se expresa- que para la Gerente General de Empresas Públicas el ejercicio del derecho de libre asociación sindical de parte de algunos funcionarios de Empresas es no sólo exótico, sino que requiere una revisión urgente. Esta sota consideración, claramente discriminatoria, persecutoria y atentadora de los derechos de los servidores, muy probablemente explica el porqué ahora se busca proponer a la Junta Directiva, sin atender unos parámetros ortodoxos de administración, el re clasificar los funcionarios de la Entidad".

La tercera fuente de animadversión es el Alcalde de Medellín, con pruebas como su carta a la Gerencia de EPM en la que afirma que "… resulta por lo menos vergonzoso que ejecutivos con ingresos mensuales superiores a los 10 millones de pesos y que tiene en sus manos las decisiones de las más alta política empresarial se encuentren sindicalizados…", amén de su arbitraria orden de que se analizara el tema en una próxima Junta.

Vallejo Mejía afirma que "este ánimo que evidencia el Alcalde, quién ha asumido la dirección de todas y cada una de las decisiones en Empresas Públicas de Medellín, deja entrever una motivación claramente opuesta no sólo al libre ejercicio del derecho de asociación sindical en Empresas, sino particular y "coincidencialmente" en relación con los funcionarios que se busca quitarles la calidad de trabajadores oficiales, para manipular sus puestos en pos de torcidos intereses, puesto que se les quita no sólo las prestaciones de las que han disfrutado por más de veinte años, sino que deja sus cargos a la posibilidad de manipularlos a su querer e intereses. Señor ministro, será eso signo de la transparencia y meritocracia, que desde su posesión ha predicado el señor Presidente, doctor Álvaro Uribe Vélez".

Esa "persecución sin cuartel contra SinproEPM tuvo sus consecuencias en la vida de los sindicalistas y de la organización. La más inmediata fue la creación de un ambiente de zozobra,

confusión, desánimo y pánico en los afiliados,
buscando propiciar una deserción que degene-
re en la extinción de la organización sindical, en
abierta contradicción, dice el ex magistrado, de
la Constitución Política, los acuerdo firmados
por Colombia con la OIT, las Leyes, la convención colectiva y la jurisprudencia de nuestros
máximos tribunales en todos sus órdenes.
Además de esa política de "retaliación y morda-
za", Vallejo Mejía veía venir otras consecuencias.
Entre ellas se destacan la materialización de
una disminución automática y significativa del
número de afiliados a SinproEPM. "De hecho,
por esta vía, basta que la Junta Directiva unilateralmente clasifique a los afiliados al Sindicato como empleados públicos, para diezmar el
Sindicato. Veamos. Resultarían reducidos sustancialmente sus afiliados en un porcentaje superior al sesenta por ciento (6O%) de sus socios
fundadores. Y si bien hoy esta clasificación está
dirigida exclusivamente hacía SinproEPM y
particularmente en contra de sus afiliados que
pertenecen a los niveles jerárquicos II y III de
Empresas Públicas de Medellín, nada impide
que el día de mañana se haga lo propio con otro
u otros sindicatos existentes o que surjan en la
organización". Tomada la decisión, ese mismo
porcentaje de gestores y fundadores del sindicato terminarían expulsados de su agremiación
por una decisión unilateral del empleador.
De la mano con lo anterior, se afectarían los ingresos y recursos financieros necesarios para
el funcionamiento del sindicato. El artículo 57

de los estatutos del Sindicato establece que la cuota ordinaria de sostenimiento del sindicato será equivalente sólo al uno por mil del sueldo ordinario del afiliado, sin computar las primas ni otras prestaciones sociales. Para el apoderado del sindicato, lo anterior significa, ni más ni menos, que cuando la Junta Directiva -en virtud de su reclasificación- excluye del Sindicato a aquellos funcionarios de Empresas catalogados en los niveles II y III de la organización, está atacando el porcentaje más significativo de aportes ordinarios que ingresan al sindicato, como quiera que estos funcionarios perciben las asignaciones salariales más representativas de entre los afiliados al Sindicato".

En adición a lo anterior, se desarticularía automáticamente el máximo órgano interno de administración de SinproEPM, cuál es su Asamblea General de Delegados. De los 15 integrantes que la componen, 14 de ellos han sido clasificados por la Junta Directiva de Empresas Públicas de Medellín como empleados públicos.

También se desconocerían los derechos adquiridos de SinproEPM y derivados del acuerdo convencional suscrito en diciembre 26 de 2002, respecto de los afiliados al sindicato que la empresa califique como empleados públicos. El apoderado afirma que esos derechos salariales y prestaciones no pueden ser desconocidos, "sin que ello no entrañe una flagrante violación de sus derechos adquiridos, dando al traste con la garantía constitucional contenida en el artículo 58 de nuestra Carta Política".

Los efectos también serían devastadores en cuanto a la intimidación para que los funcionarios ejerzan su derecho de asociación sindical. El ex magistrado se pregunta ¿quién se atreverá a ejercer su derecho de asociación en Empresas Públicas de Medellín, cuando se sabe que sus directivas están prestas a diseñar todo tipo de estrategias, incluso las ilegales, para desarticular, perseguir y sancionar ejemplarizantemente a todo aquel que lo intente?.

A manera de conclusión, el apoderado observa que "es innegable que en un Estado social y de derecho, la facultad de la Junta Directiva de Empresas no puede servir de instrumento legítimo para afrentar y diezmar un sindicato. Dicho en otras palabras, por la vía de una modificación coyuntural y discrecional de la naturaleza jurídica de los cargos o empleos de estos funcionarios, la Junta Directiva, a iniciativa de la Gerente General, no puede desconocer el derecho fundamental que tienen los trabajadores oficiales de constituir el sindicato, el cual fue debidamente ejercido con la constitución de SinproEPM".

Vallejo Mejía incluyó en la denuncia un inventario de las normas que el Alcalde y la administración de EPM estarían violando con sus conductas. Entre ellas citó la Constitución Política de Colombia, artículos 38,39, 53 y 55, al consagrar los derechos fundamentales al trabajo, asociación, asociación sindical y negociación colectiva. Los convenios suscritos por Colombia con la Organización Internacional del Trabajo, especialmente los 87 y 98 (Ley 26 de 1976), que consagran la protección del derecho de asociación. El Código Sustantivo del Trabajo, artículos 353, 354 y siguientes sobre el derecho de asociación y la protección al mismo. La ley 734 de 2002 o Código Único Disciplinarlo, artículos 33,34, 35 y 48. Y la Convención Colectiva de Trabajo.

"Por lo expuesto, le dijo el ex magistrado al ministro de la Protección Social, ponemos en su conocimiento la gravedad de los hechos anteriores, que incluso rayan con actuaciones violatorias del régimen penal, para que por su intermedio se adopten las medidas conducentes para que las citadas autoridades del Municipio de Medellín y la alta gerencia de Empresas Públicas de Medellín, no continúen presentando esta serle de acciones, que implican un grave atentado contra los derechos fundamentales de los afiliados y SinproEPM".

La denuncia también llegó a las manos del Procurador General de la Nación, el Defensor del Pueblo, la Superintendencia de Servicios Públicos Domiciliarios, El Comité de Libertad Sindical y a sus observadores en Colombia".

La estrategia del Alcalde y de la Gerente General fue aprobada por la Junta Directiva a finales de agosto de 2003, cuando 150 jefes del organigrama pasaron de trabajadores oficiales a empleados públicos, quedando sus puestos de libre nombramiento y remoción. SinproEPM se pronunció sobre tal decisión, advirtiendo que "ese cambio deja a parte de la planta administrativa de la entidad pública a merced de los cambios que las administraciones de turno quieran realizar, toda vez que los empleados públicos, según la legislación Colombiana, son de libre nombramiento y remoción, lo que como lo hemos venido diciendo, crea un precedente muy grave para la gobernabilidad en la empresa más importante de los antioqueños".

El Sindicato de Profesionales de EPM se preguntó más adelante "¿cuál será la verdadera intención de esta decisión, ad portas de elecciones y por consiguiente de cambio de administración?", convocó a las fuerzas vivas para que se pronuncien sobre lo que está pasando en las Empresas y anunció que avanzaban "en las opciones legales para que esta decisión tan lesiva para el futuro de las EPM no tenga asidero".

Defensa de El Mundo

Difícil, pero no imposible, era que Pérez encontrara a alguien que le hiciera eco a sus peculiares puntos de vista sobre el mundo sindical en EPM. Al igual que en otros temas, el aliado más visible fue el periódico El Mundo, que en su edición del 12 de marzo de 2003 editorializó bajo el título "¿Sindicato de subgerentes?". Veamos.

"En su informe a la Junta Directiva del 22 de enero pasado, el doctor Iván Correa Calderón anunció que el 10 de octubre de 2002 se había fundado el Sindicato de Profesionales, Sin pro EPM, inicial mente con 200 afiliados y en la fecha de la reunión ya iban 805. Hoy, a sólo cinco meses de su nacimiento, agremia a 1.023 funcionarios, rompiendo muy seguramente el récord de afiliación masiva en la historia reciente del sindicalismo Colombiano y con una característica que lo hace suigéneris en el país: su composición. En efecto, con excepción de los 16 gerentes, encabezados por el General, al espúreo sindicato pertenecen los subgerentes, los jefes de Unidad, los jefes de Departamento y de Área, el de Proyectos, el tesorero y el director de la Mesa de negocios, entre otros del nivel directivo que, por su misma condición, realizan labores de dirección, confianza y manejo y, por lo mismo, deberían ser de libre nombramiento y remoción del Gerente General.

Como ellos mismos se describen con aire de suficiencia al trazar los objetivos de la nueva organización, "su mayor fortaleza reside en agrupar a los funcionarios con mejor nivel desinformación para asumir, desde adentro, la defensa de la viabilidad empresarial del ente autónomo". Veamos las cifras, tomadas del mencionado informe del ex gerente Correa Calderón, quien, en vísperas del Día de los Santos Inocentes, suscribió con el novísimo SinproEPM el primer Acuerdo Convencional, en el cual el gran celo por la "viabilidad" futura de EPM brilla por su ausencia frente al costo de los beneficios y gabelas graciosamente concedidas por el entonces Gerente General. En gracia a la brevedad, sólo enunciaremos los más relevantes de los más de 40 puntos de la convención: Incrementos equivalentes al IPC para 2003 y 2004 (los subgerentes tienen sueldos superiores a los $10 millones); estabilidad con indemnización igual a la pactada con el sindicato de Base; primas de Navidad, vacaciones y de servicios que suman 93 días al año; prima de antigüedad como la de los de Base, amén de primas de maternidad y aborto, de matrimonio y de "casa de máquinas subterráneas". Y sigue una larga lista de subsidios, beneficios, ayudas, seguro extra legal, proveeduría, permisos, dotación de equipos deportivos y pago de la casi totalidad del costo de gimnasios para los trabajadores, sus cónyuges o compañeras (os) permanentes y sus hijos, que provocarían la envidia de sus "compañeros de lucha" de Ecopetrol o Colpuertos. Todo eso, según cálculos del manirroto gerente general, le cuesta a EPM en el primer año de vigencia $7.287 millones en sólo sueldos y primas, y $248 millones "en otros beneficios y ayudas".

¿Hay derecho a tanta irresponsabilidad de una administración?¿Hay derecho a que semejante feria de gabelas con el dinero de los verdaderos dueños de EPM se haya decretado a espaldas del Alcalde y de la Junta Directiva? Con razón la alarma del doctor Luis Pérez, en su carta a la nueva Gerente General, sobre la aristocracia empresarial sindicalizada que, al igual que a él, no nos cabe la menor duda de que, de no ponerse coto radical a semejante despropósito, pone en serio peligro la estabilidad de EPM. Y para hacer más absurdo el episodio, hay que precisar que la creación del sindicato no fue otra cosa que un fraude -con la connivencia del Gerente General- al Decreto 1919 de agosto de 2002, con el cual el gobierno de Uribe Vélez pretendía poner coto precisamente a esta clase de abusos, surgidos de las roscas dueñas del poder en los gobiernos seccionales.

Aparentemente, un camino para poner reversa a esa situación tan onerosa para EPM, es que la Junta Directiva decida quiénes de los 6.383 empleados son de manejo y confianza, de libre remoción y nombramiento, es decir, empleados públicos, y quienes mantienen su condición de trabajadores oficiales, volviendo a la situación vigente hasta 1997, cuando se transformó por decisión del Consejo de Medellín en Empresa industrial y Comercial del Estado, con base en lo dispuesto en la Ley 142 del 11 de julio de 1994.

Cualquiera que sea el camino que recomienden los asesores jurídicos de la actual administración, lo cierto es que ya es suficiente con un poderoso sindicato de base, para que las EPM tengan que aceptar otro de oligarcas, ya no de overol sino de leontina, con riesgo, como advierte el alcalde, de que cuando comiencen a presionar por sus intereses ya pujaren solidaridad con el de base, terminen haciendo in viable la empresa por acumulación de gabelas. Ya advirtió el doctor Víctor Suárez - uno de los pocos ex gerentes que se han apartado del coro facilista que declara a las Empresas intocables y modelos de excelencia pero exentas de cualquier examen por sus dueños - acerca de los costos prohibitivos de funcionamiento, que atentan contra su estabilidad en cuantía muchas veces mayor que la congelación de las tarifas.

De continuar por el despeñadero trazado por la anterior Gerencia General, con un sindicato de subgerentes liderando cada dos años, en asocio con el de Base, dos convenciones colectivas cada vez más onerosas, la más importante empresa de los antioqueños no estará lejos de recorrer el mismo camino de la Empresas de Servicios Públicos de Cali, intervenida desde el 4 de abril de 2000, en la que el sindicato logró "conquistas laborales" que representan el 3 7% de sus ingresos. Una situación insostenible, que ni siquiera con la intervención presidencial parece conmover al obstinado sindicato para que renuncie a 25 mil millones anuales de beneficios convencionales, no obstante la amenaza de liquidarla. Así, ni pa' Dios ni pal' Diablo, como dice el dicho".

La pieza periodística bien pudo titularse el "Sindicato de Oligarcas", con lo cual se habría hecho más explícito el desprecio por el derecho de sindicalización que asiste a los integrantes de SinproEPM y el editorialista se habría colocado a la misma altura intelectual y doctrinal del presidente del Concejo, Santiago Martínez. El editorial se ganó su puesto en la vida de EPM y hasta ha servido como muestra de los nocivos efectos que en términos de opinión pública ha tenido el discurso de lucha de clases que Pérez y Martínez pusieron de moda para referirse a la tecnocracia de las Empresas, la misma que cuando les conviene ensalzan y, cuando no, desprecian■

ENGORDANDO LO IMPRODUCTIVO

En tono enérgico, tanto en campaña como en el inicio de su alcaldía en enero del 2001, Luis Pérez Gutiérrez declaró que necesitaba unas EPM modernas, competitivas, con 1.000 empleados menos y libres de las que, por entonces, consideraba como "inversiones improductivas". Más de dos años y medio después, las firmas que a la luz de los planteamientos del mandatario debieron marchitarse o adelgazarse, han sido "engordadas" con inyección de cuantiosos recursos frescos.

Y las Empresas, en lugar de tornarse tan parroquiales como lo deseaba el gobernante, siguen buscando negocios por fuera del país y de la región, como lo confirmó en septiembre de 2003 la compra del 56% de la Central Hidroeléctrica de Caldas, por $172.000 millones, y de la Empresa Electrificadora del Quindío por $24.150 millones.

¿Engañó Pérez a los electores o era muy pobre su visión de los negocios de las Empresas? Hacia el mes de septiembre de 2002 este era el panorama que se obtenía al hacer un contraste entre lo dicho y lo actuado por el mandatario. Uno de sus caballitos de batalla era EPM Televisión, pues le dolía su burocracia de 180 empleados y, sobre todo, las pérdidas anuales de $7.000 a $8.000 millones de las que habló en un reportaje concedido a El Colombiano y publicado el 7 de enero de 2001. La empresa ya no existe. Pero sobrevive la actividad, y con una perspectiva diametralmente opuesta a la que el mismo mandatario esperaba.

En el desarrollo de EPM Televisión se comprometieron $15.027 millones entre los años 1997 y el 2000. Las pérdidas anuales, según datos oficiales de la entidad, fueron de $2.688 millones en el 98, $4.653 millones en el 99 y $3.053 millones en el 2000. En el 2001 se hizo una reestructuración y el negocio fue absorbido por Empresas Públicas de Medellín, con lo cual se diluyeron las pérdidas.

Al momento de la absorción, EPM TV tenía activos de $24.248 millones y pasivos por $6.619 millones. La diferencia entre ambos, $17.629 millones, correspondía a su patrimonio.

La absorción no fue el acta de defunción del negocio, algo que parecía una premonición por las declaraciones de Pérez. Al contrario, eso le dará más larga vida, porque se dejó de lado la idea de vender esta fuente de ingresos. Así lo afirmó el 11 de julio de 2002 en el Concejo de Medellín el entonces Gerente General de EPM, Iván Correa Calderón, quien anunció que el plan con el servicio de televisión por cable era ampliar su cubrimiento a la zona de influencia de las

Empresas y de sus compañías filiales. "Posteriormente proyectaremos el servicio a nivel nacional", anotó el funcionario, para lo cual ya se había hecho la petición de rigor a la Comisión Nacional de Televisión.

Para Pérez Gutiérrez, otro negocio malo por excelencia era Emtelco, compañía dedicada al Internet y a la transmisión de datos. Según dijo en la entrevista de enero del 2001, por el 50% de las acciones se pagó US$49 millones y para entonces ya no daban US$25 millones por ese paquete. Su idea era que la comprara Orbitel. Al momento de escribir este libro (septiembre de 2003) eso no había ocurrido. En 1999 EPM le metió $38.915 millones a la compra de acciones de Emtelco. En sucesivas capitalizaciones le inyectó $40.731 millones, de los cuales $19.953 millones fueron aportados en el 2001, o sea en la administración de Pérez. A finales del 2001 el valor de esta inversión era de $44.257 millones, de los cuales $11.037 millones provenían de los ajustes por inflación.

El recién electo alcalde tampoco estaba satisfecho con EPM Bogotá, que venía perdiendo entre $10.000y $11.000 millones, aunque reconocía que la tendencia podía cambiar y que la compañía necesitaría inversiones adicionales. Del disgusto se pasó a la complacencia. Para el desarrollo de EPM Bogotá las Empresas invirtieron $118.709 millones entre el 97 y el 2001, de los cuales en el último año se aportaron $20.000 millones. Para entonces no se percibían dividendos y en libros la inversión se tasaba en $125.680 millones. De dicho monto, $21.642 millones se imputaban por concepto de ajustes por inflación.

Al decir del propio Alcalde Pérez, el asunto más complejo que recibió fue Orbitel, compañía de larga distancia nacional e internacional, 50% propiedad de EPM, 25% de Bavaria y 25% del Grupo Aval. En su sentir, fue una mala decisión que EPM no hubiera tomado el control y consideraba que la firma era estratégica para el grupo local.

El remezón tampoco se vio. La firma de larga distancia nacional e internacional le demandó a EPM recursos por $112.500 millones, entre el año 98 y el 2000. En libros, la compañía estimó que esa inversión valía $125.680 millones, de los cuales $21.642 millones eran ajustes por inflación. Aún no aparecía en la privilegiada lista de inversiones que generaban dividendos, pese a que en el 2001 se ganó $13.788 millones.

Lo cierto del caso es que el portafolio de inversiones de EPM, que está valorado en más de $1 billón, se ha tocado de una manera muy marginal por parte de la administración Pérez. De la anunciada repatriación de capitales invertidos por las Empresas por fuera de la región poco se ha visto. El filón era grande. Cuentas publicadas por El Colombiano el 26 de noviembre de 2000 hablaban de un potencial de $506.500 millones, por la sola venta de inversiones cuyo ciclo EPM ya consideraba cumplido; como ISA, Isagen, Transmetano, Gases de Antioquia, entre otras. De semejante monto se han concretado ventas como el 7.07% de Occel a la mexicana E-Commerce Data, por $12.220 millones o el 51% de las acciones de Gases de Antioquia, por $6.375 millones de pesos.

El portafolio implica un movimiento bárbaro de dinero. Entre 1996 y el 2000, Empresas Públicas de Medellín invirtió un total de $453.534 millones en la compra de acciones de seis compañías que controla y están incorporadas a su Grupo Empresarial, siendo las más cuantiosas Edatel y la Telefónica de Pereira.

Adicionalmente, comprometió en ese mismo periodo $142.172 millones en la adquisición de una parte de la propiedad de otras firmas en las cuales no tenía las riendas de su manejo, como Orbitel, ISA y Transmetano. Y, por último, la casa matriz (EPM) capitalizó a sus filiales con $210.546 millones entre el 97 y el 2001. De este último valor, $51.941 millones se aportaron en el 2001 y beneficiaron a firmas como EPM Bogotá y Emtelco, que habían sido cuestionadas por el Alcalde Pérez.

Todo este portafolio también se puede mirar desde otra perspectiva.

Entre las firmas que EPM domina está Edatel, pues es dueña del 56% de sus acciones. El paquete le costó $134.322 millones, divididos en dos tramos. Por el primero pagó, en 1996, un total de $46.577 millones. Por el segundo, en el 2000, canceló $87.745 millones. En el 2002 EPM indicó que allí no se habían efectuado capitalizaciones o aportes de recursos frescos. A finales del 2001 esa inversión de $134.322 millones valía $164.583 millones, y subía a $202.789 millones si se contabilizaban $35.519 millones de ajustes por inflación y una valorización de $2.687 millones. Por la vía de los dividendos EPM había recibido de Edatel $24.277 millones entre los años 1999 y el 2002, suma equivalente al 18% de lo que invirtió para ganarse el control. Para detentar la mayoría accionaria en la Empresa Antioqueña de Energía (Eade) las EPM destinaron $53.465 millones en el año 2000. Actualmente es propietaria del 63.90% de las acciones y en el 2001 y 2002 le aportó recursos de capital por $30.000 millones. Aunque Eade daba utilidades netas, EPM no reportaba la percepción de dividendos. En libros, las Empresas Públicas de Medellín tenían esta inversión valorada en $239.380 millones. De dicho monto, $91.627 millones correspondían a su valorización en el año 2001 y $31.941 millones a los ajustes por inflación.

Emtelsa, otra firma que como Edatel opera en la telefonía básica, es propiedad de EPM en un 36.88%. La compra se hizo en 1988, por valor de $89.427 millones. A diciembre del 2001 esa inversión aparecía registrada por $66.673 millones en el balance de las Empresas, monto del que correspondían $15.705 millones a los ajustes por inflación. EPM reportaba que no había realizado capitalizaciones, pero sí había recibido dividendos en cuantía de $12.187 millones en el período 1998-2002.

Para tener la sartén por el mango en la Telefónica de Pereira (ETP) las Empresas pagaron $132.155

millones. El primer paquete lo adquirió en el 99, por $52.862 millones, y el segundo en el 2000, por $79.293 millones. Hoy en día controla el 56.14% de la sociedad. De lo invertido recuperó $13.600 millones a través de los dividendos percibidos entre el 2000 y el 2002. No obstante, cerrando el 2001 esa inversión aparecía en libros en $58.356 millones, de los cuales $6.820 millones correspondían a los ajustes por inflación.

En Telepsa, dedicada al servicio de telefonía pública inteligente, EPM tiene el 60% de las acciones. En el año 99 esta compañía le demandó una inversión de $5.250 millones y entre los años 2000 y 2001 efectuó aportes de capital por $5.295 millones. Los rendimientos no se habían visto, pues la compañía generaba pérdidas. En libros las Empresas estimaban que esta inversión valía al cierre del 2001 unos $5.341 millones, de los cuales $575 millones son ajustes por inflación.

Correa corrigió a Pérez

Pero una cosa es que la prensa diga que Pérez no cumplió su palabra de repatriar capitales de EPM y otra que el propio Gerente General de las Empresas sea el encargado de aterrizar los impulsos del gobernante. A Iván Correa Calderón se le preguntó si su organización había aplicado alguna política en ese sentido, el monto del capital repatriado, las firmas o actividades en que estaba invertido tal capital y los nuevos frentes en que se habrían colocado los dineros recuperados.

El 10 de julio de 2002 Correa Calderón respondió así a tales interrogantes: "Dentro de su proceso de planeación estratégica las EPM han definido que sus inversiones en ISA, Isagen, Transmetano y Gases de Antioquia deben liquidarse, bien sea porque ya se cumplió con el objetivo de la inversión o porque no se puede lograr el control en dichas inversiones.

Telefónica de Pereira y Emtelsa han producido dividendos por $13.600 millones y $ 12.187 millones, respectivamente, desde su compra hasta el año en curso, y capitalizaron a EPM Bogotá junto con Edatel por un valor de $32.765 millones cada una, pasando a ser sodas de esta compañía, con una participación accionaria del 11.85%. Esto sig-

nificó que EEPPM no tuviera que destinar $100.000 millones a la expansión de EPM Bogotá y por lo tanto se quedaran en la ciudad para sus propios proyectos de inversión en expansión. Los dineros resultantes de la operación del negocio local, de los rendimientos del portafolio y de las desinversiones, han sido aplicados y seguirán siendo aplicados a la estrategia de crecimiento que tiene definida la empresa, al maximizar el valor de la inversión del Municipio de Medellín".
La respuesta tiene mucho de elegante para cuidarle la espalda al jefe. Sin embargo, Correa Calderón tuvo que hacer un esfuerzo mayor cuando se le preguntó por el desarrollo de otro de los ganchos electorales que utilizó Luis Pérez en su campaña política: Los call center:

¿Podrá EPM cumplir con la promesa del Alcalde de Medellín de generar 80.000 empleos a través de los call center, ahora llamados contact center. ¿Cuántos contact center se tendrían que montar para ello y cuál sería el monto de la inversión total?
¿Está eso en los planes de la entidad?

A diferencia de otros funcionarios, el Gerente General de EPM no salió con el cuento de que el Alcalde nunca habló de 80.000 empleos. Todo el mundo sabe que ese no fue un invento periodístico o una mala interpretación de sus ideas, porque hasta en la revista Observar, N° 2 de marzo de 2001, hay una reseña de los compromisos adquiridos por Pérez y entre ellos se incluyen que EPM y sus filiales invertirán en la región $800.000 millones para crear más sector productivo y que se volverá a Medellín la capital hispanoamericana de los call center, con la mira puesta en la generación de 80.000 empleos. Esos antecedentes sirven para evaluar la respuesta dada por Correa Calderón: "existe un potencial muy grande de creación de empleo a través de la industria de Contact Center, cuyas dimensiones llegarán a las presentadas por la propuesta del señor Alcalde en el plan de desarrollo. Para ello se requiere la creación del entorno de ciudad necesario que permita crear un tejido de industria o cluster que involucre toda la cadena de valor de ésta, incluyendo el sistema educativo, los servicios públicos, los sistemas y empresas de telecomunicaciones, las empresas de hardware y software y de servicios relacionados, consultores en distintas ramas de la tecnología y del recurso humano, creación de incentivos tributarios, etc.

En todos estos aspectos se enfocó el proyecto Conctat Center, generando los modelos requeridos para dichas áreas de excelencia: un modelo de Gestión del Recurso Humano, un modelo de infraestructura de Ciudad, Incluyendo telecomunicaciones, un modelo especial de tarifas, el modelo de Comercialización, y en el aspecto tributario se logró con el Concejo de la ciudad la exención de impuestos de industria y Comercio, Predial, Estampilla U. de A., Vallas y Avisos y Servicio Telefónico. Todos estos elementos constituyen el campo preparado para la siembra de la industria.

Como semilla inicial para esta industria y proyecto piloto para mostrar que es una industria exportable, las EPM emprendieron la creación de un nuevo negocio de Contad Center en la ciudad, con la última tecnología a nivel mundial, de modo que podamos prestar los mejores y más actualizados servicios.

Este proyecto piloto está constituido por un Contact Center con dos sedes, con una capacidad inicial de 1.000 puestos de atención (diademadas), con una capacidad de expansión prácticamente ilimitada, la cual se irá desarrollando a medida que el mercado lo vaya demandando. Este Contact Center generará 5.000 puestos de trabajo entre directos e indirectos. Las expansiones e inversiones correspondientes se irán desarrollando a medida que el mercado así lo vaya demandando". Como la semilla no pelechaba sola la tuvieron que poner bajo la sombra de Emtelco.

Las críticas del Contralor

Las críticas a las inversiones de EPM no pararon allí. En abril de 2003 la Contraloría General de Medellín cuestionó los beneficios que recibe Empresas Públicas de Medellín de los $1.6 billones que para entonces tenía colocados en su portafolio y que correspondían a lo que había destinado a la creación, compra y capitalización de empresas como Orbitel, EPM Bogotá, Edatel, Eade, Emtelsa y Emtelco, entre otras.

Según Óscar Giraldo Jiménez, titular del ente de control, "la Contraloría General de Medellín advierte que las filiales no están cumpliendo con lo proyectado en los planes de negocio, con lo cual se puede concluir que la entidad (EPM) tiene seriamente comprometidos los recursos que ha destinado en la adquisición de su portafolio".

La afirmación está consignada en el informe sobre el estado de las finanzas del Municipio de Medellín y las entidades descentralizadas, que el propio contralor Giraldo Jiménez presentó al Concejo local.

Las decisiones de inversión a las que hizo mención el funcionario obedecen a una estrategia de crecimiento de las Empresas, dado que su mercado natural, conformado por Medellín y el Área

Metropolitana, prácticamente está atendido en un 100% en materia de servicios públicos.

Como política general, la Junta del grupo empresarial decidió, el 8 de julio de 1998, que "toda inversión de EPM debe alinearse con la misión, visión y las estrategias de la corporación y cumplir las condiciones financieras mínimas que ésta establezca respecto a rentabilidad, capacidad de inversión y recuperación de capital invertido". Esa directriz sirvió de guía para los $969.429 millones que se invirtieron entre 1997 y el 2002. Esa suma equivalía a 3.6 veces la utilidad neta que EPM alcanzó en el 2002.

Al analizar el portafolio de inversiones, la Contraloría estableció que el 57.9% correspondía a negocios que se compraron en marcha (es decir, ya existían), tenían un nicho de mercado y con el buen nombre de las Empresas se espera obtener una utilidad más generosa. El restante porcentaje, 42.1%, eran proyectos nuevos, cuyas evaluaciones técnicas y financieras le garantizan a la entidad la obtención de beneficios. En ambos casos, firmas en operación o nuevos desarrollos, la toma de riesgos se ampara en lo que se conoce como "planes de negocios".

No obstante, al comparar los beneficios esperados con los realmente obtenidos, la Gerencia Auxiliar de EPM reconoció que en el 2002 la utilidad operacional de las firmas Emtelsa, Telefónica de Pereira, EPM Bogotá, Orbitel, Emtelco, Edatel y Eade estuvo $113.758 millones por debajo de lo esperado. Esa brecha es creciente, porque en el 2000 había sido de $58.648

millones y en el 2001 de $71.212 millones.

Orbitel debió ganar operacionalmente $100.804 millones, pero logró $58.439 millones. De EPM Bogotá se esperaban $51.484 millones, pero obtuvo $27.124 millones. De Emtelco se previó un beneficio operacional de $2.959 millones, y arrojó una pérdida de $3.201 millones.

La Contraloría también sacó sus propias cuentas para el período 2000-2002, calculando las diferencias entre las utilidades operacionales esperadas y las logradas, y descontándolas al 2000 con el costo del capital ponderado de cada una de las filiales.

En lenguaje técnico, el ente de control resume así su hallazgo: "la sumatoria de cada una de las diferencias, descontadas en los tres años de análisis, alcanza la suma de $145.630 millones, un 26% del patrimonio que Empresas Públicas de Medellín tiene en el portafolio de inversiones permanentes, y que es administrado contablemente bajo el sistema de distribución por participación patrimonial".

Al constatar que en el 2002 Empresas Públicas de Medellín mantuvo esa tendencia a incumplir los planes de negocios en sus filiales, la Contraloría consigna en su informe que se están desvirtuando las directrices de la Junta Directiva y pone en cuestión que se puedan lograr buenos resultados en los años venideros.

Como el capital que se invierte en este portafolio también tiene un costo, que corresponde a la rentabilidad mínima que EPM espera en estos negocios, el ente fiscalizadorr midió el valor económico agregado (o EVA) por las filiales. En ese sentido, el portafolio no está creando riqueza, sino destruyéndola. Aunque hay una tendencia a mejorar, el EVA fue negativo en $280.857 millones en el 2000 y en $255.126 millones en el 2002.

El Contralor también destacó en su documento que aunque en el portafolio no predomina alguna de las filiales, sobre el rendimiento del mismo sí tienen gran incidencia algunas empresas.

A manera de ilustración señaló que en el 2000 la operación de EPM Bogotá y Orbitel pesaron un 59% en el incumplimiento de los planes de negocios. "Una de las ventajas de-conformar un portafolio de inversiones es la disminución del riesgo. Al parecer, el operar la mayoría de los negocios en el mismo sector (telecomunicaciones) hacen que el blindaje natural que debe proporcionar la vinculación de distintos negocios desaparezca".

¿Qué dijo la Gerente?

Las críticas a las inversiones de EPM no pararon allí. En abril de 2003 la Contraloría General de Medellín cuestionó los beneficios que recibe Empresas Públicas de Medellín de los $1.6 billones que para entonces tenía colocados en su portafolio y que correspondían a lo que había destinado a la creación, compra y capitalización de empresas como Orbitel, EPM Bogotá, Edatel, Eade, Emtelsa y Emtelco, entre otras. Según Óscar Giraldo Jiménez, titular del ente de control, "la Contraloría General de Medellín advierte que las filiales no están cumpliendo con lo proyectado en los planes de negocio, con lo cual se puede concluir que la entidad (EPM) tiene seriamente comprometidos los recursos que ha destinado en la adquisición de su portafolio".
La afirmación está consignada en el informe sobre el estado de las finanzas del Municipio de Medellín y las entidades descentralizadas, que el propio contralor Giraldo Jiménez presentó al Concejo local.
Las decisiones de inversión a las que hizo mención el funcionario obedecen a una estrategia de crecimiento de las Empresas, dado

que su mercado natural, conformado por Medellín y el Área Metropolitana, prácticamente está atendido en un 100% en materia de servicios públicos.

Como política general, la Junta del grupo empresarial decidió, el 8 de julio de 1998, que "toda inversión de EPM debe alinearse con la misión, visión y las estrategias de la corporación y cumplir las condiciones financieras mínimas que ésta establezca respecto a rentabilidad, capacidad de inversión y recuperación de capital invertido". Esa directriz sirvió de guía para los $969.429 millones que se invirtieron entre 1997 y el 2002. Esa suma equivalía a 3.6 veces la utilidad neta que EPM alcanzó en el 2002.

Al analizar el portafolio de inversiones, la Contraloría estableció que el 57.9% correspondía a negocios que se compraron en marcha (es decir, ya existían), tenían un nicho de mercado y con el buen nombre de las Empresas se espera obtener una utilidad más generosa. El restante porcentaje, 42.1%, eran proyectos nuevos, cuyas evaluaciones técnicas y financieras le garantizan a la entidad la obtención de beneficios. En ambos casos, firmas en operación o nuevos desarrollos, la toma de riesgos se ampara en lo que se conoce como "planes de negocios".

No obstante, al comparar los beneficios esperados con los realmente obtenidos, la Gerencia Auxiliar de EPM reconoció que en el 2002 la utilidad operacional de las firmas Emtelsa, Telefónica de Pereira, EPM Bogotá, Orbitel, Emtelco, Edatel y Eade estuvo $113.758 millones por debajo de lo esperado. Esa brecha es creciente, porque en el 2000 había sido de $58.648 millones y en el 2001 de $71.212 millones.

Orbitel debió ganar operacionalmente $100.804 millones, pero logró $58.439 millones. De EPM Bogotá se esperaban $51.484 millones, pero obtuvo $27.124 millones. De Emtelco se previó un beneficio operacional de $2.959 millones, y arrojó una pérdida de $3.201 millones.

La Contraloría también sacó sus propias cuentas para el período 2000-2002, calculando las diferencias entre las utilidades operacionales esperadas y las logradas, y descontándolas al 2000 con el costo del capital ponderado de cada una de las filiales.

En lenguaje técnico, el ente de control resume así su hallazgo: "la sumatoria de cada una de las diferencias, descontadas en los tres años de análisis, alcanza la suma de $145.630 millones, un 26% del patrimonio que Empresas Públicas de Medellín tiene en el portafolio de inversiones permanentes, y que es administrado contablemente bajo el sistema de distribución por participación patrimonial".

Al constatar que en el 2002 Empresas Públicas de Medellín mantuvo esa tendencia a incumplir los planes de negocios en sus filiales, la Contraloría consigna en su informe que se están desvirtuando las directrices de la Junta Directiva y pone en cuestión que se puedan lograr buenos resultados en los años venideros.

Como el capital que se invierte en este portafolio también tiene un costo, que corresponde a la rentabilidad mínima que EPM espera en estos negocios, el ente fiscalizadorr midió el valor económico agregado (o EVA) por las filiales. En ese sentido, el portafolio no está creando riqueza, sino destruyéndola. Aunque hay una tendencia a mejorar, el EVA fue negativo en $280.857 millones en el 2000 y en $255.126 millones en el 2002.

El Contralor también destacó en su documento que aunque en el portafolio no predomina alguna de las filiales, sobre el rendimiento del mismo sí tienen gran incidencia algunas empresas.

A manera de ilustración señaló que en el 2000 la operación de EPM Bogotá y Orbitel pesaron un 59% en el incumplimiento de los planes de negocios. "Una de las ventajas de-conformar un portafolio de inversiones es la disminución del riesgo. Al parecer, el operar la mayoría de los negocios en el mismo sector (telecomunicaciones) hacen que el blindaje natural que debe proporcionar la vinculación de distintos negocios desaparezca".

¿Qué dijo la Gerente?

La Gerente General de las Empresas Públicas, Edith Cecilia Urrego Herrera, respondió a los cuestionamientos de la Contraloría General de Medellín y dijo que no compartía el concepto sobre el portafolio de inversiones "porque de los $1.6 billones que se tienen de inversiones, cuando dice que están seriamente comprometidos, es como si todas las filiales estuvieran mal.

Y todas las filiales no tienen dificultades".

Según la funcionaria, *"Orbitel es una entidad que va absolutamente bien, la misma Edatel va bien, Telefónica de Pereira está perfecta. Emtelsa no tiene ningún problema. La misma Eade está bien. Que alguna otra tiene dificultades, sí"*. La Gerente advirtió que cuando se hacen inversiones, éstas no siempre dan los resultados que se proyectan, lo cual obliga a una revisión permanente de su comportamiento, para ver si continúan adelante o se absorben. *"Eso no le pasa sólo a EPM. Esto le pasa a todo el sector privado y público que decide invertir en determinado tipo de negocios. Si usted analiza a los grupos económicos de este país, verá que ellos han hecho negocios en donde unos han salido bien y otros mal. Ojalá a uno le saliera bien todo lo que hace"*.

¿Usted reconoce que se incumplen los planes de negocios?

"No estoy reconociendo que se hayan incumplido los planes de negocio, respondió la Gerente General de EPM. Digo que algunas de las entidades presentan dificultades donde ellas pueden no cumplir el plan de negocios. Pero no puedo decir que las filiales no cumplen los planes de negocios, porque voy a desconocer qué está pasando con Emtelsa, con Telefónica de Pereira, con casi todas las filiales".

**¿Por qué no diferenciamos, entonces, las que
van bien desde el punto de vista de EPM, y las
que van mal y por qué razones?**

*"Eso me gustaría hacerlo apoyada con todas las ci-
fras, porque me parece una irresponsabilidad que yo
le viniera a usted a decir esto, sin tener aquí a los de
Planeación Corporativa y a los de la Gerencia Auxiliar con todas las cifras. Con todo gusto le doy esa
información más adelante. Cada que nosotros hemos
salido a decir aquí que en esta empresa pasa esto, le
hemos hecho un daño a esa misma empresa. Sería
mucho mejor que con todas las cifras en la mano le
pudiéramos decir que ésta no va cumpliendo porque
la ha perjudicado esto y este negocio ".*

**En general, usted no comparte la afirmación
de la Contraloría. ¿Nos Quiere precisar
más su concepto?"**

*"No comparto el que se diga que EPM tiene seria-
mente comprometidas sus inversiones, porque aquí
muchas de las filiales están cumpliendo de manera
excelente sus planes de negocios, están teniendo un
Ebitda positivo, unas utilidades netas positivas. Algunas salen bien, otras tienen algunos problemas,
por la misma situación del país, por la competencia,
porque cuando se inició el negocio las condiciones
de mercado eran unas y ahora son otras. Eso es lo
que básicamente puede hacer que una inversión no
se comporte de acuerdo con lo previsto. Muchas veces las mismas decisiones de un gobierno afectan, lo
mismo que pasa con una economía tanto nacional*

*como mundial. Pero el negocio, como negocio, pue-
de seguir siendo bueno y entonces hay que tomar la
decisión de si lo absorbemos, lo fusionamos con otra
entidad o lo vendemos".*

¿Quisiera resaltar algún aspecto específico del informe del Contralor?

*"Quisiera que ustedes me dijeran si han visto algo,
porque nosotros hemos visto el informe que él tiene
de las cifras del Municipio, vemos que EPM es el que
sale con un dictamen limpio. Es la primera vez que
sucede, porque Empresas Públicas las otras veces
tenía algunas salvedades. Ahí sí hay una cifra que
no es lógica, la disminución del patrimonio, porque
en el 2001 eran $7 billones 717.000 millones y en
el 2002 son $8 billones 142.000 millones. Él parte
de una cifra distorsionada en el 2001, de $8 billones
200.000 millones"*■

EL INÚTIL SACRIFICIO DE CORREA

Dicen que no hay peor ciego que el que no Quiere ver. Eso, precisamente, fue lo que le pasó al Alcalde de Medellín, Luis Pérez Gutiérrez, cuando los expertos de Empresas Públicas le fueron a mostrar, en diciembre de 2002, el presupuesto del 2003 y las cuentas de lo que le costaría a EPM su empeño en continuar con su política de congelación de tarifas.

Las implicaciones financieras eran nefastas en un horizonte de mediano plazo. En el corto plazo eran, en apariencia, menos demoledoras, y eso le da tranquilidad a un mandatario que sabe que está de paso. "No me muestren nada, que de pronto me convencen", dijo Pérez cuando le iban a comentar las cifras que se desprendían de los alivios tarifarios. Su respuesta fue muy similar con respecto al presupuesto del 2003, en el que estaba previsto el aumento de las tarifas de servicios públicos: "No me echen mucha carreta. Aprueben el presupuesto, que después yo doy el pataleo con el Gobierno".

Estas visitas a Pérez se volvieron obligadas desde octubre de 2001, cuando por mandato legal el Alcalde no pudo volver a presidir la Junta Directiva de EPM. Las preguntas se hacían uno o dos días antes de la reunión oficial. La que estaba citada para el 4 de diciembre tuvo el mismo ritual: El gerente General le pidió al Gerente Financiero, Gustavo Jiménez, que visitara con su equipo a todos y cada uno de los miembros de la Junta para explicarles, con lujo de detalles, el presupuesto anual.

Jiménez hizo la tarea. Las presentaciones se demoraron entre 3 y 4 horas. A los representantes de los usuarios los ilustraron en las instalaciones de EPM, mientras que a otros miembros de Junta los visitaron en sus oficinas. Fue el caso de Edith Cecilia Urrego Herrera, presidenta de la Junta, a quien le dieron una amplia ilustración durante tres horas y media en su despacho de la Secretaría de Hacienda, en la que por entonces oficiaba como titular.

Dentro de los supuestos del billonario presupuesto se establecieron unos ingresos operacionales de $2.8 billones, que provendrían de la venta de servicios de agua, energía, telecomunicaciones. Eso suponía un incremento del 30% en los ingresos frente al 2001. De ese porcentaje, un 24% correspondía al incremento de las tarifas y el restante 6% al crecimiento en el número de clientes.

El Acta 1394, del 4 de diciembre 2002 da cuenta de lo que pasó con este punto de la agenda. A la hora de abordar el tema, Iván Correa Calderón,

Gerente General, aclaró que la fórmula tarifaria del servicio de energía eléctrica tendría modificaciones, especialmente en su componente de distribución local y que esa incertidumbre regulatoria podría afectar los ingresos de tal actividad. Adicionalmente, en el Plan de Desarrollo, presentado por el Gobierno al Consejo Nacional de Planeación, se propuso que las tarifas de los servicios públicos no aumentaran por encima de la inflación para los sectores más pobres de la población.

Luego se precisó que "el presupuesto 2003 contempla los incrementos tarifarios definidos por las entidades de regulación; sin embargo, para el caso del servicio de distribución de energía eléctrica se presentaron a la Junta Directiva ocho (8) escenarios diferentes de efectos en los ingresos en caso de no aplicar los incrementos tarifarios establecidos por la regulación, así:

Escenario 1: Descuento diferencial sector residencial con un efecto de menores ingresos por $37.296 millones.

Escenario 2: Descuento estratos 1 y 2 con un efecto de menores ingresos por $20.156 millones.

Escenario 3: Descuento diferencial sector residencial consumos básicos con un efecto de menores ingresos por $21.821 millones.

Escenario 4: Descuento estratos 1 y 2 consumos básicos con un efecto de menores ingresos por $11.150 millones.

Escenario 5: Descuento diferencial sector residencial Medellín con un efecto de menores ingresos por $22.254 millones.

Escenario 6: Descuento estratos 1 y 2 Medellín con un efecto de menores ingresos por $10.256 millones.

Escenario 7: Descuento diferencial sector residencial consumos básicos Medellín con un efecto de menores ingresos por $14.196 millones.

Escenario 8: Descuento estratos 1 y2 consumos básicos Medellín con un efecto de menores ingresos por $6.708 millones".

El tema generó reacciones en la Junta. Donay Correa Londoño, por ejemplo, "expresó que debe considerarse la congelación en el estrato 1 y 2, y que el incremento no supere el 6%. Así mismo, pidió a la Administración estudiar nuevas estrategias con el Municipio para que el impacto tarifario no golpee a los estratos 1 y 2".

Por su parte, el vocal Javier Gaviria Betancur "manifestó que las tarifas obedecen a una metodología impuesta por las comisiones de regulación que actúan bajo daros mandatos de ley; que otro asunto es reconocer el gran deterioro de las condiciones económicas de las familias que son los usuarios de los servicios y el incremento tarifario. No obstante opina que la carga impositiva de la empresa es la que le impide tener unos mayores excedentes al Municipio".

Sobre el particular, Iván Correa Calderón concluyó "que se debe abogar por una formulación tarifaría que de una parte reconozca la rentabilidad de las empresas prestadoras de servicios públicos, y de otra, la situación coyuntural económica de los usuarios y la responsabilidad del Estado central con un servicio público social como son los servicios que se prestan. Expresó que crear un esquema regulatorio confiable y a largo plazo es una tarea que tenemos todos. Agregó que en igual sentido se debe estructurar una relación que bajo un nuevo esquema le permita a la empresa y al dueño el Municipio de Medellín, alejada de cambios administrativos y políticos, tener certeza del manejo de sus intereses económicos. Ello permitirá dar seguridad al ente territorial de una partida fija como propietario de la empresa".

El presupuesto de ingresos y gastos fue aprobado ese día por Edith Cecilia Urrego Herrera, Pedro Juan González Carvajal, Mauricio Mesa Londoño, Javier Gaviria Betancur, José Mario Restrepo Jaramillo y Donay Correa Londoño, mediante el Decreto 182 de la Junta Directiva. La administración, obrando en consecuencia, comenzó la facturación en enero a partir de las nuevas directrices. Sin embargo, en febrero se armó un escándalo, cuando el Alcalde Luis Pérez Gutiérrez argumentó, como en la célebre fábula del elefante, que todo se hizo a sus espaldas.

En su versión, recogida por El Colombiano el 24 de febrero de 2003, Pérez fue tajante:" es absolutamente falso que la Junta de EPM haya sido la que autorizó el alza de tarifas. Lo que encontré fue que eso responde a unas determinaciones desde el mes de noviembre de la Gerencia y del Comité de Gerencia. No fui informado ni consultado. Cuando me dijeron que el aumento había sido del 2.3%, me sentí inconforme. Pero cuando estudié el tema me di cuenta que el aumento decretado en noviembre, que se reflejaba en enero, había sido del 9.7%, la inconformidad mía era mayor todavía, porque un 9.7% en un solo mes se sale de todo el Plan de Desarrollo y se apartaba de todas las políticas y recomendaciones que había entregado. No he propuesto congelar tarifas de energía, pero sí he dicho que si una empresa necesita ajustar el precio de los productos 15 o 20 puntos por encima de la inflación cada año, no es viable y requiere de una reestructuración total. Y eso no puede pasar con las empresas de servicios públicos. Eso no tiene fundamento: esta ha sido una pelea en Colombia y he recibido hasta amenazas de muerte, porque me dicen que estoy dañando el negocio . Lo que estoy haciendo es llevando el negocio a unas cifras justas".

¿Eso Quiere decir que estos argumentos suyos y esta política no han sido expuestos ante la junta de EPM?, le preguntaron a Pérez los periodistas Francisco Javier Arias y Lucía Teresa Solano.

"No han sido expuestos ante la Junta", respondió el mandatario local, quien agregó que "nadie sabía que iba a haber este aumento, que fue una sorpresa.

Puede que lo conocieran al interior de EPM, pero ni el alcalde ni la Junta conocían todo este proceso. Por una razón porque los descuentos Comerciales, que nosotros creamos como una figura novedosa, fueron desmontados en noviembre por el Gerente. En las actas de la Junta y en cartas recientes, le he solicitado un nuevo modelo tarifario que incluya otra vez los descuentos Comerciales. El desmonte de esa política debió ser consultada con la Junta y con el alcalde, por lo trascendental de la decisión y porque llevamos dos años en esto. Puede que no haya nada sancionable legalmente, pero como política de gobierno tenían toda la obligación de consultar. Lo que la Junta si conoció y aprobó fue el Presupuesto para 2003 donde el aumento de tarifas estaba pegado a unas directrices de la Creg".

Los periodistas insistieron. "Seguimos sin entender ¿por qué razón usted mismo y la presidenta de la Junta de EPM no participaron en la decisión?".

"Si yo me hubiera enterado de este aumento en noviembre, no lo hubiera dejado hacer... No soy tan idiota de pensar que voy a recibir aplausos ahora con la baja en las tarifas, y en tres o cuatro meses recibir críticas por la situación en que hayan quedado las EPM. Tengo que ser cuidadoso en cumplir con una promesa de gobierno y de dejar una empresa lo suficientemente fuerte, que sea capaz de pasar todas las pruebas, con absoluta responsabilidad... Uno como dueño y administrador temporal, tiene que estar atento a todo tipo de políticas... Y EPM

no puede ser solamente lo que digan sus funciona-
rios, porque eso sería privatizar la empresa. Es muy
importante el concepto de los técnicos, pero tienen
que ser más importantes el concepto y las necesida-
des de la comunidad. Los técnicos de EPM no son
los dueños de la empresa, y no lo digo de manera
odiosa, como no soy dueño del Municipio. Los fun-
cionarios de EPM son muy buenos y deben adecuar
sus modelos a una política".

En sintonía con lo expresado por el mandatario local, algunos miembros de la Junta afirmaron que desconocían las implicaciones de lo
que ellos mismos aprobaron el 4 de diciembre
de 2002. Lo cierto del caso es que el aumento
del 24% en las tarifas de energía, aprobado al
darle vía libre al presupuesto, despegó con una
primera cuota, en enero de 2003, del 9.7% en la
energía. De la cifra, un 7.4% buscaba recuperar
el impacto negativo que para el grupo empresarial ha tenido el descuento Comercial en las
tarifas, en tanto que el otro 2.3% obedecía al aumento legal establecido por la Creg.

Para el Sindicato de Profesionales de EPM
(SinproEPM) que tiene entre sus afiliados a los
mismos expertos que elaboraron los escenarios
de tarifas con y sin congelación, el proceder de
la Junta en diciembre de 2002 fue el acertado.
Optar por otra vía hubiera significado un atentado contra el futuro de la empresa y, a la pos-
tre, los usuarios pagarían los platos rotos, pues
"lo más caro es lo que no se tiene o lo que se
presta en condiciones inadecuadas".

Al igual que los miembros de la Junta, los técnicos de EPM tenían claro que los ejercicios financieros debían considerar el deseo del Alcalde Luis Pérez de aliviar el bolsillo de los usuarios. Por eso comenzaron analizando qué pasaría si se aplicaba un descuento Comercial a los cerca de 900.000 usuarios residenciales y de todos los estratos sociales.

Aunque socialmente no tiene presentación darle subsidios a los más pudientes (como se hizo en los dos primeros años) los cálculos arrojaron que EPM dejaría de percibir en el 2003 ingresos por $37.296 millones.

Sola, tal suma parece una bicoca. Sin embargo, el descuento que se da hoy se convierte en una bola de nieve, sobre todo si no se desmonta mañana y si las tarifas no alcanzan a recuperar los costos de prestación del servicio.

Eso ayuda a entender por qué los aparentemente irrisorios $37.296 millones que costaría congelar las tarifas de energía, se convertían en diez años en unos menores ingresos de $622.150 millones para EPM.

En esos mismos diez años las utilidades de EPM bajarían en $461.803 millones. El Municipio dejaría de recibir $121.578 millones por transferencias. Y el ente autónomo perdería US$83 millones en su capacidad de inversión.

¿Y si el beneficio sólo fuera para los estratos 1 y 2?

En tal caso, los ingresos de EPM caerían, al cabo de diez años, en $452.778 millones, la utilidad neta en $335.388 millones, la tajada del Municipio en $87.523 millones y la capacidad de inversión en US$61 millones.

La tercera opción fue subsidiar los consumos básicos de energía de los estratos 1 y 2, caso en el cual también se resentiría Empresas Públicas. Además, dijo SinproEPM, si este tipo de subsidios los prevé Uribe en su Plan de Desarrollo, ¿entonces para qué tanto ruido?

Este tipo de cuentas se las pidió a sus técnicos el Gerente General, Iván Correa Calderón. A finales del 2002 el funcionario tenía la certeza de que EPM ya le había cumplido al Municipio y al Plan de Desarrollo del Alcalde, pues en el solo caso de la energía eléctrica había otorgado un subsidio cercano a los $22.000 millones. "Analicen qué sucedería si seguimos con los descuentos Comerciales", les dijo a los subalternos el Gerente General. A diferencia de lo que muchos piensan, los aparentemente inofensivos costos anuales de la congelación sumaban un Potosí en el mediano y largo plazo.

Un documento de EPM, fechado febrero 21 de 2003, y titulado "Reducción de tarifas, incidencia financiera en EPM", da cuenta de unos cos-

IMPACTO DE LA REDUCCIÓN DE INGRESOS
2003-2011

CONCEPTO	VALOR
Reducción de ingresos	851.960
Disminución de utilidad neta	632.148
Menores excedentes al Municipio	166.558
Disminución de la disponibilidad acumulada de caja	505.599
Disminución del valor operativo (VPN)	498.174
Disminución rentabilidad sobre capital empleado Op. EPM.	0.7%
Disminución rentabilidad sobre capital empleado Op, negocio de Distribución Energía	4.2%
Reducción en la capacidad de inversión (US$ millones)	115

Cifras en millones de pesos
Fuente: EPM

tos muy superiores a los presentados el 4 de diciembre de 2002 a la Junta Directiva.

En efecto, allí se indica que "el hecho de seguir con los descuentos Comerciales en el sector residencial, con el esquema que se aplicó en el año 2002, le implicaría en el año 2003 a las Empresas Públicas de Medellín unos menores ingresos de $47.505 millones, un menor impuesto a la Renta de $16.097 millones, y por lo tanto una disminución de las utilidades netas y los excedentes al Municipio en $31.481 millones y $12.592 millones, respectivamente".

Esos costos, que pintan manejables para una organización que planea aumentar en un 76% su ganancia neta en el 2003, para llevarla a $527.637 millones, comienzan a tener implicaciones más negativas en un mayor horizonte. "De seguirse esta brecha en el período 2003-2011, Empresas Públicas de Medellín dejaría de percibir $851.960 millones en ingresos y $632.148 millones en utilidades netas. El impacto para el Municipio en el mismo período sería dejar de recibir por excedentes de EPM $166.558 millones. A perpetuidad, anota el documento oficial, esta medida sin que se acompañe de acciones que mitiguen su impacto le valdría a las Empresas $498.174 millones en valor presente neto, lo cual representa el 48% del valor del negocio de Distribución Energía".

Se lució Pérez

En un contexto como este suena bastante curioso, por decir lo menos, el argumento de Luis Pérez de que no conocía la política tarifaría que aprobó la Junta de EPM para el 2003 y que ese motivo fuera suficiente para declarar insubsistente al Gerente General, Iván Correa Calderón. ¿Con qué intenciones se puso el tema sobre el tapete, el 19 de febrero de 2003, vía la filtración de una carta que, periodísticamente hablando, era una auténtica bomba, pues con ella se rompía la armoniosa relación que públicamente proyectaban los dos funcionarios claves en la vida municipal: el Alcalde y el Gerente General de EPM?

¿Por qué ordenarle públicamente a Iván Correa que congelara las tarifas de energía eléctrica, sabiendo que eso lo podía hacer el mandatario orquestando una reunión extraordinaria de la Junta Directiva para que le diera vía libre a su deseo?

¿Por qué utilizar cómo gancho publicitario al presidente Uribe, muy cercano al corazón de Correa Calderón, para indicar que ambos fueron engañados por el gerente General de EPM?

La carta de Pérez reza así:

"Distinguido doctor Correa Calderón:

La Creg dispuso, el año anterior, que en 2003 los servicios públicos de energía eléctrica subirían cerca del 24% lo cual es un desafuero con una inflación del 6% y con el menguado bolsillo de los ciudadanos.

Como no estuve de acuerdo con dicho incremento, realicé gestiones, ante el Señor Presidente de la República, y el Ministro de Minas, para que en Medellín y en el departamento de Antioquia el aumento estuviera en cifras cercanas a la inflación.

A finales de diciembre, el Presidente y el Ministerio de Minas autorizaron flexibilizar los aumento, bajo el mandato presidencial según el cual el 24% sería el tope máximo de incremento. A usted, señor Gerente, y a los directivos de EPM, impartí directrices precisas al respecto y les encargué aclarar todo con la Creg y el gobierno central. Si algo está claro en mi plan de gobierno, es mi lucha permanente por tener unos servicios públicos eficientes, y con tarifas que favorezcan a los ciudadanos.

Por medios distintos a la empresa, me enteré que EPM aumentó las tarifas de energía en el mes de enero en un 9.7% y que unilateralmente acabó con el descuento Comercial social que sirvió como estrategia para congelar las tarifas y crear un ambiente nacional propicio para frenar las alzas desmesuradas del pasado.

Quiero ratificarle que estoy en total desacuerdo con dicho incremento y con dichas medidas. Es más, previo a este desatino, debió haberse consultado la política del Alcalde y aclarado, por consiguiente, la situación ante el Gobierno Nacional.

En otras palabras, interpreto la decisión de aumentar los servicios públicos de energía eléctrica por parte de EPM como una total desatención a las políticas del Alcalde y al Plan de Desarrollo. Como lo he demostrado hasta hoy, cumpliré con mi palabra empeñada a favor de la ciudadanía hasta el último segundo de mi mandato.

Por lo anterior, le ordeno adelantar los trámites necesarios para que se congelen las tarifas de energía eléctrica, hasta tanto no haya total claridad sobre la posición presidencial en materia tarifaría.

Hablé personalmente con el doctor Álvaro Uribe sobre este tema y él me reiteró que comparte plenamente la política de flexibilizar las tarifas, tanto el señor Presidente, como yo, nos sentimos engañados porque se nos había asegurado que si en Medellín existe eficiencia y cultura de buen pago, no hay razón alguna para hacer incrementos superiores al 400% más que la inflación".

La comunicación del Alcalde lleva fecha 15 de febrero. Sin embargo, sólo fue conocida por su destinatario el lunes 17 de febrero. Eran cerca de las 7:00 p.m. y la secretaria del Alcalde llamó a su colega de la Gerencia General. "Tengo un documento del Alcalde para el Gerente". El sobre cerrado llegó minutos después. Correa Cal-

derón leyó la carta, la guardó en su maletín y se
fue para la casa, sin cruzar palabra con nadie.
El martes, durante un acto de la Alcaldía, el Gerente le pidió a la presidenta de la Junta, Edith
Cecilia Urrego, que se quedara para dialogar
con el Alcalde sobre un asunto. Hablaron del
tema y Pérez le dijo a Correa que su posición
era clara: "debes congelar las tarifas".
"Si eso es así, entonces, hasta luego, Alcalde",
le respondió Correa Calderón. Al día siguiente, miércoles, se hizo pública la carta que el Alcalde le envió al Gerente de EPM. Los medios
intentaron verificar la información y el jefe de
comunicaciones de las Empresas, José Rober-
to Jaramillo, llamó la atención de Correa sobre
el asunto. Oficialmente, sin embargo, no salía
nada de EPM... todavía.
El jueves, a las 7:00 a.m., el Gerente leyó oficialmente el documento de Pérez en un Comité de
Gerencia. "Pongámonos en cuarentena todo el
día para responderle al Alcalde", ordenó Correa Calderón, quien para entonces se mantenía
en su punto de que no sacaba ningún decreto
congelando las tarifas.
El viernes, con los elementos que reunieron los
gerentes de las Unidades Estratégicas de negocios (UEN), el Gerente General se encerró para
armar la carta de respuesta al Alcalde. "Escrí-
bame sólo un original y sáquemele una
Copia en el fax", le dijo a María Victoria, su secretaria. A las 8:00 p.m. citó al Comité de Gerencia y le entregó un documento, en sobre
cerrado, al Secretarlo General, Jorge Iván Car-

vajal, para que se lo llevara personalmente al Alcalde. "Misión cumplida", le dijo vía celular el funcionario media hora más tarde. Mientras tanto, Correa le había leído esta carta al Comité de Gerencia.

"Respetado señor Alcalde: Recibí su comunicación ti pasado 17 de febrero, la cual he estudiado con todo detalle en compañía del grupo de Gerentes de la Empresa, Comité de Gerencia. Al respecto considero que es fundamental comenzar por reiterarle mi permanente atención y acatamiento al Plan de Desarrollo 2001-2003 Medellín Competitiva, demostrable con hechos como: Puesta en marcha del Programa de Masificación de Internet, la construcción de las Centrales de La Herradura y La Vuelta, la elaboración de los diseños definitivos de Porce III, la adecuación de servicios públicos domiciliarios para los planes parciales de vivienda de interés social, la implantación del Contact Center, hechos estos que sin su orientación y liderazgo no hubieran sido posibles.

Lo anterior también es el resultado de mi convergencia con su pensamiento, el cual ha sido mi directriz de gestión pública desde que usted dio a conocer su Programa de Gobierno y hemos velado porque sea este el Norte en el accionar de Empresas Públicas de Medellín, avalado y aprobado por su directo representante en la Junta Directiva y específicamente en la presidencia de la misma como su vocera y signataria de todos los actos.

Referente a su afirmación "Empresas Públicas

de Medellín aumentó las tarifas de energía en el mes de enero en un 9.7%..." es importante aclarar y plantear lo siguiente:

Dicho ajuste se debió en un 7.3% al desmonte del descuento Comercial que la Empresa venía otorgando durante los dos últimos años y un 2.4% a la variabilidad propia de los elementos del costo de la tarifa, incluido el comportamiento de la inflación.

El Presupuesto de las Empresas para el año 2003, aprobado según Acta 1394 de diciembre 4 de 2002, no contempla descuentos. Se adjunta.

Previo a la Junta en la cual se presentó ti Presupuesto, di instrucciones a la Dirección Financiera de explicarlo individualmente a cada miembro de la Junta y proporcionar toda la información requerida por los directivos y así se hizo.

Con respecto a su directriz de aclarar con ti Gobierno Central y con la Creg los mecanismos de flexibilización tarifaría, le informo que dicha gestión fue realizada mediante comunicaciones a la Creg de diciembre 30 y diciembre 31 de 2002 adjuntas.

Cabe mencionar, que a la fecha la Creg aún no ha aprobado los cargos de distribución definitivos para el periodo comprendido entre tos años 2003 a 2007; sin embargo, en la metodología aprobada por la Creg se definió, como mecanismo para flexibilizar los ajustes tarifarios, un periodo de transición entre 12 y 30 meses.

Al respecto, las Empresas plantearon acogerse al plazo máximo, es decir 30 meses, con el fin de atenuar al máximo el impacto del nuevo cargo. Adicionalmente, las Empresas plantearon como alternativa un mecanismo de ajuste aún más suave que el aprobado por la Creg, el cual significará unos menores ingresos estimados en $117.000 millones en dicho período. Ilustración adjunta.

La metodología definida por la Creg para el establecimiento de las tarifas considera elementos de eficiencia extremadamente exigentes que no dejan márgenes a las distribuidoras para efectuar descuentos en forma permanente sin menoscabar las condiciones de prestación del servicio en cuanto a calidad, expansión y viabilidad y sin comprometer la responsabilidad fiscal de las personas que tomamos esas decisiones.

Por otra parte, sus preocupaciones con respecto al tema de la eficiencia y favoritismo de los ciudadanos han sido siempre un permanente objetivo estratégico de las Empresas, lo cual es constatado por tener hoy las tarifas de energía eléctrica más bajas del país y al mismo tiempo los mejores índices de cubrimiento y calidad del servicio.

Es importante anotar que dadas las características de uso intensivo de capital asociadas con la prestación de los servicios públicos domiciliarios, es siempre necesario mantener un adecuado flujo de caja de modo que permita la reposición y ampliación oportuna de los activos. En este orden de ideas aplicar tarifas que no remuneren adecuadamente los costos podría llegara menoscabar la Empresa en el futuro.

No obstante lo anterior, se hace necesario buscar un mecanismo que permita sintonizar lo establecido en el Plan de Desarrollo 2001-2003 de Medellín con las circunstancias financieras de las Empresas. Establece este documento lo siguiente: "...La Administración Municipal ha introducido una novedosa estrategia para la congelación de tarifas de las Empresas Públicas. La idea consiste en que los estratos más bajos, donde tradicionalmente el aumento de tarifas en los servicios públicos tiene un fuerte impacto, se siente aliviada con las medidas de la congelación de tarifas para que se traduzca en un beneficio social, pero a su vez genere un beneficio para el ciclo económico..." De acuerdo con lo anterior, un mecanismo alternativo sería analizarla viabilidad de definir un alivio en la tarifa de los consumos de subsistencia de los usuarios residenciales de los estratos más bajos, el cual podría establecerse a través de un subsidio otorgado por el Municipio de Medellín, mecanismo contemplado en la Ley 142, mediante el cual el municipio podría selectivamente determinar el monto y sujetos beneficiarios del subsidio tal y como se lo he planteado a la Presidenta de la Junta Directiva. Es de anotar que dicha alternativa estaría en sintonía con lo expresado en el Proyecto de Ley del Plan de Desarrollo lo cual seguramente facilitaría su implantación, mediante mecanismos como mayores excedentes financieros, u otros.

El caso de las tarifas de energía eléctrica tampoco ha sido la excepción, es así como durante

los años 200 7 y2002 se efectuaron descuentos
Comerciales por valor de $22.000 millones, su-
perando con creces y atendiendo su Plan de Desarrollo Medellín-Competitiva 2001-2003 (Página 70, Congelación de Tarifas de EEPPM: "La
Administración Municipal en con ven lo con
las Empresas Públicas de Medellín se han propuesto sacrificar $20.000 millones de utilidades
al congelar las tarifas".

Finalmente, señor Alcalde, he conformado un
equipo de expertos de las distintas áreas de Empresas Públicas de Medellín para que en el foro
natural del Congreso de la República y durante
las sesiones extraordinarias que estudian el Plan
de Desarrollo Nacional "Hacia un Estado Comunitario", soliciten un espacio para discutir las distintas fórmulas tarifarias en el servicio de energía
eléctrica que sustentan: el Gobierno Nacional, las
Comisiones de Regulación, empresas prestadoras
del servicio, públicas y privadas, y la política pública municipal sobre el tema que usted ha abor-
dado hasta el momento.

Cordialmente, Iván Correa Calderón,
Gerente General".

Los miembros del Comité de Gerencia quedaron mudos. Luego reaccionaron y de 15 asistentes, 14 le dijeron al Gerente General que estaban
dispuestos a firmar con él lo que fuera. Correa
no cruzó palabra y le pidió a su equipo de trabajo que se fuera a descansar.

Él, por su parte, pasó el fin de semana en vilo.
El lunes, como era su costumbre, madrugó a las
5:30 am al gimnasio de EPM. Ese día no hubo

Consejo de Gobierno y cerca de las 8:00 am recibió una llamada de Gildardo Pérez, secretarlo Privado de Luis Pérez, quien le comunicó que el Alcalde lo había declarado insubsistente.

Con la calma propia de su talante, Correa le preguntó al funcionario "¿A quién le entrego?".

"A Edith Cecilia Urrego", le respondió Pérez, el Secretario.

Correa citó al Comité de Gerencia para informar oficialmente la decisión del Alcalde. Todo transcurría a un ritmo acelerado. A las 10:30 am llegó la nueva gerente. Correa la recibió y le reiteró a su equipo la necesidad de que le colaboraran mucho en la tarea que le había sido encomendada. Dicho eso, cogió su saco y se fue de las Empresas Públicas de Medellín.

Afuera, el protagonista de la noticia seguía siendo el Alcalde, quien ante la reiterada pregunta de los periodistas reveló que "no hubo renuncia del gerente de EPM. Hay un decreto de insubsistencia, que es una potestad que tienen los gobernantes para cambiarlos funcionarios de libre nombramiento y remoción".

Múltiples efectos

La potestad del Alcalde es clara y nadie la ha puesto en tela de juicio. Sin embargo, la truculencia con que se dio el hecho se convirtió en una fuente de perturbaciones que Pérez no midió.

Las consecuencias se podrían mirar en tres dimensiones.

La primera es internacional y tiene como punto de partida la reacción de la agencia calificadora de riesgos, Duff and Phelps de Colombia.

Para ubicar el tema, vale anotar primero que cuando una compañía Quiere captar dinero del público a través de bonos o títulos valores, éstos deben contar con una calificación de riesgo que le indique al comprador que su inversión es segura, porque el emisor es sólido financieramente y sus negocios pintan promisorios. Si ese es el caso, la nota máxima que se pone es AAA (triple A). Esa calificación se la puso Duff and Phelps de Colombia a dos emisiones de bonos EPM que suman $500.000 millones, de los cuales se habían colocado en el mercado $300.000 millones.

La nota no es definitiva. Lo usual es que cada año se haga una revisión de la firma emisora del título, para monitorear el riesgo que puedan

correr los inversionistas. La visita de inspección
también se puede hacer en cualquier momento,
incluso una semana después de revisada la calificación, si ocurren sucesos que así lo ameriten.
En el caso de EPM, Duff and Phelps tenía pro-
gramada la visita para julio de 2003, pero decidió anticiparla luego de que el Alcalde de Medellín declaró insubsistente al Gerente General
de la entidad, por no seguir sus instrucciones
en materia de tarifas de energía y descuentos
Comerciales para los usuarios.
¿Qué dijo Duff and Phelps a través de los analistas Patricia Gómez Escobar, Glaucia Calp y Gustavo Aristizábal Tobón, el mismo día que Pérez
declaró insubsistente a Correa Calderón?
"Empresas Públicas de Medellín, desde el mes
de abril de 2001 y hasta diciembre de 2002, estableció una política Comercial para sus tarifas
de servicios públicos básicos que consistía en
la fijación de un descuento Comercial que tras-
ladaba a sus usuarios en el cobro de la factura.
El establecimiento de este descuento durante 20
meses llevó a que la Empresa percibiera ingresos menores para el servicio de energía eléctrica
en cerca de $ 22.000 millones que debió com-
pensar con reducción de sus gastos operativos
y menores gastos por intereses. Con esta medida, la Empresa buscaba, de un lado, evitar una
caída en los consumos y, de otro, mantener una
adecuada calidad de su cartera.
De acuerdo a declaraciones del Gerente salien-
te, a partir del mes de enero pasado, la Empresa
incrementó sus tarifas de energía en un 9.7%,

donde un 7.3% correspondía al desmonte del descuento Comercial y el restante 2.4%, al reajuste de los elementos propios del costo de la tarifa. Este hecho motivó a la alcaldía municipal a declarar insubsistente a su actual gerente y proceder al nombramiento de su reemplazo. Respecto del incremento tarifario emprendido por la Empresa, es importante mencionar, que la prestación de los servicios básicos (energía, acueducto, alcantarillado y telefonía básica) así como la fijación de sus tarifas correspondientes se encuentran totalmente regulados por las respectivas Comisiones de Regulación. En consecuencia, las ESP están obligadas a aplicar las normas en materia de tarifas definidas por las distintas Comisiones de Regulación.

Una de las fortalezas que ha caracterizado a EEPPM, independientemente de la administración municipal vigente, ha sido el carácter empresarial y de rentabilidad bajo el cual han estado enmarcadas sus políticas y sus estrategias de crecimiento en el largo plazo. Duff and Phelps considera la independencia que siempre ha mostrado la Empresa de los asuntos y objetivos políticos municipales y nacionales como uno de los aspectos positivos que ha llevado a que ésta se comporte de acuerdo a preceptos de rentabilidad empresarial.

Las funciones básicas de toda entidad que funciona con carácter empresarial son las de intentar incrementar su generación de valor y permitir a su accionista una maximización de su rentabilidad que se refleje, entre otras, en el reparto de dividendos. Tradicionalmente, EE-PPM ha tenido autonomía en cómo generar este valor al Municipio, quien de hecho recibió en 2002, $139.704 millones en cumplimento del Acuerdo 69 donde la Empresa se compromete a trasladar al Municipio un monto máximo equivalente a un 30% de sus excedentes financieros para inversión social.

Así, y de manera congruente con todo lo anterior, Duff and Phelps ve con preocupación el motivo por el cual se declaró la insubsistencia del Gerente de la Empresa y considera que es necesario establecer reglas de juego claras, de tal forma que si bien se atiendan las necesidades sociales del Municipio, se respete la función empresarial que tradicionalmente han cumplido las EPM manteniendo su independencia que como ente descentralizado debe tener de los objetivos políticos.

Duff and Phelps se encuentra realizando los contactos necesarios con la nueva administración de la Empresa con el fin de conocer sus estrategias y políticas y dar a conocer al mercado su posición respecto de la calificación de ambas emisiones de bonos".

El comunicado irritó a Pérez, quien días después confesó su enojo a la Junta Directiva y a varios ex presidentes de la Sociedad Antioqueña de ingenieros y Arquitectos (SAI). Los 16 asistentes a su charla le escucharon decir que cuando ocurrió esa crisis en EPM, que él era el primero en lamentar, porque no hay cosa más maluca que salir a buscar a la carrera un reemplazo, "yo recibí prácticamente una amenaza de Duff and Phelps. Nosotros le pagamos, EPM le paga para que la analice, y a la media hora del mismo día que declaré insubsistente al Gerente, me llega una amenaza: explíqueme y que vamos a rebajarle los bonos, como si uno calificara una empresa por la fotografía de un Gerente. Una empresa serla como Duff and Phelps tiene que calificar a una empresa es por los estados financieros y los resultados. Yo le he dado instrucciones a la doctora Edith Cecilia para que me los cambie y nos analice otra compañía internacional de igual calidad".

Ese mismo día la Gerente General le dijo a El Colombiano que la calificadora de riesgos se precipitó, hizo un manejo irresponsable de la situación y le causó un daño internacional a la imagen de las Empresas. "Tengo que mirar el contrato. Si no se puede cancelar, se revisará", dijo la funcionaría, quien añadió que ella misma había pedido que Duff and Phelps acelerara su visita.

Al día siguiente el Alcalde se "patrasió": "yo no he dado ninguna instrucción de cancelar el contrato", pero anotó que sí lo revisaría con la gerencia de las Empresas. Así mismo, enfatizó que le parecía curioso que teniendo Duff and Phelps una relación Comercial con EPM, la calificadora hubiera pedido explicaciones sobre el cambio gerencial. "Eso lo encuentro absolutamente inaceptable. Es una intromisión en asuntos internos, sobre todo en una compañía que tiene con EPM relaciones Comerciales, porque nosotros le pagamos a ellos".

El asunto es que el contrato no contempla la ruptura unilateral y EPM tendría que pagar una indemnización. Fuentes de la banca afirmaron que este problema podría quitarle encanto a los bonos de las Empresas Públicas, que también tendrían que ofrecer un mayor rendimiento cuando salieran a vender más títulos. Al final, tanto el Alcalde como la Gerente General se tuvieron que tragar su amargura.

En pronunciamientos posteriores, como el de julio de 2003, Duff and Phelps colocó en estado de evolución la calificación de EPM, motivada en lo que llamó una tendencia de cambio en el patrón de relación entre las Empresas Públicas de Medellín y su único dueño, el Municipio de Medellín.

En la visión de Duff and Phelps de Colombia, "los vínculos entre EEPPM y la administración municipal se han estrechado en los últimos dos años. El Municipio de Medellín, en su calidad de dueño de EEPPM, ha venido actuando para lograr una mayor coordinación entre las estrategias de EEPPM y las necesidades y políticas municipales. En este sentido, la administración municipal estudia la posibilidad de transformar la naturaleza variable de las transferencias de recursos de las EEPPM al Municipio a una de carácter fijo. Orientada en esta dirección estuvo la decisión, aprobada por el Concejo Municipal, de ceder el Edificio Inteligente, sede operativa de EEPPM, al municipio y, con esto, generar una fuente de ingresos constante y sostenida para el Municipio en los próximos años. Según análisis presentados por la administración de la empresa, la anterior transacción arrojó un resultado económico, traído a valor presente, positivo para las EEPPM. Asimismo y consciente del impacto en las utilidades netas que tendrá el fin de la exención al pago del impuesto a la Renta para las empresas de servicios públicos, la Empresa ha emprendido un serlo programa de optimización tributaria que sigue los términos impuestos por la ley y que presenta claras bases económicas y financieras".

La calificadora también advirtió que "la tendencia observada en la relación entre la empresa y el Municipio de Medellín puede añadir un componente de riesgo político a los fundamentos de la calificación de las EEPPM, cuya dimensión en este momento no es claramente identificada por Duff and Phelps de Colombia, ya que el modelo de ésta presenta indicios de cambio. De la evolución de esta tendencia y del juicio que haga Duff and Phelps de Colombia del nuevo marco de estas relaciones, dependerá el mantenimiento o degradación de la calificación de la empresa. Al situar una calificación en evolución, se espera que ésta última se ratifique o modifique en el corto plazo".

Así mismo, la calificadora advirtió que seguiría atenta al desarrollo de las relaciones entre la Gerencia de la empresa y el Sindicato de Profesionales y esperaba que al culminar lo que llamaba entendimientos, no se pusiera en riesgo "la estabilidad de un activo tan importante como es el capital humano para EPM".

El desbarajuste en EPM también tuvo una caja de resonancia nacional, Gracias a editoriales como el del diario El Tiempo, de Bogotá, publicado el 26 de febrero de 2003, y titulado "Destitución con tufillo", que en la entradilla resaltaba como fundamental preservar el criterio técnico con el cual por tantos años se han manejado las EPM y no uno politiquero:

"Algo de desconcierto y mucha preocupación ha producido la fulminante destitución del Gerente General de las Empresas Públicas de Medellín, una de las entidades oficiales más emblemáticas del país y modelo de éxito en el mundo entero. Es mucho lo que las EPM han contribuido a la calidad de vida de la capital antioqueña. Precisamente porque han sido manejadas con seriedad y criterio empresarial y porque han estado protegidas, hasta donde se ha podido, del fuego destructor de la politiquería y el populismo. A ello se debe que las EPM sean hoy la segunda empresa más importante del país.

La destitución del Gerente Iván Correa Calderón, la primera en la historia de las EPM, pone de presente que lo que allí está ocurriendo va más allá de una discrepancia por las tarifas de los servicios públicos. Y es que detrás de la decisión de sacar a empellones al gerente asoma su cara la cada vez más evidente intención del alcalde Luis Pérez de hacer política con el prestigio y los recursos de las EPM.

Es grave de por si que en momentos de crisis social se juegue alegremente con las tarifas, que son la principal fuente de ingresos de las EPM. El alcalde Pérez al parecer le cobró a su gerente el haber autorizado un alza del 9,7% en las tarifas de energía, en contravía de lo dispuesto por el mandatario local, que está empeñado en mantener las tarifas más baratas del país. Como si no hubiera una normatividad expresa y una comisión reguladora, que ha sido clara en el manejo que hay que darle al tema. Ya en Bogotá se consiguió hacerles entender a los usuarios que hacer populismo con las tarifas ponía en peligro tanto la viabilidad de la empresa bogotana como su capacidad de hacer las millonarias inversiones que han permitido mejorar sustancialmente la cobertura en las zonas más pobres de la ciudad.

¿Cómo no va a ser popular entre la población, a unos meses de las elecciones para alcalde, mantener congeladas las tarifas de los servicios? Puede que lo sea, pero es inevitable no pensar que detrás del episodio hay unos elementos de politiquería que rompen con lo que ha sido una larga tradición en las EPM y que lo peor que les podría ocurrir es abrirles un boquete por el que pueda entrar uno de los peores males nacionales.

Para la capital antioqueña y para el país es fundamental preservar el criterio técnico con el cual por tantos años se han manejado las EPM. Es parte de su cultura y su capital humano. Sus ejecutivos y empleados se identifican plenamente con la vocación que siempre han tenido las EPM de estar al margen de las campañas electorales y del clientelismo, y de usar, cuestionable aunque no ilegalmente, sus recursos en proyectos que no encajan con su objeto social. Como por ejemplo dotar de morral con sus respectivos utensilios escolares a cada uno de los niños de las escuelas públicas de Medellín. Sin duda, una medida popular pero que deja un desagradable sabor a esa politiquería que se Quiere combatir.

Ojalá el alcalde Pérez no haya olvidado los principios básicos de la gerencia y de la responsabilidad política. Sería muy triste que la sociedad antioqueña permitiera que uno de sus más valiosos patrimonios comenzara a seguir los pasos de empresas públicas como las de Cali (Emcali), que hoy agonizan devoradas por la politiquería, que las convierte en caja menor de los mandatarios de turno. Hay que preservar como sea la bien ganada fama de las EPM, cuya suerte nos interesa a los bogotanos por ser una aliada estratégica de la Empresa de Teléfonos de Bogotá en la multimillonaria concesión del PCS. Sus utilidades deben ser invertidas en fortalecerlas y en programas de hondo calado social que tengan impacto y continuidad y no que obedezcan a

los caprichos efímeros de un mandatario.
Las EPM deben seguir siendo un buen ejemplo
de administración pública y un modelo de gestión, que sirva para mostrarle a la ciudadanía
que las empresas oficiales pueden ser competitivas, rentables y capaces de prestar servicios
de muy buena calidad".
Esa posición del diario capitalino le sirvió a
Santiago Martínez, presidente del Concejo de
Medellín, para plantear que el debate sobre
EPM era entre quienes, como él, buscan el bienestar de los más pobres y quienes temen que
sus fuentes de financiamiento e ingreso pierdan
su norte empresarial y sus mayores utilidades.
"¿Cuándo, colegas concejales, el diario capitalino El Tiempo ha editorializado por los pobres
de Medellín? Nunca. Pero en la semana que termina dedica su editorial a las Empresas Públicas de Medellín. Les diré que la rotativa pertenece a un grupo económico que tiene interés en
la nueva empresa Colombia Móvil
S.A, que a su vez, en un 50% es de propiedad
de las EPM y en un momento dado entraron en
pánico por su capital y los están protegiendo,
no más", anotó el edil.

Despelote local

Con todo, el plano de mayor discusión fue, como es apenas natural, el local.

Una de las reacciones más importantes, y de la que se espera un gran trabajo de ilustración a la opinión pública, fue el anuncio del sector privado antioqueño, congregado en el Comité Intergremial de Antioquia, de que crearía un Comité Cívico de Seguimiento de las Empresas Públicas de Medellín (EPM). Según comunicado del Comité, firmado por 26 gremios económicos y asociaciones profesionales, "estamos seguros de que la institucionalización de un mecanismo de Veeduría Cívica como el que aquí se propone, no sólo marcaría un hito en la historia de la democracia local, sino que además redundaría en provecho de la transparencia y la credibilidad que deben rodear la gestión de una organización como las EPM, permitiendo establecer una relación más fluida y constructiva entre éstas y quienes son en última instancia sus dueños, vale decir, la ciudadanía de Medellín y Antioquia".

Este comité, "de carácter privado, independiente y permanente", estaría integrado por "ciudadanos de reconocida solvencia moral e idoneidad profesional", para evaluar de manera periódica la marcha de EPM.

El examen, anunciaron, "debe ir más allá de la simple revisión de los resultados obtenidos en un determinado ejercicio social". Así mismo, invitaron al Alcalde de Medellín y a la Gerencia General de EPM para que faciliten y apoyen el funcionamiento del Comité Cívico. El comunicado lo firmaron: Acic, Acicam, Acopi, Andevip, Andi, Asencultura, Asomineros, Asotextil, Augura, Camacol, Cámara Colombo Americana, Cámaras de Comercio del Aburrá Sur y del Oriente, Confecoop, Comité Departamental de Cafeteros, Federación Antioqueña de ONG, Corporación Empresarial-del Oriente, Defencarga, Fadegán, Fasecolda, Fenalco, Fendipetróleo, Lonja de Propiedad Raíz, Lunsa, ProAntioquia y Ucep Antioquia.

El mismo día en que el Intergremial hacía público su pronunciamiento, la Tertulia del Club Unión reunía a los ex gerentes de EPM, Víctor Suárez, Ramiro Valencia, Mauricio Restrepo, Darío Valencia y Carlos Enrique Moreno para que hablaran del futuro de las Empresas Públicas de Medellín.

Superando las discusiones sobre aspectos coyunturales, se planteó la necesidad de clarificar la relación entre el Municipio y EPM. Se dijo, por ejemplo, que esta última, como empresa, debe ser rentable y pasar parte de la rentabilidad a su dueño. Hoy gira el 30% de las ganancias, pero podría definirse una cifra determinada, reajustable cada año con la tasa de inflación. Así EPM sabría cuánto rendimiento debe dar y el Municipio con cuánto dispone para el desarrollo de la ciudad.

El acuerdo sobre lo fundamental para esa relación, debería excluir la politiquería, pero sin descuidar la política social. También se debería preservar la prestación de los servicios y acordar un manejo administrativo y de personal con criterios de selección acordes con su carácter de firma de clase mundial.

Así mismo, se resaltó que la Junta debería evolucionar hacia una Junta de Directores, a la manera del Banrepública, y con miembros dedicados de tiempo completo a tales labores. Se sugirió que el Grupo Empresarial forme una holding y separe los diversos negocios, con autonomía y sujetos a un control de gestión. Se pidió blindar a EPM de los riesgos de la actividad electoral y salvaguardar de esos vaivenes a los altos directivos. Si eso no es posible, se recomendó pensar en un esquema de democratización similar al de ISA.

Se reconoció la necesidad de tarifas más blandas en la región, para aliviar la situación de miseria, pero sin que ello afecte la viabilidad empresarial de la entidad. También se debería corregir el desequilibro tarifario frente al resto de municipios antioqueños, porque éstos subsidian a Medellín y el Área Metropolitana. De igual manera, se anotó que las transferencias son el mecanismo para entregar utilidades al Municipio y se evidenció una preocupación frente a la manera como EPM queda metida en actividades distintas a su objeto social.

Pongámonos de Acuerdo

En aquella reunión del Club Unión se usó un término de sabor alvarista, el "Acuerdo sobre lo fundamental", que posteriormente cobró forma en un documento que fue sometido a consideración de la opinión pública con ese mismo título.

Lo público y lo social

La ciudadanía de Medellín, los gremios, grupos de opinión, clase política, academia, empleados de EPM de la ciudad de Medellín declaran lo siguiente:

• Las Empresas Públicas de Medellín son el principal patrimonio social de la comunidad, fuente de bienestar y progreso, y fundamentales en el desarrollo económico de la región. Adicionalmente su expansión ha hecho que su devenir tenga un impacto nacional que aumenta las responsabilidades que se derivan de su manejo y orientación.

• Los Alcaldes, Concejos Municipales, Juntas Directivas de EPM y Gerentes de turno, son depositarios en custodia de unos bienes que son patrimonio de la comunidad. Dentro de las particularidades de cada administración, es entendible y aceptable que haya variaciones en las orientaciones administrativas y estratégicas de la empresa. Sin embargo, debe primar un marco claro de manejo empresarial con los más altos estándares de la industria, de modo que preserve y aumente el capital social de la comunidad.

• Medellín recibe importantes ingresos de sus Empresas Públicas. Es entendible y aceptable que, sin afectar la estabilidad institucional de largo plazo, una parte de los excedentes rentísticos de las Empresas, contribuya al mejoramiento social de la Ciudad.

Acuerdo sobre lo fundamental. Relaciones EPM- Municipio

1. Excelencia en el servicio con los menores costos. La primera y fundamental responsabilidad de las EPM es la prestación, preservación y fortalecimiento de los servicios públicos en Medellín y el resto de Antioquia que deben ser atendidas con total cobertura, eficiencia y con parámetros de calidad y costo mejores que los establecidos por el marco regulatorio. De la misma forma, similar concepto es aplicable en las otras zonas del país donde la empresa preste el servicio público, especialmente en sus compromisos de cobertura, calidad y eficiencia. Dentro de esta visión, que debe ser de largo plazo, es fundamental que la Empresa no pierda su foco ni disperse sus esfuerzos en actividades diferentes a las de su servicio público y razón social.
2. Separación del servicio y otros temas sociales. Transferencias. En el entendimiento de que hay servicios públicos sociales y económicos y que una vez cumplidas las obligaciones con el servicio público, pueden sobrar recursos excedentes o rendimientos. De ser este el caso, la

parte no requerida para soportar patrimonialmente el servicio, (tanto en Medellín como en las otras zonas donde se ha asumido la responsabilidad), puede ser transferida al Municipio de Medellín para atender programas sociales, sin exceder un %. Queda clara la separación en el sentido de que el Municipio no puede intervenir en la prestación de los servicios a cargo de EPM sino que debe hacerlo a través de esta entidad, y que EPM no interviene en lo social que sea diferente a lo que toca con los servicios públicos. Lo social que no signifique prestación de los servicios públicos es una responsabilidad clara y constitucional del Municipio.

3. Contratación e impacto en el desarrollo económico. EPM ha sido, vía sus contrataciones, un jalonador del desarrollo de Antioquia. Dichas contrataciones deben ser transparentes y abiertas y deben permitir el concurso de todos los sectores de la sociedad.

4. Excelencia en el grupo humano técnico y empresarial y rigor en lo técnico, jurídico, financiero y laboral. Una fortaleza de EPM ha sido su gente: profesionales de las más altas calidades humanas y profesionales. En consecuencia, la selección y contratación de personal debe obedecer a los más altos estándares administrativos que garanticen igualdad de oportunidades a los participantes y selección de solo los mejores. De la misma forma, sus actuaciones deben continuar enmarcadas dentro del más alto rigor técnico, jurídico, financiero y empresarial.

5. Junta de Directores. El órgano máximo de

dirección de la empresa, su Junta Directiva, debe evolucionar, de la tradicional Junta, a una Junta de directores. Estos deben ser profesionales de las más altas calidades, pagados de acuerdo con su responsabilidad y representativos de los diferentes intereses sociales y de ciudad. No solo la administración del Municipio debe estar representada sino que debe haber también representantes de usuarios, sector empresarial, academia, industria. Estos deben tener nombramientos de largo plazo, con sistemas de elección y relevos parciales, tipo Banco de la República.

6. Manejo tarifario. Si bien debe primar una búsqueda de eficiencias que permitan que la región tenga una ventaja tarifaría en los servicios públicos frente al resto del país, las tarifas deben tener un claro manejo que haga compatible el desarrollo de largo plazo de la Empresa con las necesidades sociales de la población. Para esto es necesario que, por un lado, se preserve un marco tarifario totalmente de acuerdo con los preceptos regulatorios de cada servicio y los costos económicos eficientes en la prestación de los mismos. Por otro lado, si la administración municipal juzga necesario un manejo social de lo tarifario, adicional a los subsidios y contribuciones ya consagrados en la ley, lo debe hacer de forma explícita, poniendo los recursos que se requieran para ello, provenientes de las transferencias. Para esto, el mecanismo idóneo que trae la ley son los fondos de solidaridad, en cuyo caso deben crearse y apropiarse los recur-

sos requeridos.

7. Equidad regional e integración de mercados. Para su desarrollo, las EPM se han nutrido de los recursos de diferentes reglones de Antioquia. La visión social de la Empresa debe contemplar una equidad regional frente a la prestación del servicio público en diferentes zonas del departamento. Dicha equidad debe partir de la expansión del servicio de EPM, a diferentes reglones del departamento, con los mismos criterios. Una integración de mercados debe ser el mecanismo que permita que estas reglones cuenten con el servicio en condiciones similares de calidad, cobertura, eficiencia y servicio que presta EPM en sus mercados actuales.

8. Control y vigilancia. Un patrimonio público de las calidades e impacto de las EPM requiere de mecanismos de control sofisticados, profesionales, externos y de largo plazo, que conjuntamente con una veeduría ciudadana remunerada, permita profundizar en los controles requeridos por la comunidad.

9. Consolidación. La empresa requiere darle prioridad al cierre de brechas sociales, regionales y a estrategias de consolidación de inversiones sobre la expansión pura a otras zonas del país.

10. Compromiso. Este compromiso sobre lo fundamental debe estar respaldado por un amplio consenso ciudadano".

En la alta dirección de EPM se llegó a plantear que los promotores del Acuerdo sobre lo fundamental eran personajes que sentían nostalgia del poder y les criticaban el hecho de que, particularmente en el caso de los ex gerentes, no hubieran estimulado ese tipo de reformas durante sus administraciones. Con el tiempo se sabría que tales apreciaciones estaban influenciadas por la línea de pensamiento del Alcalde Pérez. La propuesta de las llamadas "fuerzas vivas", que desafortunadamente por ser anónimas algunos las calificaron de "fuerzas oscuras", caló en la opinión pública. Así lo consignó El Colombiano en un informe especial publicado el 4 de abril de 2003 y en el cual se hicieron tres preguntas claves sobre la materia: ¿Cómo le parece el Acuerdo?, ¿Qué hará para apoyarlo? Y ¿Cómo se podría llevar a la práctica? Políticos, empresarios, analistas independientes, sindicalistas, voceros de organizaciones sin ánimo de lucro, dirigentes gremiales, dieron respuesta a tales interrogantes.

Jorge Eduardo Cock,
ex ministro de Minas y Energía

La propuesta me parece bastante buena, algo que se necesita y que como iniciación de un proceso está muy bien. Pero requiere ser afinada en algunos puntos y lograr que esa voluntad manifiesta sea un mandato para quienes lleguen a la Alcaldía. Todo lo que en la propuesta se refiere a lo público y lo social, a la excelencia en el servicio, a la contratación y su efecto sobre la actividad local, a la selección ple personal, al manejo tarifario, a la equidad regional, a control y vigilancia, lo comparto a plenitud. Lo

mismo afirmo, y con mayor énfasis, sobre la separación que debe existir entre el cumplimento
de su objeto social (servicios públicos domiciliarios) y la atención de otras necesidades sociales (que deben estar a cargo del Municipio).
Sobre la consolidación y la prioridad de sus inversiones, lo mismo que sobre no perder
"su foco ni dispersar sus esfuerzos en actividades diferentes a las de su servicio
público y razón social", considero que se debe
ir más a fondo: aunque en los estatutos vigentes no sea muy explícito - lo que se debería reformar - el objeto de la Empresa es asegurar la
prestación de los servicios públicos domiciliarios con máxima eficiencia ya las tarifas más bajas (que sean compatibles con los otros criterios)
en el municipio de Medellín y, por equidad y
retribución regional, en otros que lo soliciten.
Y consecuentemente, dedicar su generación de
recursos financieros a mejorar las condiciones
de vida en la región, en lugar de ser inversionis-
ta en tantos negocios y en otras partes del país,
de jugar tanto a la grandeza, al conglomerado
al "grupo empresarial". Lo de la "Junta de Directores" es una buena idea, dada la dimensión
y la complejidad que ya tiene la Empresa. Pero
debe ser complementada con el requerimiento
claro de que sea ella la que nombre el Gerente.
Para ello, sería necesario plantear una reforma
a la Ley 142 de 1994, (en su artículo 27.6), sobre
servicios públicos, según el cual los miembros
de la junta y el gerente General son nombrados
por el Alcalde de cada ciudad.

Si puedo hacer algo para llevarla a la práctica: colaborar en el diseño y la redacción de las normas
y promover su adopción por el Congreso en lo
pertinente a la reforma de Ley, lo mismo que su
votación en lo que a continuación propongo.
Para llevar la propuesta a la práctica, de manera
que el amplio respaldo ciudadano que se plantea en la propuesta se convierta realmente en
un mandato, algo que obligue su cumplimento
y no sea la oportunidad para campañas popu-
listas, el Acuerdo sobre lo Fundamental se debería someter a Consulta Popular en las próxi-
mas votaciones que tengamos en Medellín. Con
preguntas pocas, claras y bien sencillas, pero
que se eleve a mandato legal. Para eso previo la
Constitución dicha figura. Adicionalmente, hay
que promover y lograr lo de la reforma legal.

Ramiro Valencia Cossio,
ex Gerente General EPM

Como ex gerente que participé en algunas de las
discusiones privadas que se dieron en EL Colombiano, me parece que el Acuerdo es un resumen
muy acorde con lo que desde diversos sectores se
ha planteado. Es un punto de partida muy interesante para la discusión, sobre todo porque recoge
una realidad: EPM es de todos los antioqueños,
y en especial de los medellinenses. Por lo tanto,
no puede ser manejada como si fuera un activo
privado, de un Alcalde o de un Gerente, mientras
dura su período.
El conocimiento que me ha dado el haber sido

Gerente General de las Empresas me permite participar con mi opinión y propuestas en los diversos foros que se den sobre ello. Me parece que es una obligación de todos los que de alguna manera hemos tenido que ver con EPM. Para llevarlo a la práctica, creo que debe ser un tema de discusión en el Concejo, los gremios, los empresarios, las acciones comunales, los sindicatos, etc. Siempre teniendo en cuenta la preservación de la autonomía de EPM y su viabilidad futura. Aquí no se trata de hacer demagogia de las EPM, sino de hacer una política de su manejo y de su relación con el Municipio. Estamos en una coyuntura muy especial. Ya sea que se presente la elección popular de alcaldes en octubre, o aunque se dé la prórroga, si es que se aprueba el referendo, este es el momento de entrar a exigirles a los candidatos su planteamiento sobre el Acuerdo fundamental sobre el manejo de las EPM. Ellos deberían firmar un compromiso con la ciudad sobre cuál sería el manejo de EPM.

Gabriel Harry Hinestroza,
Presidente junta Cámara de
Comercio de Medellín

La propuesta es respetable desde todo punto de vista. Yo creo que tiene unos puntos supremamente daros e interesantes. Entiendo que para una administración, desde que las cosas se hagan concertadas y sin que obstaculicen la buena marcha, son bienvenidas. Yo creo que la administración municipal y las Empresas Públicas deben acatar estas propuestas. Me parece que la propuesta tiene un contenido muy completo, que abarca todos los temas para el manejo futuro de EPM. La idea es que tampoco se dispersen demasiado las inversiones, porque tampoco es sano. Hay que invertir en lo fundamental, que son los servicios públicos. Estoy de acuerdo con esta propuesta y creo que es sana para las Empresas Públicas y para la ciudad. Me parece excelente pensar en una junta de directores profesional e independiente, que pueda opinar y decidir sin pasiones y sin intereses y sin características de coadministrador. Yo diría que el Señor Alcalde, como presidente que es de las Empresas Públicas, y la gerente General, podrían pensar en hacer una reunión con dirigentes de la región, escogiendo de las juntas de los gremios a dos o tres personas, para hacer unos planteamientos de fondo en torno a la empresa de servicios públicos más importante de América Latina. Lo importante es que sean bienvenidas las ideas y propuestas del sector privado y de la comunidad. Todo ello se lleva a la práctica con concertación. La ciudad tiene dirigentes capaces de proponer soluciones para el futuro de las Empresas Públicas de Medellín.

Mauricio Restrepo Gutiérrez,
ex Gerente General de EPM

Comparto plenamente la propuesta, porque hay un consenso sobre el excelente manejo y rigor técnico, financiero, administrativo y jurídico, que debe tener EPM. Considero de vital importancia que la Junta Directiva evolucione hacia una Junta de Directores, con excelentes profesionales de la academia, los usuarios, los gremios y el sector público, todos dedicados de tiempo completo a estudiar los diferentes temas referentes a la planeación y prestación de los servicios públicos, buscando así los mejores indicadores de gestión. Es fundamental blindar a la entidad de la politiquería, el clientelismo y los riesgos de la actividad electoral y salvaguardar de esos vaivenes a los técnicos y directivos de la empresa.

Como simple ciudadano, desde el sector privado aportaría de manera permanente mi participación en el comité cívico de seguimiento de EPM, comité integrado por los gremios y asociaciones de profesionales, que busca evaluar de manera periódica el cumplimento del objeto social, en las mejores condiciones de calidad, cobertura, eficiencia y competitividad, con verdaderos criterios de solidaridad y sostenibilidad en el largo plazo. Estoy seguro de que el acuerdo recibirá un respaldo empresarial y académico pleno y una vigilancia ciudadana consciente, para que, entre todos, logremos la equidad regional, con criterios tarifarios justos en las distintas zonas del departamento, propugnando así por el crecimiento y consolidación de ese gran patrimonio público y social que todavía tenemos los Antioqueños.

El Acuerdo se puede llevar a la práctica a través del diálogo y la participación, uniendo voluntades permanentes entre una excelente administración de EPM y los usuarios, buscando a cada instante, construir y proteger con sentido de pertenencia, una gran Empresa de clase mundial prestadora de servicios públicos domiciliarios.

Sergio Naranjo Pérez,
ex alcalde de Medellín

Las EPM son un patrimonio invalúable y, debido a su importancia, debe ser bienvenido un Acuerdo sobre lo Fundamental, que la proteja y aumente los beneficios que ofrece. Considero necesario que el Acuerdo tenga en cuenta los procesos que le permitan atender con prontitud y agilidad ti progreso y la competencia en el tiempo, sin ponerla en riesgo. Las competencias de EPM y del Municipio deben estar claramente definidas. Así evitamos que se presente lo que últimamente se ha observado, que las dos entidades atienden algunas responsabilidades que no les corresponden y que pertenecen al ámbito de la otra. Las reglas de juego deben ser claras, estables y confiables para evitar dar tumbos y malgastar recursos. Funciones adecuadas, mecanismos de control e instrumentos de medición específicos, al igual que la rendición de cuentas son justos y necesarios para que todos conozcan qué hace y hacia dónde se dirige la compañía de la que se espera un manejo despolitizado y absolutamente pulcro y correcto. .Un control político de mayor responsabilidad de

parte del Concejo y uno social a través de las veedurías cívicas, son necesarios dentro de este proceso.
Las inversiones en la expansión de sus servicios
y en la adquisición o creación de nuevas empresas filiales o en proyectos especiales (como
la masificación de Internet) debe correspon-
der a estudios técnicos de factibilidad y planes
de negocios rigurosos que evalúen los costos,
inversiones e ingresos esperables a la luz de
las condiciones propias del proyecto y según
su importancia en el entorno nacional. Pensa-
mos que tanto la contratación y las compras
deben llevar ti sello de la transparencia y de
la igualdad de oportunidades para combatir la
corrupción. Estoy de acuerdo en que la Junta
Directiva debe estar conformada por personas
de las más altas calidades, con el mejor conocimiento empresarial y con representantes de
los diferentes sectores. Se debe rechazar a todo
costo la influencia de la politiquería para evitar la salida de personal profesional y técnico calificado. Y no menos importante, se debe
realizar una retribución justa con Antioquia,
apoyada en la extensión de los servidos públicos al resto del departamento.

Santiago Martínez,
Presidente Concejo de Medellín

Tengo ti mejor ambiente en mi interior al co-
nocerla propuesta sobre tal acuerdo sobre lo
fundamental en Empresas Públicas de Medellín (EPM). Considero que estamos en mora de

propiciar un escenario que garantice no sólo la sostenibilidad de la empresa, como entidad eficiente que representa auténtico patrimonio en el tiempo de la ciudadanía medellinense y antioqueña, y como empresa que se tiene que proyectar en lo internacional.

El Acuerdo sobre lo fundamental es algo sustantivo y de fortalecimiento de lo que ahora se tiene y, a la vez, de engrandecimiento sise le apunta a lo que se le tiene que apuntar por parte de Empresas Públicas de Medellín.

Me parece que la propuesta se debería convertir en un acuerdo entre la empresa y el Municipio de Medellín, en donde se tengan las reglas claras de lo que se debe hacer a nivel de buscar nuevos horizontes en EPM y a qué se tiene qué atener el Municipio como dueño. Ese acuerdo tiene que apuntar también a la rentabilidad social y económica, a quiénes conforman la Junta Directiva, a que el grupo empresarial conserve su autonomía, pero a que también la Junta entienda que la organización tiene que capitalizarse.

En cuanto a la manera de llevar a la práctica el acuerdo sobre lo fundamental en EPM, creo que la fórmula es simple: con decisión política.

Juan Gómez Martínez,
Senador y ex Alcalde de Medellín

Voy a recordarlo que dijo un experto de Price Waterhouse cuando vino a EPM:
¿Sabe por qué las Empresas Públicas han sido exitosas? Porque tienen un socio que no le saca

plata". El problema que se presenta ahora es que se le está sacando la plata. El acuerdo sobre lo fundamental plantea, básicamente, eso: No le saquemos más plata a EPM. Hay un compromiso social que no se puede desconocer, pero no hay más del 30% que establece el acuerdo Municipal, que debemos respetar. Si le seguimos sacando plata, acabamos con su futuro. No se puede quedar con lo que tiene y debe pensar en Porce III, pero tiene que financiarse desde ahora, tiene que exportar energía, por ejemplo, a Centroamérica, si participa en el proyecto Pescadero ituango. De modo que el problema es el debilitamiento de las Empresas Públicas. Tenemos que defender unas tarifas más baratas frente a otras reglones, la única ventaja competitiva que tenemos, pero sin demagogia. Este Acuerdo sobre lo fundamental plantea que EPM sea una empresa regional: es inconcebible que mientras Medellín tenga las tarifas más baratas del país, en el Oriente, donde se produce, se paguen las más caras. Hay que sacrificar un poquito la "imagen" personal y aumentar las tarifas en Medellín para favorecer a todo el departamento. Yo creo que la salida está en la acogida que tenga la propuesta de que EPM tenga una junta despolitizada e independiente, con mucho sentido social y sin ningún sentido político. Esa sería la salvación de EPM.

Omar Flórez Vélez,
Representante y ex Alcalde de Medellín

La considero oportuna y bien intencionada, La administración de EPM demanda de un amplio consenso y es entendible que debe continuar vinculada a los programas sociales de la comunidad, siempre que se preserven los principios tutelares de solidaridad, eficiencia y suficiencia. Comparto la propuesta en el sentido de clarificar la separación de los servicios públicos de los sociales, los cuales, obviamente, le corresponden al municipio y la sugerencia de mejorar los mecanismos de contratación. Es fundamental que la calidad profesional y solvencia ética de sus trabajadores se preserve.

Con respecto a las tarifas, EPM debe ceñirse a las normas legales y evitar todo intento populista que ponga en peligro la estabilidad de la empresa. Es claro que si el alcalde de turno desea ofrecer tarifas más bajas, lo deberá hacer con recursos del municipio o creando el respectivo fondo de solidaridad. En este tema es menester fijar tarifas que compensen a las reglones que aportan sus recursos naturales para su generación. Es fundamental que en el nuevo derrotero de las EPM se tenga en cuenta que Medellín debe pagar su deuda social contraída con el resto de municipios del departamento, los cuales aún no disfrutan la calidad de los servicios. Hay que hacer una audaz revolución social a través de EPM, en lo que respecta a mejorar calidad de vida de todos los habitantes de Antioquia. Es vergonzoso que todavía tengamos escuelas en veredas y municipios sin computadores, sin acceso a la internet; habitantes consumiendo agua potable y muchas comunidades sin resolver el problema de alcantarillado'. Se requiere una reforma estatutaria que posibilite la utilización de excedentes de EPM en los municipios, que deberían ser accionistas de EPM. Comparto también que el control debe estar a cargo de un organismo externo de reconocida solvencia profesional y ética y es interesante pensar en una junta directiva autónoma. Se debe buscar un consenso para hacer realidad la propuesta.

Willlam Vélez Mesa,
Presidente de la Cámara

Celebro positivamente el esfuerzo de nuestra dirigencia por construir un consenso que asegure un manejo responsable del mayor activo patrimonial de nuestra comunidad regional. Ese acuerdo tiene validez como salvaguarda colectiva contra posibles decisiones inconclusas para satisfacer intereses politiqueros y clientelisias y, como tal, está llamado a formular un marco general orientador, que permita conciliar la función social de EPM con su sostenibilidad financiera hacia el futuro.
No parece aceptable la propuesta de "evolucionar" la actual junta directiva hacia un organismo puramente tecnocrático, tipo junta del Banco de la República. Ello equivaldría a cercenarle al alcalde de Medellín su competencia como jefe de la administración local. Lo ideal sería mejorar la composición de la junta directiva para lo-

grar un equilibrio entre la orientación social o política que proviene del alcalde y el Concejo, por una parte, y los imperativos técnicos para la eficiencia y sostenibilidad financiera.
Considero plausible la propuesta de una gran veeduría ciudadana sobre EPM. Sin embargo, debemos cuidarnos de no crear otro ente burocrático más. Debería ser una junta ad honorem, de personas prestantes y con representación del empresariado, la academia y la ciudadanía, que funcione como una especie de
"Junta Directiva en la sombra". Sería una veeduría cívica especializada y sin burocracia y que cada mes te entregara un informe al Concejo y a la ciudad, a través de los medios de comunicación.
Moralmente es inaceptable exhibir la pujanza de una gran empresa mientras, a su lado, la ciudad y el departamento acusan altos índices de necesidades básicas insatisfechas. El proyecto debería ser sometido a una consulta popular o a un cabildo abierto, sin dejar de lado al Concejo de Medellín.

Carlos Enrique Moreno,
ex gerente General EPM

A mí me parece que es absolutamente de fondo que la ciudad se ponga de acuerdo primero en qué es lo social y qué es la prestación del servicio público. En el pasado era claro que EPM estaba exclusivamente dedicada a la prestación del servicio público y que de componente social lo prestaba a través de habilitación vivienda y del sistema de subsidios y contribuciones. Eso se ha ido distorsionando en el tiempo y se ha utilizado como puerta de atrás a la Fundación EPM y otros mecanismos para que la empresa participe cada vez más en lo social. Eso hay que separarlo, porque también tiene que tenerse claro el papel de la empresa en la región, el papel de la administración, la claridad entre lo técnico, lo jurídico, lo empresarial. En fin, hay una serle de temas que exigen un acuerdo básico de ciudad.

Apoyo el Acuerdo haciéndole eco, compartiéndolo con diferentes entes ciudadanos, con líderes de opinión. Daría claridad sobre lo que seguiría después de lograr consenso, porque el Acuerdo se tiene que traducir en una serle de modificaciones en la concepción de ciudad frente a EPM.

Para llevarlo a la práctica tiene que haber un compromiso de ciudad en cuanto a que esa es la forma de manejar la empresa pública. Se podría hacer un Acuerdo municipal, reformar los estatutos y modificar la Junta Directiva.

Quiero subrayar un hecho: en el Acuerdo no existen amarres fuertes para la Administración Municipal, en el sentido de que si ésta Quiere hacer un programa más o menos social, lo puede hacer. El punto es que lo haga sin detrimento de lo que es la Empresa, el servicio público, su concepción de la calidad, de la gente, de la prestación del servicio. Lo otro, es que EPM está prestando servicios en otras ciudades, o sea que la responsabilidad no es sólo local sino nacional.

Juan Guillermo Abad,
Cámara Aburra Sur

Considero que el Acuerdo sobre lo Fundamental es pertinente, ya que todos los puntos que integran el mismo apuntan a garantizar que el manejo futuro de las EPM se realice dentro de un claro y transparente manejo empresarial con los más altos estándares industriales. Con las recomendaciones se busca proteger este valioso patrimonio empresarial de Antioquia y garantizar su sostenibilidad futura, así como la valiosa función social que puede respaldar y apoyar a través del Municipio de Medellín. También considero que las Cámaras de Comercio, como escenarios neutrales, transparentes e independientes, pueden ser promotores para llevarlo a la práctica, mediante un proceso de concertación en el que intervengan las principales organizaciones, gremios y entidades públicas de las diferentes reglones que son beneficiarías de los servicios de EPM. Un acuerdo integral garantizaría que las propuestas trasciendan del papel a la realidad y sirvan de eje para proteger los intereses de EPM y facilitar su futuro desempeño empresarial.

Fernando López Molina,
Presidente de Sintraemsdes

En nuestro concepto, los 10 puntos propuestos
en el acuerdo recogen en esencia los derroteros
a seguir para mantener y preservar a EPM como
empresa exitosa al servicio de la comunidad.
Lideraremos y posicionaremos esta propuesta
ante los trabajadores de las Empresas Públicas,
llamando a mantener claros criterios de eficiencia, oportunidad, calidad, celeridad, eficacia y
transparencia en la prestación de los servicios
públicos domiciliarios, inculcando en ellos valores fundamentales como el sentido de pertenencia, la rigurosidad técnica e independencia
administrativa, que permitan mantener a las
EPM como ejemplo de la función pública en
Colombia y América Latina.
Se puede llevar a la práctica conformando una
Veeduría Ciudadana, en donde participen comunidad, Gobierno, empresarios y sindicatos,
que sobre la base de un acuerdo real se fije un
cronograma de trabajo con fechas preestable-
cidas, que permitan evaluar los resultados de
cada uno de los diez puntos propuestos.

José Luis Yate,
Presidente SinproEPM

SinproEPM recibe con agrado la iniciativa propuesta por algunos dirigentes empresariales locales para regular las relaciones entre el Municipio
de Medellín y la empresa, y coincide en la mayoría de los planteamientos expresados en ella. El
establecimiento de reglas claras que le devuelvan

la autonomía a la entidad y que permitan a su vez lograr un consenso sobre el rumbo que se le debe dar a su accionar empresarial es vital para asegurar su viabilidad. La nueva forma de conformación de la Junta Directiva, la claridad del rol social que debe realizar la empresa como parte de su objeto social, y la reafirmación de la excelencia del recurso humano como estrategia para asegurar el rigor en la gestión, los consideramos elementos claves de la gobernabilidad para el futuro desarrollo de la entidad.

SinproEPM ya está apoyando este tipo de propuestas. Estamos estudiando las iniciativas sobre el esquema propuesto y desarrollando otras complementarlas, como la del fortalecimiento del plan corporativo con una visión de largo plazo que le dé estabilidad al rumbo de la empresa, de manera que trascienda los períodos de gobierno de los Alcaldes.

Como bien lo anota la propuesta misma, la viabilidad de un buen marco de gobierno de EPM requiere de un amplio respaldo ciudadano. Nuestra recomendación es la de conformar un grupo de trabajo, con participación de dirigentes gremiales y empresariales de la ciudad.

Luis Fernando Uribe,
Presidente de ProAntioquia

Me parece una propuesta valiosa y oportuna que en buena hora está siendo difundida por El Colombiano. Si queremos que EPM continúen siendo una empresa sólida, competitiva y rentable, es indispensable que haya unas reglas de juego claras y respetadas por todos en lo que tiene que ver con su buen gobierno y con las relaciones entre ellas y el Municipio. El acuerdo tiene el gran mérito de llamar la atención de la ciudadanía acerca de la importancia de que el manejo de EPM se enmarque en todo momento dentro de unos principios básicos, que son los que deberían quedar plasmados e "institucio-nalizados" en el Acuerdo. La propuesta coincide en gran medida con los planteamientos del Comité Intergremial -del cual forma parte ProAntioquia-, que hizo énfasis en el manejo técnico y autónomo y en la necesidad de preservar sus valores y buenas prácticas empresariales y concluyó anunciando la constitución de un Comité Cívico de Seguimiento a EPM. Una de sus funciones será examinar, afinar y aclimatar la propuesta de Acuerdo sobre lo Fundamental. Se podría promover la suscripción de un acuerdo público por parte de los candidatos a la Alcaldía, consenso que sería de gran valor. Y habría que analizar cuáles propuestas del Acuerdo podrían ser incorporadas en los estatutos de EPM e insistir en la cultura de petición y rendición de cuentas en la administración de los bienes públicos.

Clara Inés Restrepo,
Veeduría Plan de Desarrollo Medellín

Nos parece absolutamente valido hacer un acuerdo de esta naturaleza frente a las EPM principal patrimonio económico de los antioqueños. Es necesario que todos los ciudadanos de esta región construyamos una opinión clara frente a la responsabilidad que deben tener nuestros mandatarios frente a una empresa como esta, frente al manejo absolutamente claro y empresarial que ella requiere pero teniendo muy presentes sus grandes responsabilidades sociales y aclarando muy bien las posibilidades y los limites.

Desde la Veeduría Ciudadana al Pían de Desarrollo de Medellín estamos dispuestos a apoyar en todo lo que esté a nuestro alcance, especialmente en cuanto a compartir nuestra experiencia como veedores que durante más de seis años hemos logrado desarrollar esta difícil tarea. También podemos compartir experiencias sobre como construir espacios interinstitucionales e independientes para este proceso y frente a los aprendizajes en aspectos técnicos que hemos tenido. Así mismo, colocamos nuestra pagina Web y el programa de radio de la Veeduría al servicio de este proceso frente a EPM. Para llevar este acuerdo a la práctica es necesario que sea conocido y apropiado por amplios sectores de la población, y que permita desarrollar un proceso permanente y serlo de veeduría a las diferentes administraciones.

Sobre el Acuerdo tenemos unos comentarios adicionales. En contratación, por ejemplo, nos preocupan aquellos contratos que no son licitaciones sino contratación directa por montos no muy altos, pero sobre las cuales no hay muchas posibilidades de control ni vigilancia ciudadana y donde puede haber mayores niveles de corrupción.

Vemos que convertir a los empleados de alto rango en empleados públicos de libre remoción y nombramiento abre la puerta para la politiquería total en EPM. A esto habría que añadir que el Gerente de las Empresas no debe ser cambiado por cada nuevo Alcalde que llega, pues esto es lo que ha permitido la transformación y politización que en los últimos años se ha observado.

El tipo de Junta Directiva que se tenga y su forma de nombramiento es decisivo para garantizar la independencia y rigor técnico y evitar cualquier tipo de manipulación. Es muy válida la propuesta y debe incluir también algún representante del sector social pues la empresa no puede perder de vista que también en su función de prestadora de servicios públicos hay en juego asuntos sociales de la mayor importancia.

Del manejo tarifario, es importante la propuesta de crear los fondos de solidaridad, pero también es cierto que la propia empresa debe aportar a dichos fondos.

Respecto a la equidad regional, habría que añadir también equidad en tarifas, dadas las situaciones de total inequidad que se presenta por ejemplo con el Oriente Antioqueño, obviamente teniendo en cuenta los costos de transporte de energía.

Sobre el control y vigilancia, una veeduría

ciudadana totalmente independiente, con posibilidades económicas reales, pero con autonomía política, administrativa y financiera es absolutamente necesaria. Debe cuidarse que al hablar de remuneración ésta no genere ningún tipo de dependencia o relación con quienes se pretende vigilar. También sería importante incluirla presentación de informes o rendición de cuentas a la opinión pública de manera periódica, clara y sencilla que permita conocer los resultados de su operación.

Administración sorda y ciega

El Comité de Seguimiento a las EPM nació ante la opinión pública el 5 de junio de 2003 y fue presentado en sociedad en el auditorio de ProAntioquia. Su director encargado, Jorge Mario Ángel Arbeláez, dijo que el organismo se caracterizará por ser independiente e imparcial, permanente en el tiempo, reconocido como interlocutor de las EPM, respetuoso de los organismos de control, plural en su conformación, focalizado en los aspectos centrales del funcionamiento del grupo empresarial y oportuno en sus pronunciamientos y recomendaciones.

Para evitar sospechas, también declaró que el Comité no pretende ser un coadmínistrador de EPM. No Quiere inmiscuirse en su orientación estratégica. No sustituirá a los órganos de control interno, aunque pueda velar por el funcionamiento de éstos. Y no entrará a reemplazar a las entidades de control establecidas por la ley. En sus propias palabras, "se planea como objetivo central del Comité el de contribuir, efectivamente, a través de opiniones responsables y oportunas, al buen gobierno de las Empresas Públicas de Medellín, de tal suerte que éstas continúen siendo una organización competitiva, sólida y rentable, tanto en términos económicos como sociales. Velar, en otras palabras, por el manejo responsable, eficiente y transparente de las mismas. Alertar sobre situaciones, decisiones o prácticas que se aparten de estas normas y principios de buen gobierno de las Empresas. Igualmente, el Comité debe servir de instrumento para difundir y consolidar una cultura de petición y rendición de cuentas a nivel local y regional, en lo que tiene que ver con la administración de los bienes y servicios públicos".

Finalmente, se anunció que sus integrantes eran Lucía de la Cuesta de Londoño, ex directora de la Federación Antioqueña de ONG. Juan Felipe Gaviria Gutiérrez, rector de la Universidad Eafit, ex ministro y ex alcalde de Medellín. Darío Valencia Restrepo, ex gerente de EPM y ex rector de las universidades Nacional y de Antioquia. Rafael Isaza González, ex director de impuestos Nacionales. Germán Jaramillo Olano, ex presidente de ISA y de Cadenalco. Jaime Vélez Botero, ex gerente de Generación de Energía de EPM. Rubén Fernández Andrade, presidente y socio fundador de la Corporación Región. El presidente de Intergremial, cargo que entonces desempeñaba Jorge Mario Ángel Arbeláez, gerente de la Lonja de Propiedad Raíz de Medellín y Antioquia.

Cazar peleas no estaba ni está en la filosofía del Comité. Pérez, sin embargo, era de otro parecer, al desconocer y descalificar a este mecanismo de control ciudadano sobre las Empresas.

El 12 de junio de 2003, entre las 11:15 de la mañana y las 12:30 de la tarde, el mandatario recibió en su despacho del piso 12 de la Alpujarra a cinco de los ocho integrantes del Comité: Jorge Mario Ángel Arbeláez, presidente del Comité Intergremial; Juan Felipe Gaviria, rector de la Universidad Eafit; Lucía de la Cuesta, vocera de las ONG; Rafael Isaza González, ex director de impuestos Nacionales; y Jaime Vélez, ex gerente de Generación de Energía de EPM. También acudió, en calidad de invitado, Carlos Mario Giraldo Moreno, presidente de Noel.

Pérez les preguntó a qué iban y Ángel Arbeláez, como vocero del Comité, le comentó que su intención era contarle sobre los objetivos de esta veeduría y sobre lo que esperaban de la administración de EPM y del Municipio. Pérez dijo que primero escucharía y luego haría su exposición. Cuando el vocero del Comité finalizó su intervención, el mandatario formuló dos preguntas.

Primero, ¿a quién representa el Comité? Y segundo, ¿qué tiene qué ver el Comité con el Acuerdo sobre lo Fundamental de EPM? Este era un documento que desde hacia un par de meses venía discutiendo la opinión pública y que, entre otras consideraciones, resalta la defensa del carácter público de las Empresas y propende por una clara relación entre el grupo empresarial y su dueño, o sea el Municipio.

El Comité le explicó a Luis Pérez que su origen está relacionado con unas ideas ventiladas al interior del Comité Intergremial de

Antioquia. Que allí se lanzó la idea y que la misma se fue gestando hasta definir el perfil de los llamados a integrarlo. Para tal efecto se buscó a personajes de diversos sectores de la sociedad, porque su aspiración es representar a toda la comunidad.

En cuanto al Acuerdo sobre lo Fundamental, expresaron que el Comité no tiene un vínculo directo. No obstante, anotaron que conocían el documento, que lo estaban analizando y que, posteriormente, harían conocer sus comentarios sobre el particular.

Luego de esas precisiones, el Alcalde tomó la palabra. Habló, en primer lugar, de la historia de las Empresas Públicas de Medellín y posteriormente autoelogió su gestión. En ese mentido, manifestó que EPM ha crecido fuertemente en los períodos de elección popular de los alcaldes y que los mejores años han sido precisamente los dos últimos, que corresponden a su mandato.

Eso no tiene freno, anotó Luis Pérez, al asegurar que él no le saca más a las Empresas de lo que establece la ley, muy a diferencia de lo que han hecho otros burgomaestres. Así mismo, expresó que si algo caracteriza su gestión es el énfasis que le ha dado a la inversión social.

El ambiente, que hasta entonces estaba relativamente calmado, comenzó a calentarse. Pérez les dijo a los integrantes del Comité de Seguimiento de EPM que la organización no necesita de un ente de control más.

En su recuento de los organismos de vigilancia encontró cerca de 40, comenzando por las Juntas Administradoras Locales. Además, agregó Pérez, el Comité no representa a nadie. Tampoco tiene una base legal para ir a pedir información distinta a la que las Empresas le puede suministrar a cualquier ciudadano común y corriente ni EPM está obligada a suministrarla. Lo mismo reiteró luego en una rueda de prensa.

El punto más crítico de la reunión se presentó cuando el Alcalde de Medellín afirmó que el Comité de Seguimiento de EPM no sirve para nada. En su opinión, lo único que hace el Comité es ponerle obstáculos a la Administración Municipal y a las mismas Empresas Públicas de Medellín, toda vez que genera en la comunidad la impresión de que allí las cosas no están funcionando bien.

El mandatario local también se mostró contrario a la realización de cambios en la Junta Directiva de EPM y elogió la labor adelantada por los miembros de ese entonces. Resaltó que de los nueve integrantes, tres representaban a las ligas de usuarios, que él había tenido dos puestos y que a toda hora había mantenido a cuatro representantes de los empresarios.

Luis Pérez hizo explícita su oposición cerrada a la propuesta de que EPM tenga una Junta Directiva tipo Banco de la República. Para él, estos cambios sólo son fundamentales para quienes piensan darle un "raponazo" a las Empresas Públicas, para que la oligarquía se quede con la entidad.

Los miembros del Comité de Seguimiento replicaron que ellos sólo Quieren colaborar, ayudar a la entidad, servir de puente entre las Empresas y la comunidad y mostrar las cosas buenas. Esos argumentos no calaron en Luis Pérez, quien estuvo acompañado en la reunión por la Gerente General de EPM, Edith Cecilia Urrego Herrera, y el Secretario General de la entidad, Jorge Iván Carvajal.

el Comité de Seguimiento a las EPM quedó con un terrible sinsabor. Sus integrantes se reunieron en la sede de ProAntioquia, el martes 17 de junio, y allí se escucharon voces que calificaron el comportamiento del Alcalde como un desplante. Se comentó que a pesar de que el mandatario se sentía muy poderoso, le preocupaban y le incomodaban las críticas a su gestión.

Como Luis Pérez no ofreció una colaboración especial en materia de acceso a información vital para monitorear a las Empresas, el Comité de Seguimiento tendría que acudir a fuentes alternas.

Entre ellas podrían figurar la Contraloría General de Medellín (de hecho ya habían realizado una reunión con el titular de ese despacho, Óscar Giraldo Jiménez), los concejales de Medellín y el Sindicato de Profesionales de EPM.

Todos ellos habían manifestado su intención de apoyar y colaborar con el trabajo que Quiere hacer esta veeduría ciudadana. En la reunión, los integrantes del Comité se enfrentaron a un dilema. Unos, recomendaron que se elaborara un comunicado de prensa, en el que se dejara al desnudo la negativa actitud asumida por el Alcalde. Otros eran partidarios de la idea de que no se hiciera eco de sus puntos de vista. Ganó la primera posición.

Se retractó a medias

Luego de que El Colombiano publicara, con pelos y señales, el bochornoso encuentro con el Alcalde, el mandatario se retractó públicamente de la mala acogida que le dio al Comité de Seguimiento de las EPM. Lo hizo a medias y, además, se le ocurrió la brillante idea de montarle una especie de competencia a la veeduría.

El 1° de julio de 2003, durante una sesión del Concejo de Medellín, se leyó una carta del mandatario en la que dijo que "la veeduría nunca ha sido rechazada por la Alcaldía: ningún Alcalde puede rechazar una veeduría cívica. La ley protege a todas las veedurías".

En la misma comunicación, Pérez afirmó que EPM no está sola, que es vigilada por más de 50 entidades, incluyendo el control internacional. Pese a tantos ojos vigilantes anotó que uno más, o más, no le agregan dificultades a la gestión. En ese orden de ideas, anunció que "en atención al deseo del Comité Cívico, me propongo crear un Consejo Empresarial de lo público para que opine y oriente políticas aplicables a todas las empresas públicas propiedad de la ciudad... este Consejo se conformará por dirigentes privados y públicos, similar al Comité Cívico, para que con su sabiduría ayuden a que el gobierno empresarial de la ciudad sea más productor de riqueza para el empleo y el desarrollo social".

En cuanto a los principios rectores del Consejo, el mandatario definió los siguientes: EPM seguirá siendo pública. La Junta Directiva no se cambiará por un notablato de súper expertos. Compromiso de los dirigentes públicos y privados para combatir la corrupción en el Estado. Trato respetable a la dirigencia pública. Sus dirigentes no podrán tener intereses en contratación con EPM, el Municipio o sus empresas. Y que haga un llamado permanente para que la dirigencia privada participe más en la vida pública de la ciudad".

La carta de Pérez también incluyó una confusión, que le servía para acusar de privatizadores a los miembros del Comité de Seguimiento. Al decir del alcalde, "hace poco nacieron dos hermanos gemelos concebidos por el mismo grupo: la Veeduría Cívica y el Acuerdo sobre lo Fundamental". Al resaltar algunas propuestas de este último, el mandatario expresó que "el Alcalde no puede hacer pactos donde le exijan vender el alma, donde tenga que entregar el alma. EPM no se puede privatizar. EPM no puede cambiar su Junta Directiva, que está conforme a la ley, por un notablato de cinco súper expertos, con poderes absolutos para manejar las Empresas por encima de sus dueños, que es la gente de Antioquia, por encima de la dirigencia pública que la ha hecho grande, y por encima de los poderes legales que traen las elecciones populares de alcaldes".

Con ese planteamiento el mandatario pretendía distraer a la opinión pública, porque el Comité de Seguimiento y el Acuerdo sobre lo fundamental en EPM se parecen tanto como una naranja y un banano. Fuera de eso, ni el Comité ni el Acuerdo habían expresado una posición favorable a la privatización, porque su premisa es la defensa del carácter público del grupo empresarial.

Defensor incondicional

En todo este proceso, uno de los defensores más incondicionales del Alcalde de Medellín ha sido el concejal Santiago Martínez Mendoza. Su pieza magistral la presentó el 1° de marzo de 2003, cuando en calidad de presidente del Concejo le dio la bienvenida a las sesiones ordinarias del período marzo-abril. El valor de este documento, en lo relacionado con EPM, es el contexto de lucha de clases en que circunscribe el debate, un toque que el mismo Pérez ya le había dado en algunas de sus intervenciones públicas.

En la citada fecha el "Santi", como se le conoce en el medio deportivo, dijo que "como en la vieja Grecia, como en la antigua República Romana, nos reunimos nuevamente en este hemiciclo de la democracia, con el propósito de seguir trabajando por esta populosa ciudad del siglo XXI, llena de conflictos, cruzada de dolores y angustiada, habitada por ciudadanos que piden soluciones para hacer de sus vidas algo digno y llevadero.

Es un gran honor, señores, presidir la corporación Concejo de Medellín en este periodo, pero sentimos el inmenso fardo que nos hemos echado encima y nos duele en el alma por lo que vemos a diario en nuestra ciudad y en Colombia. Sobre diagnosticada en muchos aspectos y sin tener en cuenta el pensamiento de Marx cuando expresó que "los filósofos sólo han interpretado el mundo, pero la idea es cambiarlo". Medellín espera nuestras buenas iniciativas plasmadas en acciones de provecho común.

Se han realizado muchos estudios técnicos sobre lo que se debe hacer en la ciudad y en Colombia, pero la idea no es interpretar ni diagnosticar sino cambiar.

En consecuencia, debemos cambiar el "vamos a hacer" por el "estamos haciendo", para que podamos dar el aporte que de nosotros como corporados reclama la comunidad.

Todo miembro del gobierno municipal debe ser leal al gobierno, es decir a las políticas públicas que contenga el Plan de desarrollo. La supranorma municipal tiene compleja formación: es producto de una propuesta política de un candidato que sale triunfador de la contienda electoral para la alcaldía. Dicho documento se discute ante el Consejo Territorial de Planeación y finalmente el Concejo de la ciudad lo estudia y define, y en nuestro caso se adopta como norma municipal de obligatorio cumplimento.

el Gerente de Empresas Públicas de Medellín, Iván Correa Calderón, en el acto de posesión se comprometió a cumplir las normas de acuerdo con el patrimonio público que se le entregaba. Tácitamente aceptaba que no apoyaría deslealtades o posiciones contrarias

a las decisiones del gobernante y que se sometería como ciudadano a la autoridad legal.
En todo caso, que nunca olvidaría el afecto a quien lo designaba, es decir que imperaría el agradecimiento eterno de quien lo sacaba del común mundo de los mortales y lo llevaba al mundo del culto de los "héroes".

Don Iván se insubordinó contra las políticas públicas del gobernante y este, Luis Pérez Gutiérrez, lo desvinculó de las Empresas Públicas de Medellín, en uso de su potestad y demostrando que la institucionalidad está por encima, incluso de los héroes. Y aquel, Correa, bajó de nuevo al mundo de los simples mortales, pero desafortunadamente no lo ha hecho con la dignidad que suponíamos sino con el reclamo y el pataleo no propio de los parceros.

Se ha valido de un poder transitorio y de él ha hecho uso y la ha emprendido contra el gobernante y contra el patrimonio público más importante de los antioqueños. Y hoy no sabemos cuánto ha sido su daño en perjuicio, en imagen y en dinero.

Pero, señores concejales, lo que se ha presentado en Empresas Públicas de Medellín, tiene más fondo y es más compleja la aproximación. El debate es entre neoliberales y socialdemócratas. El debate es entre quienes abogamos por unas mejores condiciones de bienestar de la población más pobre de Medellín y quienes temen que sus fuentes de financiamiento e ingreso pierdan su norte empresarial y de sus mayores utilidades.

¿Cuándo, colegas concejales, el diario capitalino el Tiempo ha editorializado por los pobres de Medellín?... nunca. Pero en la semana que termina dedica su editorial a las Empresas Públicas de Medellín. Les diré que la rotativa pertenece a un grupo económico que tiene interés en la nueva empresa Colombia Móvil que a su vez, en un 50% es de propiedad de las EPM y en un momento dado entraron en pánico por su capital y los están protegiendo, no más.

Los siete aristócratas privilegiados y usufructuarlos directos o indirectos, de toda una vida de EPM han empezado a pontificar y a defender, supuestamente el patrimonio de los antioqueños en los diarios de la ciudad. Sería interesante que se analizara históricamente la evolución de este patrimonio. ¿A cuántas empresas constructoras enriquecieron y quiénes eran sus dueños? ¿Cuántos ricos de la ciudad intercambiaban en compras, si los altos ejecutivos del ente autónomo no eran los blancos privilegiados de las familias acaudaladas, que por sus fortunas habían preparado sus vástagos en el extranjero, y por derecho propio o heredado se los entregaban al patrimonio público, Empresas Públicas de Medellín?.

Cerca, muy cerca está el año 1974, cuando los ricos de esta ciudad quebraron las empresas. Sin recursos para pagar nómina, sin créditos internos ni externos y en el nivel directivo, los hijos privilegiados de esta ciudad estaban en huida. Nadie lo ha dicho, pero la mayor prosperidad económica de las Empresas Pú-

blicas se ubica a partir de la elección popular
de Alcaldes y de la potestad de estos de de-
signar a los gerentes de EPM.

Yo reivindico a los nuevos ejecutivos que sin
abolengo o fortuna han logrado incrustarse en
el piso 12 del Edificio Inteligente y en un mano
a mano, por sus capacidades, han demostrado
que los del pueblo también saben de administración, de gestión empresarial, de ingeniería,
de planeación estratégica, etc.

De no ser por ellos, las políticas sociales de la
ciudad serían irrealizables. Porque la tecnocracia de EPM, y para mayor colmo, el nivel directivo ahora organizado en un sindicato de profesionales, paga en la prensa avisos en contra de
lo social, del gobierno y del plan de desarrollo.
Yo propongo a la Junta Directiva de EPM que
todo el nivel directivo debe ser empleado público de libre nombramiento y remoción. Para
que el gobernante de turno, así como se hace
con el Gerente General, defina qué equipo debe
acompañarlo en su gestión. Y quien no comparta la dirección y la política pública de la ciudad
debe irse inmediatamente.

Pero decía, señores concejales que el debate
sobre EPM es el debate sobre una política pública social: las tarifas de los servicios públicos.
Y este concejo tomó la decisión de acompañar
a los más pobres y por ello plasmó en su Plan
de Desarrollo que los servicios públicos para
Medellín serían los más baratos de Colombia.
Y el gobernante está cumpliendo, y qué para-
digma, estamos en condiciones de tener las ta-

rifas por debajo de las fórmulas impuestas por la Comisión de Regulación de Energía y Gas (Creen porque somos los más eficientes, los que más conocemos del negocio, el de menores pérdidas, el de mayor recurso hídrico por el privilegio del a región. Somos el que mayor inversión ha realizado en los sectores de los servicios públicos, el único que está invirtiendo en el país en las distintas industrias, quien no Quiere réditos, quien no se llevará sus recursos para el extranjero. Por el contrario, es quien Quiere invertir en otras economías foráneas para traer más bienestar para Medellín, quien lo único que Quiere es construir país, patria. Y no nos dejan y nos imponen la media promedio con las empresas ineficientes, quebradas (incluyo todas las del Gobierno Nacional). Todas las intervenidas como Emcali, que no la quebraron sus usuarios sino los negocios de los ricos de Cali con sus empresas y su sindicato. Entonces se nos atraviesan los neoliberales invocando empresarismo, utilidades, ganancias, sistema financiero internacional, calificadores de riesgos, etc y mostrando desastres, quiebras mentirosos!, respiran por la herida! Ustedes ya no gobiernan las empresas públicas de Medellín. Tenemos un Concejo y un alcalde preparado y socialdemócrata, como el Presidente de la corporación que, sabrán, con quienes nos acompañen, defender la orientación impuesta a las EPM.

Es necesario, señor Alcalde, es urgente señor Alcalde, que se presente una propuesta, un proyecto de acuerdo para que así como existe en el estado francés y su empresa emblemática EDF, se perfecclone un contrato de empresa. Un acuerdo legal que se suscriba entre el Municipio de Medellín y Empresas Públicas para periodos de diez años, con obligaciones en metas, resultados y utilidades o transferencias para el Municipio. De otra parte, que el Municipio respete la gestión empresarial y la competencia de la entidad sin interferencias, pero igualmente sin claudicar al elemental derecho de monitorearla periódicamente en su desempeño.

En síntesis, señores concejales, la premisa es: el crecimiento de Empresas Públicas debe ser compatible con el nivel de aportes al Municipio que supone un mayor bienestar para la ciudad. Es, en efecto, grande la tarea que debemos afrontar en este primer período de sesiones, alrededor de trascendentes temas de ciudad. el Concejo de Medellín, reitero, actuará con toda la responsabilidad y con los aportes que le corresponden frente a la situación por la que atraviesa Empresas Públicas.

el ejecutivo debe actuar con base en los principios constitucionales que informan que Colombia es un estado social de derecho, democrática, partí cipa ti va y pluralista y en este sentido la corte constitucional ha dicho que " el constituyente de 1991 concibió la prestación de los servicios públicos como una función inherente a los fines del estado social de derecho, con el deber correlativo de una realización eficiente para todos los integrantes del territorio nacional, dada la estrecha vinculación que los mismos mantienen con la satisfacción de los derechos fundamentales de las personas, con la vida, y la salud... permitiendo la participación de las comunidades organizadas y de los particulares". En suma, es necesario velar para que los servicios públicos tengan un contenido social que no impliquen una carga exagerada a los usuarios. Sabe el señor Alcalde que el movimiento político que represento en la Corporación con el doctor Máximo Pérez Soto lo ha respaldado y lo respalda desde su primera aspiración a dirigir los destinos de la ciudad. Respaldo con convicción y firmeza porque sabemos de su voluntad de acertar, de gobernar bien".

Pérez cambia el discurso

La crisis en EPM no sólo le sirvió a Pérez para demostrar su autoridad. También le vino como anillo al dedo para hacer un hábil cambio de acento en el manejo de la política de tarifas de servicios públicos, en momentos en que le apostaba a la posibilidad de quedarse en el cargo un año más, si la Corte Constitucional mantenía vivo el Referendo y la pregunta sobre la prórroga del período de alcaldes y gobernadores.

El tema de la congelación de tarifas se fue archivando, lentamente, para abrirle camino a un nuevo término: tarifas justas. El cambio no fue gratuito. Pérez ya se había informado de los terribles costos económicos que tal política tendría sobre las finanzas de las Empresas. Eso se colige del renovado discurso que exhibió en la posesión de Edith Cecilia Urrego Herrera, cuando dijo que "seguiremos defendiendo tarifas justas con responsabilidad empresarial" y también del siguiente libreto que le trazó a la nueva Gerente General de EPM.

1. Preparar un proyecto de acuerdo para presentar al Concejo, que permita que las

transferencias de EPM al Municipio (estimadas en $150.000 millones) se hagan vía gastos, no aportes, que permita optimizar los impuestos a pagar. Por ejemplo, si el Municipio es dueño del 100% de EPM, algunos bienes podrían pasar a su propiedad para ser arrendados a EPM, como se hizo con el edificio Inteligente, que permitió un ahorro de $45.000 millones. Una represa, los acueductos u otros bienes de EPM podrían pasar al Municipio.

2. Deberá promover cambios sustanciales en el manejo de EPM y mantener la cultura de pago que ha caracterizado a los usuarios, mediante buenas relaciones con la comunidad.

3. Deberá mantener tarifas justas que significa que "no hay que apoyarse en el hombro de los demás para crecer". Según el Alcalde, "si una empresa tiene cultura de pago, es eficiente y tiene recursos naturales favorables, no hay razón para que las tarifas se disparen 15 o 20 puntos por encima de la inflación".

4. Promover una mayor eficiencia empresarial y tecnológica de las Empresas Públicas de Medellín. La austeridad debe producir más ganancias para el trabajo social y para mantener tarifas justas.

5. Garantizar la perdurabilidad de las EPM, con desarrollo tecnológico y social.

6. Revisar las inversiones en las empresas anexas y filiales, especialmente, en Emtelco, "que no viene cumpliendo las metas que se había fi-

jado y no podemos tener empresas perdiendo dinero indefinidamente y comprometiendo los recursos de la comunidad ", aseguró el alcalde. "Es una tontería, anotó Pérez, que digan que buscar unas tarifas bajas de servicios públicos sea calificado como demagogia. Es una tontería que alguien piense que las

---

Es de anotar que en este asunto Pérez improvisó de nuevo. Al asistir en abril de 2003 al Concejo de Medellín, la gerente de EPM reveló que la organización no tenía definidos bienes adicionales para ser trasladados al Municipio. En todo caso, análisis preliminares indicaban que "si se quisieran lograr los objetivos planteados en las declaraciones del señor Alcalde y dar cumplimento a la regulación vigente, EPM sólo podría entregar al Municipio de Medellín activos que cumplan con las siguientes condiciones: La suma total de los activos no puede tener un valor Comercial superior a $100.000 millones. Si los activos exceden este valor la Empresa deberá pagar el 35% del mayor valor por Impuesto sobre la Renta. Que no tengan restricciones contractuales con la banca multilateral en cuanto a la disposición de activos y la prenda negativa. Que no existan restricciones en la regulación de servicios públicos domiciliarios en cuanto a la transferencia de dominio de los activos necesarios para garantizar la prestación de los servicios. Que el costo fiscal de los activos sea superior al valor Comercial de los mismos, con el fin de no originar utilidades que paguen Impuesto de Renta. Garantizar que no se ponga en riesgo la estabilidad financiera de la empresa, ni el respaldo de las deudas. Sin embargo, anotó Edith Cecilia Urrego, no sobra recordar que la despatrimonialización es una iniciativa del dueño, por lo cual se requiere un acuerdo del Concejo para poderse realizar

tarifas bajas van en contra delos resultados financieros de EPM. Mal haría en rebajarlas en un 2%, para que a los 15 días descubran que esa decisión pone en peligro la estabilidad financiera de EPM".

La Gerente General hizo eco de las palabras de su jefe y repitió el lema: "mi propósito es construir una relación perdurable entre Empresas Públicas de Medellín y el Municipio, bajo el presupuesto de una viabilidad empresarial. Mi responsabilidad será armonizar las políticas públicas del señor Alcalde, con la gestión empresarial de las Empresas Públicas y luchar por mantener las tarifas de servicios públicos más bajas de Colombia".

Como buen propagandista, Pérez molía una y otra vez su mensaje. El 20 de marzo de 2003, por ejemplo, en una charla que ofreció en la Cámara de Comercio de Medellín para Antioquia, sede el Poblado, el mandatario reiteró que su directriz es que los usuarios de los servicios públicos de EPM sólo registren en sus facturas unos incrementos anuales que marchen al mismo ritmo de la inflación. Para el mandatario, así se lograría una tarifa justa, que demandaría por parte de las Empresas un esfuerzo en materia de mayor eficiencia y productividad.

En tal escenario empresarial, el Alcalde advirtió que "subir tarifas 24% o 28% es robar" también es una señal de que la empresa que hace semejantes cobros no es para nada eficiente. EPM seguirá un camino distinto. Pérez recordó que el martes 18 de marzo de 2003 se presentó a la Comisión de Regulación de Energía y Gas (Creg), una fórmula tarifaría cuya principal virtud es que si el índice de Precios al Consumidor (IPC) es de un dígito, las tarifas de EPM también se reajustarán en el mismo porcentaje.

Como discurso eso es perfecto y posiciona políticamente al Alcalde. Pero resulta que en el 2003 la meta de inflación del Banco de la República oscila entre 5.5% y el 6%, aunque para efecto de sus análisis los técnicos de las Empresas le apuestan más al 7.5%. En el caso de la energía eléctrica ambos niveles de referencia ya se superaron en enero, cuando se hizo un reajuste del 9.7%, que a pesar del enfado del Alcalde y de su orden de congelar las tarifas le fue cobrado a los usuarios.

El Alcalde advirtió en su disertación que con reajustes tarifarios de un solo dígito "EPM ganará más de lo que ha ganado hasta ahora". Para probarlo se refirió al comportamiento de la actividad de distribución de energía, a la que calificó como "el hilo más delgado" de la cadena que comienza con la generación eléctrica y termina con la prestación del servicio al usuario. Con tarifas creciendo en un solo dígito, el llamado Ebitda de distribución (que es la ganancia menos los intereses, impuestos, amortizaciones y depreciaciones) crecería 17% en el 2003, un 21% en el 2004 y un 23% en el 2005. Por su parte, el margen operacional -o sea la ganancia que da el negocio en sí mismo-, se ubicaría en el 2003 en el 9%, y dentro de un año estaría en el 14%. En suma, añadió Pérez, tanto el negocio de distribución como la empresa en su conjunto crecerían anualmente por encima del 20%.

Para sustentar las tarifas justas, el Alcalde de Medellín reveló varias estrategias que debe seguir EPM. Una de ellas es lo que se ha denominado la "administración de los impuestos", mediante la cual se busca bajar, por las vías legales, el monto de los tributos pagados al Gobierno Nacional.

Una segunda receta es la búsqueda de ahorros en el funcionamiento del grupo empresarial. "Si queremos una empresa que perdure, todos debemos apretarnos". Por eso, anotó, se suprimieron 400 vacantes, con un ahorro anual de $10.500 millones, y se pondrá límite al reemplazo de la gente que sale por jubilación, retiro voluntario o muerte.

Una tercera vía para lograr más eficiencia es el fomento de la cultura de pago de los usuarios. Pérez advirtió que al llegar a la Alcaldía las Empresas tenían 126.000 desconectados y que en dos años se ha logrado reconectar a 72.000 domicilios.

Esos usuarios eran malas pagas, pero recuperarlos era atractivo para la compañía, porque de todas formas disfrutaban de los servicios a través del contrabando. Según los datos del Alcalde, al reconectarlos EPM recuperó 154 gigavatios, que valían al año $24.000 millones.

Argumento distractor

Pérez ha ido más allá, pues para demostrar que bajo su mandato se han cosechado mayores niveles de eficiencia en el grupo empresarial, le ha torcido el pescuezo a varios indicadores claves de las EPM.

Ahí entra en escena su teoría de que a las Empresas no hay que medirlas por sus ganancias netas, sino por las utilidades operativas y que, como consecuencia de la carga tributaria que soporta la organización hay que buscar estrategias para optimizar, que no eludir, los tributos a pagar.

En su primer año de gobierno, con tarifas congeladas, como él recalca, las utilidades operativas aumentaron en $123.000 millones, pasando de $499.000 millones a $623.736 millones. En el 2002 dieron un salto adicional del 25% y cerraron en $760.000 millones.

Ese es el primer acto de su puesta en escena. El segundo, es que confunde utilidades operativas con ganancias netas para presentarse públicamente como el más hábil de los asesores tributarios.

El día de la posesión de Edith Cecilia Urrego lo dijo: Si EPM presentara utilidades netas por $760.000 millones (nótese que son las mismas utilidades operacionales de las que habló antes), debería pagar un impuesto equivalente al 36%, es decir, unos $250.000 millones. "Tenemos que declarar como ente privado y, como tal, tenemos todo el derecho a obtener todos los descuentos para poder optimizar los impuestos, no eludirlos. Y, con esta optimización es que tenemos que lograr que no se mida el desempeño de las Empresas Públicas con base en las utilidades netas, sino con base en las ganancias operativas".

Con el paso del tiempo el mandatario se volvió más osado. El 21 de marzo repitió el discurso y por partida doble. En la mañana lo hizo en el Concejo de Medellín y en la tarde en ese templo del empresarismo que es la Cámara de Comercio de Medellín. En esta última repitió lo que ya sonaba como proeza: "estábamos obligados a pagar $280.000 millones de impuestos y vamos a pagar $25.000 millones. O sea, le estamos dejando a la región $255.000 millones para reinvertir en la zona. Por eso, optimizar los impuestos puede ser más importante que las ganancias mismas".

Rarísimo. Ninguno de los ilustres empresarios se atrevió a decirle al Alcalde que el cálculo de los impuestos no se hace sobre las utilidades operacionales. Hasta el más novato contador o analista financiero sabe que después de establecer el saldo entre ingresos y gastos de operación, los administradores deben contabilizar los ingresos y los gastos no operacionales. Datos oficiales de EPM indican que en el 2002 la compañía obtuvo ingresos operacionales, fruto de la venta de sus servicios públicos, del orden de 2 billones 234.417 millones de pesos. En ese mismo período contable la organización tuvo costos y gasto de operación por 1 billón 473.791 millones de pesos. La diferencia, que se conoce como ganancia o utilidad operacional, fue de $760.626 millones.

El balance no termina allí, como pretende hacerlo ver Pérez, con el fin de demostrar su eficiente administración de los impuestos. Resulta que en el mismo 2002 EPM obtuvo ingresos no operacionales de $603.520 millones, de los cuales $179.977 millones corresponden a los ingresos financieros, $179.977 millones a la diferencia en cambio y un ítem de "otros", que no son especificados, pero que ascienden a $87.901 millones. Por esos mismos ítems EPM también tiene salidas de dinero. En tal sentido, es de anotar que los llamados gastos no operativos totalizaron 1 billón 78.545 millones de pesos, de los cuales el más grueso fue el diferencial cambiarlo, con $704.881 millones, seguido por los gastos financieros de $212.871 millones. En suma, los gastos no operativos fueron mayores que los ingresos no operativos en una cuantía de $475.025 millones.

¿Qué sentido tiene ignorar esa
pérdida no operacional?

La cuenta real que debería hacer Pérez es tomar la utilidad operacional de $760.626 millones y restarle la pérdida no operacional de $475.025 millones. Eso, ahora sí, le va a dar el monto de lo que técnicamente se conoce como la utilidad antes de impuestos, que no es más que la suma sobre la cual se estima el valor de los tributos a pagar. Para el 2002 esa ganancia ascendió a $285.600 millones, de los que la información oficial indica que EPM destinó $46.433 millones para la provisión del Impuesto de Renta∎

LOS PC DE PÉREZ

¡Los pobres tendrán su computador! Esa promesa electoral de Pérez caló entre los estratos más bajos, los cuales se montaron en el sueño de disfrutar, en la sala de su casa, de un PC con acceso al Internet y hasta impresora. Mantener esa "caña" ha demandado un gran desgaste, tanto para el primer mandatario como para las Empresas Públicas de Medellín, la entidad a la que le fue encargado el desarrollo del programa.

¿Por qué?

Porque la rigurosidad que EPM ha tenido en el manejo de sus proyectos millonarios, contrasta con la cadena de improvisaciones y contradicciones que se han presentado en el diseño y puesta en marcha de un programa bandera del alcalde de la ciudad, Luis Pérez Gutiérrez: volver cibernáutas a los pobres de estrato 1, 2 y a la clase media tipo 3.

Los bandazos han estado a la orden del día, sobre todo en aspectos que resultan claves para un negocio tan ambicioso:

Que los 200.000 computadores se iban a importar,

pero que mejor se van a ensamblar localmente. Que la población de menores recursos recibiría el grueso de los equipos, pero que mejor buena parte de los paquetes serían adquiridos por Fenalco, las firmas del grupo EPM que operan fuera de Medellín y hasta la Gobernación de Antioquia. Que los equipos se importarían mediante convenio firmado con Microsoft, pero que finalmente esta firma sólo ayudaría para que los precios ofrecidos por el ganador de la licitación fueran favorables y competitivos. El proceso ha tenido fechas claves, que bien vale la pena dejar consignadas para evitar que se diluyan en nuestras frágiles memorias.

Febrero 21 de 2001

El énfasis del programa de masificación de Internet en los más pobres es del propio Pérez. Una de las mejores evidencias de su idea original es un comunicado de prensa de EPM, fechado el 15 de febrero de 2001, en el que se da cuenta de la visita a la ciudad de una misión de empresarios franceses. En la foto que acompaña el comunicado, Pérez aún usaba bigote y compartía la mesa principal con personajes como los embajadores de Colombia en Francia, Juan Camilo Restrepo, de Francia en Colombia, Daniel Perfalt, el jefe de la delegación, Paúl Bernard, y el entonces Gerente General de las Empresas Públicas de Medellín, Iván Correa Calderón. Ante tan selectos interlocutores, dice EPM, Pérez afirmó que "nosotros, como Gobierno, no solamente tenemos el interés de masificar Internet, sino que estamos planeando para el próximo año 2002 hacer una importación de unos 200.000 computadores que nos permitan financiárselos a las familias más pobres y pueda iniciarse en Medellín un proceso acelerado de modernización del capital humano".

Marzo 31 de 2001

A finales de marzo Pérez Gutiérrez volvió con el cuento de la importación masiva, pero ya la daba como un hecho, merced a un convenio al que, supuestamente, había llegado con Microsoft. La noticia era tan buena, que hasta la Gobernación de Antioquia había comprometido 100.000 nuevos computadores para el Departamento, a pesar de la debilidad de sus finanzas. La palabra del mandatario quedó registrada en la edición del 31 de marzo de 2001 de El Colombiano, bajo el título "Vienen 200 mil computadores".

Semejante chiva dice textualmente: "A su regreso de la misión que lo mantuvo 14 días en España, Suecia, Francia y Estados Unidos, Pérez Gutiérrez también reveló que, en virtud de un convenio con Microsoft, en Seattle, se importarán 200 mil computadores para masificar el uso del Internet en el hogar. Explicó que se trata de financiar a familias pobres para que tengan acceso a esta herramienta tecnológica, en un programa que estará acompañado de un proceso fuerte de capacitación.

Con el mismo propósito, dijo, el gobernador Guillermo Gaviria comprometió 100 mil nuevos computadores para el Departamento. En esa perspectiva, Pérez anunció que en noviembre realizará la Feria Medellín Tecnológico 2001, que pretende convertir a la ciudad a futuro en un distrito tecnológico".

El viaje debió ser muy placentero. Pero lánguido en resultados, porque tampoco quedó en nada la gestión que hizo en materia de contact center. El diario antioqueño señaló en la misma edición que Pérez "destacó que en su gira comprometió el interés de la Telefónica de España y del gobierno de Suecia para montar Call Center en Medellín, al igual que un proyecto de telefonía inalámbrica con la Ericcson, a precios de telefonía básica.

Octubre 28 de 2001

Mientras Pérez daba palos de ciego, internamente en las Empresas Públicas de Medellín se realizaba un estudio de factibilidad sobre el programa de masificación. El documento se convirtió en piedra de escándalo y desató una ira santa en el Alcalde de Medellín.

Mientras Pérez soñaba con entregar a los pobres 200.000 PC, el estudio revelaba que "el mercado potencial total para el Valle de Aburrá es de 112.000 nuevos computadores y 20.000 de reposición al año 2003". A lo anterior se agregaba una extensión del programa al resto de Antioquia, con lo cual el mercado se ampliaba en 42.000 equipos nuevos y en 2.000 de reposición al 2003.

"En síntesis, se lee en el estudio, es posible decir que para el Departamento de Antioquia el mercado potencial de computadores nuevos es de 151.000 y los de reposición 22.000. Ello significa que para el 2003 se puede incrementar el número de computadores en 173.000".

Pero había un gran escollo: El mercado potencial estaba concentrado en personas con baja capacidad de pago.

El estudio llegó en octubre de 2001 al Concejo de Medellín, a donde fue invitado el Gerente General, Iván Correa Calderón, para hablar, entre otros temas, sobre el plan de masificación.

En esa época, vaya curiosidad, este proyecto y el de los contact center no habían sido revestidos con ese manto de misterio que se llama "información estratégica o confidencial".

El gran mérito de ese análisis independiente que hicieron los técnicos de EPM, es que dejaron oficialmente al desnudo el populismo del alcalde. La actividad productiva seguía postrada, la economía crecía, pero en informalización, el empleo perdía en calidad y en cantidad, los ingresos familiares se adelgazaban y la miseria se disparaba. No es literatura. Los técnicos de EPM resaltaron que durante el período 1995- 2000 se presentó en el sector residencial una disminución del 39% en los ingresos. El menor deterioro lo sufrió el estrato 1 y el mayor el estrato 6.

El ingreso total del estrato 1 cayó de $503.175 en el año 96 a $370.987 en el 2000. Es decir, se contrajo un 26%.

El estrato dos bajó de $628.151 a $462.975, que porcentualmente equivale al 26%.

El estrato tres descendió de $1.004.588 a $733.902, con reducción del 27%.

Es de anotar que en estos tres segmentos se concentra el 85% de la demanda por computadores detectada por las mismas Empresas.

Los otros grupos sociales también estaban morados por cuenta de la crisis.

El estrato cuatro, por ejemplo, bajó de un ingreso de $1.793.141 a $1.238.482, con retroceso del 31%.

En el estrato cinco el golpe fue mayor, -38%, al descender de $2.676.259 a $1.671.805.

En el estrato seis, por su parte, las estadísticas parecen las de una catástrofe, pues el ingreso retrocedió de $5.704.159 a $1.618.083.

Que se sepa, en Medellín y el Área Metropolitana no se ha registrado un milagro económico o una bonanza súbita, capaz de restablecer los niveles de riqueza que se han esfumado y que servirían de soporte para el ambicioso plan de masificación de Internet.

No contentos con sus hallazgos, los analistas de Planeación Telecomunicaciones se fueron a mirar cómo gastaba la gente sus ingresos.

Eso les permitió apreciar una relación directa entre el estrato socioeconómico y el ahorro. "El porcentaje de ahorro mensual es muy bajo, la mayoría de los hogares vive con la dictadura del día a día, ello significa que para la masificación de Internet, los hogares de menores recursos, para la compra del computador, deberían recurrir al sacrificio de otros rubros de gastos, principalmente los concernientes a muebles, accesorios y aparatos domésticos, esparcimiento, diversión y servicios y educación".

En palabras más directas, EPM estableció que "en los hogares de menores recursos, estratos 1, 2 y 3, que representan el 83% del total, son muy pocos los grados de libertad, disponibles para el programa de masificación".

Como la promesa inicial del Alcalde era que los pobres gozarían de computador, Internet e impresora, los analistas de EPM le pusieron números al deseo oficial. Su conclusión: "se observa que el incremento de la cuota mes, por la impresora, es pequeño, menos de siete mil pesos, entonces para los cálculos finales se realizó con la impresora y destinando el 8% de los ingresos del hogar, al pago del equipo y el servicio de Internet para el programa de masificación. Los resultados con la información recopilada y procesada, indican en la segmentación del mercado de computadores que se debe partir de un ingreso total mínimo de 900 mil pesos para el equipo de US$500, un millón 300 mil pesos para el equipo de US$800, y un millón 800 mil pesos en el equipo de US$1.200".

Jorge Mejía Martínez fue uno de los concejales que alcanzó a leer el primer análisis del plan de masificación elaborado por las Empresas.

"Me llamó la atención de este estudio que nos entregaron algunas conclusiones de tipo socioeconómico que me parecen importantes respecto a la viabilidad del proyecto de los 200.000 computadores en la ciudad de Medellín. Observé de paso que había una reformulación del proyecto en cuanto a la dimensión del mismo. Si leí bien, ya finalmente el proyecto para el Valle del Aburra no es elde200.000 computadores, sino que se redujo la cifra a 132.000 computadores, 112.000 nuevos computadores de aquí al2003 y20.000 nuevos computadores como reposición de los que vegetativamente se ocurrían en el Valle del Aburra. Y se hacen unas proyecciones para el resto del departamento de Antioquia que me parecen forzadas, tratando de Henar el número de los 200.000 computadores".

A Mejía Martínez también le llamó la atención el nivel de ingreso requerido para acceder a los computadores (más de tres salarios mínimos), la capacidad de compra detectada por el estudio, que es favorable justamente en los estratos que ya tienen estos equipos, o sea el 4, 5 y 6, lo cual le llevó a sostener que le parecía bastante limitada la potencialidad de este proyecto de los 200.000 computadores.

Su colega en el Concejo, Luis Carlos Díaz Mora, compartía esa preocupación, aunque veía que como negocio pintaba bueno para EPM y consideraba que "el Concejo debe estar muy activo y pendiente de cuál es la licitación que se va publicar. O sea, dentro de esa licitación ¿cómo vamos a jugar desde el punto de vista del componente de tecnología?¿Qué le queda a la ciudad?".

En esa misma sesión, a Gabriel Jaime Rico le quedó claro que "este proyecto no es popular, no es para el estrato 1, 2 y de pronto ni siquiera para el estrato

3. No es para muchas de las personas que le hacen fila a cualquiera de nosotros y nos dicen "cómo acceder a un computador de éstos que nos van a dar las Empresas Públicas, que yo me gano el mínimo", no es para ellos. Es más, a muchos de ellos mañana mismo tengo que llamarlos para decirles "definitivamente no es para ustedes, o si usted va a acceder a cuotas de este estilo".

Octubre 30 de 2001

Para Pérez Gutiérrez no se sabe qué fue peor: los resultados del estudio o las desalentadoras conclusiones que éste generó en el Concejo de Medellín. El mandatario, sin embargo, acudió al peso de toda su autoridad y dejó como un zapato a los técnicos de las Empresas. Así lo hizo el sábado 27 de octubre de 2001, ante 150 personas y directivos de EPM, que asistían a una reunión del Comité Intersectorial de Desarrollo y Control Social de los Servicios Públicos Domiciliarios de Medellín.

El Alcalde no renunciaba a su aire populista. Los técnicos EPM que no creyeran en su programa de compra de 200.000 computadores, tendrían que renunciar, pues su orden, que no recomendación para efectos de los análisis de factibilidad, era que los pobres de los estratos 1, 2 y 3 gozarían, a un precio subsidiado, de un paquete integrado por la máquina, la impresora y la conexión a Internet.

En la propia sede de las EPM, Pérez desautorizó el estudio preliminar que, según la interpretación del mandatario, dice palabras más, palabras menos que no sólo se podrían comprar entre 90.000 y 150.000 ordenadores, que la cuota iba a ser de $70.000 a $104.000 mensuales, que únicamente se le iba a entregar el computador al que ganara más de $900.000 y que los equipos serían para los estratos 4, 5 y 6.

El Alcalde calificó de mentiroso ese análisis, dijo que no reflejaba ninguna posición oficial y que fue llevado sin el permiso de él y del Gerente General de EPM al Concejo de Medellín. Pérez Gutiérrez descargó su inconformidad con los técnicos de las Empresas que habían planteado objeciones a propuestas suyas, como el plan que buscaba reconectar a las personas que tenían los servicios públicos cortados. A su leal saber y entender, los financistas de EPM están equivocados, "les falta inteligencia, son cándidos y no conocen los problemas sociales de la gente".

Para Pérez no había discusión posible en este asunto. Tan obsesionado estaba con el asunto, que ni siquiera se cuidaba de predicar su disposición a precipitar un detrimento patrimonial en EPM. Su frase es elocuente y bastante interesante para los entes de control: "No me importa si EPM pierde $20 o $30, porque el poder de este municipio es la gente. Es que nosotros no vamos a quebrar a EPM. Tanto es así, que congelamos los servicios públicos y las Empresas están ganando más plata que el año pasado, cuando los servicios crecieron un 32%. Si nosotros somos juiciosos, podemos compartir ganancias, podemos socializar beneficios con la comunidad".

Cuando Pérez habló de la venta del paquete a los pobres con un subsidio a cargo de las Empresas, el público le regaló sus aplausos. Alentado por esa reacción, el Alcalde se extendió en su explicación de que, en ningún momento, pretendía quebrar a EPM. Al contrario, anotó, su meta era que la entidad ganara cada vez más, para que haya más dinero para repartirle a la comunidad. De la mano con ello, anunció que en el 2002 el Municipio duplicaría su inversión, algo que en Colombia nadie más podía contar.

Octubre 31 de 2001

La firmeza de Pérez seguía contrastando con los continuos cambios de rumbo del plan de masificación. A finales de octubre de 2001 el mandatario dio como gran noticia que este programa valdría $400.000 millones y que los equipos no se importarían, sino que se ensamblarían localmente.

Ni hoy, ni para entonces, el monto de la inversión era cualquier bicoca. Para tener una idea de ello, nótese, por ejemplo, que dicha suma equivalía al 89% del presupuesto de inversión que el Municipio planeaba ejecutar en el 2002. Vista de otra manera, era 3.7 veces el dinero que localmente iría a la educación en el 2002. O si se prefiere, era una cuantía 23.5 veces superior a lo que la administración municipal le inyectaría en el próximo ejercicio a los proyectos asociados de vivienda de interés social.

El mandatario hablaba con naturalidad de la cifra y tampoco se mostraba inquieto con la forma como se podría financiar su iniciativa. El ejecutor del programa sería Empresas Públicas de Medellín (EPM), cuya liquidez era tan holgada que tenía listos para invertir $400.000 millones. Fuera de ello, las mismas EPM tramitaban un crédito de US$100 millones con el Japanese Bank International Corporation (Jbic), a 15 años de plazo, con 3 o 4 años muertos o de gracia y una tasa de interés del 1.75% anual. Adicionalmente, dijo Pérez, las Empresas habían liberado recursos de inversión. Por poner un caso, los $86.000 millones que pensaba inyectarle directamente a EPM Bogotá, terminó colocándolos a través de sociedades que dominaba, como Emtelsa y la Telefónica de Pereira.

La plata no era un obstáculo, y por ello se avanzaba en el diseño de una licitación jugosa e histórica en la vida de EPM: la compra de los 200.000 computadores. El Alcalde dijo que estaba descartada la importación de las máquinas ensambladas. La idea que más le seducía, y sobre la cual estaban trabajando los técnicos de las EPM, era comprar en el exterior las piezas y armar los equipos en la ciudad o en la zona franca. Eso permitiría, de golpe, estimular el empleo, beneficiarse de algunos alivios tributarios y hasta fomentar la producción de software.

Alentado por el impacto social del programa, y por el gran potencial educativo que tiene la internet, Pérez estimó que los estratos 1, 2 y 3, o sea los más pobres, podrían pagar entre $40.000 o $50.000 por un paquete que incluiría: el pago de la cuota por el computador y la impresora, el acceso a Internet y la impulsación derivada de la navegación en la red de redes. Inclusive, dijo el mandatario, se le tiraban números a la posibilidad de que en el caso de los más pobres entre los pobres EPM asumiera $10.000 de su cuota mensual. Las computadoras, en todo caso, no serían juguetes sofisticados, aunque el que quisiera un aparato más "engallado" con programas también podría pagar un mayor precio por el mismo.

Pérez la emprendió, de nuevo, contra los técnicos de las Empresas, pues dijo que quienes hicieron el primer estudio pensaron que se trataba del montaje de un negocio en el que se iban a vender 200.000 computadores. El propósito, sin embargo, no era Comercializar electrodomésticos, sino realizar un proceso de construcción social que ayudara a superar el atraso y la desigualdad social.

Los anuncios inútiles continuaban. En esa fecha el Alcalde aseguró que firmas norteamericanas estaban interesadas en instalar en la ciudad entre 12.000 y 20.000 e-Kioscos, o sitios públicos de navegación en Internet. Esos mismos socios foráneos se ocuparían de hacer el montaje.

Por aquella misma época Pérez terminó por aceptar, públicamente, que su promesa de 200.000 PC para los pobres no era posible. Todos los computadores no irían a las casas. La nueva idea era que también se colocaran paquetes en pequeñas y medianas empresas; en universidades; en compañías del Grupo Empresarial EPM que replicarían la iniciativa en ciudades como

Pereira y Manizales; en la Secretaría de Educación; y hasta en la Gobernación de Antioquia.

Noviembre 5 de 2001

Pérez no bajaba la guardia y altos funcionarios de EPM reportaron que, si fuera necesario, el mandatario estaría dispuesto a entregar los computadores a mitad de precio, con tal de que los más pobres pudieran disfrutar de los beneficios educativos y culturales que reporta el acceso a la red de redes.

Esos planteamientos llegaron a los oídos de los técnicos de las Empresas Públicas de Medellín (EPM), que tenían el encargo de hacer los estudios económicos, financieros, de mercado y sociales para cumplir con la orden del primer mandatario. El temor los acompañaba en esa misión. No era para menos. Pérez desautorizó, a los cuatro vientos, los resultados de un primer análisis que se hizo sobre la materia y calificó de poco inteligentes y excesivamente económicas a sus autores.

Esto fue recibido en las Empresas como una bofetada a las mentes más iluminadas de la institución, tradicionalmente reconocidas por su idoneidad y rigor académico. Muchos no entendían cómo era posible que a nivel local recibieran una ofensa similar, cuando ese "good will" institucional era y es bien apreciado en el exterior. No en vano hasta la Organización de Estados Americanos (OEA) metió mano para sacar adelante un proyecto que hoy en día es

otra fuente de Negocios para las EPM: los servicios de consultoría internacional.

El conflicto entre Pérez y los técnicos surgió
desde el mismo día en que el mandatario llegó con la idea de la masificación y un número
prodigioso de computadores para soportar esa
estrategia: la entrega de 200.000 PC.

No había más, salvo el modelo de masificación
de Internet en México, que había captado la
atención de Pérez. Con tan frágiles elementos
los magos de mercadeo de EPM comenzaron
a tirar cuentas. Los primeros números que salieron a flote no encajaban en el propósito del
mandatario. Si mucho, se podrían colocar en el
mercado entre 120.000 y 140.000 computadores.
Con un agravante: el plan del mandatario tenía
un acento marcadamente local y los técnicos en-
contraron que para llegar a los 200.000 equipos
era preciso que las filíales de Empresas, ubicadas en reglones como Pereira y Manizales, re-
plicaran el programa en sus áreas de influencia.
Fuera de lo anterior, los técnicos se fueron a conver-
sar con los proveedores de los equipos. El negocio
era fabuloso, pero no les sonaba. Primero, por la es-
trella negra de Medellín era complicado pensar en
instalar una planta de ensamblaje. Y segundo, porque ellos mismos eran conscientes de que importar
semejante número de máquinas implicaba borrar
del mapa y durante unos cinco o seis años a los distribuidores locales ya establecidos.

Los fabricantes, muy conscientes ellos, también
hicieron una advertencia. Antes que comenzar
a regar equipos a diestra y siniestra en indus-

trias, comercios, escuelas y, sobre todo, barrios populares, se precisaba una agresiva campaña educativa para enseñarle a la gente qué es, para qué sirve y cómo aprovechar al máximo un computador y la internet.

Por muy amigables que sean estas máquinas, tampoco son tan fáciles de manejar como un radio o un televisor. Aunque parezca un problema menor, la verdad es que no lo es. De ello dejaron constancia los técnicos de EPM en los siguientes términos: "es necesario diseñar una estrategia no sólo centrada en el acceso (computadores o dispositivos con acceso a la web), sino que a la vez se oriente a educar para lograr un uso óptimo de la red, haciéndola productiva, que genere una cultura sostenible en el uso y una explotación adecuada, con miras a propiciar el desarrollo de nuevos conocimientos y oportunidades de educación y Negocios para la ciudad".

Como si todo lo anterior no fuera poco, en las Empresas tuvieron que cambiar el formato de los análisis. Antes, los técnicos oficiaban como librepensadores, tiraban sus cuentas y las aportaban como soporte para la toma de decisiones. El esquema de los computadores rompió con esa metodología para instaurar un modelo que se asemeja al de la típica consultaría, en la que el experto acomoda el resultado a lo que le pide su cliente. Guardadas las proporciones, la frase célebre era: Alcalde, ¿cuánto Quiere que le dé?

Pérez seguía insistiendo en meter a las casas de los pobres el computador, cuando estas mismas familias eran cocientes de que lo más realista y ajustado a sus presupuestos era acudir a centros de navegación comunitaria. El mandatario tampoco se resignaba a declinar la mágica cifra que puso, de 200.000 computadores, a pesar de que hasta los analistas externos contratados por EPM no llegaban a ese tope.

Tal es el caso del primer análisis que realizó la compañía de investigaciones y mercadeo directo Item Ltda., por encargo de las Empresas Públicas de Medellín. La firma consultora produjo, en noviembre de 2001, un documento llamado "Investigación de mercados sobre el servicio de Internet en hogares" y otro con iguales características "en empresas".

Los resultados hablan por sí solos, dejaron al desnudo lo poco competitivo que era el servicio de Internet de EPM, resaltaba que si el objetivo era masificar Internet lo más apropiado eran los centros de navegación comunitaria y confirmaba que los estratos populares no representaban una clientela interesante para las Empresas Públicas de Medellín.

De 708.666 hogares de Medellín y el Valle de Aburrá, el 22.7% tenía computador. La distribución por estratos revela una alta concentración en las familias de mayores Ingresos. Mientras en el bajo-bajo sólo 4.5 de cada 100 familias tenían computador, en el estrato alto el número era de 65.5.

Quienes no tenían equipos argumentaban limitaciones de tipo económico, que no lo necesitaban o que navegaban en otro sitio. Adicionalmente, el 20.4% manifestó una intención de compra, en un tiempo promedio de 9.4 meses, "siendo en los estratos altos (5 y 6) donde mayor interés tienen por adquirirlo y en un plazo promedio menor".

Los investigadores procedieron a detectar el mercado a partir de esas intenciones de compra, clasificándolas en: muy interesado, interesado, más o menos interesado, poco interesado y nada interesado. Desde la perspectiva del consultor, la demanda potencial sólo llegaba a 50.401 hogares. Sin embargo, al atender los escenarios propuestos por las Empresas ese número crecía hasta los 81.237 hogares.

En este último caso la demanda se discriminaba así: 52.836 hogares sin computador, interesados en comprar Internet y equipos; 10.671 que tenían PC y comprarían Internet; y 6.949 familias con computador e Internet, pero interesadas en cambiar de plan o de proveedor.

Además de las bajas cifras, el consultor aportó otros reveladores elementos cuando elaboró el perfil de los clientes de Internet.

Los clientes en Internet Eran principalmente hombres, hijos dedicados al estudio, quienes han terminado la universidad y en algunos casos han realizado estudios de postgrado. También se encontraban trabajadores independientes. "Son personas con una buena situación económica, pues pertenecen a los estratos 4, 5 y 6, sus ingresos familiares oscilan entre 7 y 3 millones de pesos y muchos poseen celular, beeper, segunda línea telefónica y televisión por cable", Ítem Ltda. agrega con respecto a este grupo que "con respecto a los planes de EPM, a buena parte de ellos no les resultan atractivos, pues se encuentran satisfechos con el plan actual que tienen y no necesitan otro diferente. Dada su fidelidad y el buen grado de satisfacción que expresan hacia su actual proveedor de Internet, no constituyen un diente muy interesante para EPM. Adicionalmente, no parecen tener necesidades insatisfechas en este campo, ni buscan tecnologías más sofisticadas a las que actualmente poseen".

Tienen computador, sin Internet, y les interesan los planes de EPM: "Pertenecen en mayor proporción a los estratos 4, 5 y 6, los ingresos familiares están generalmente entre los $900.000 y dos millones de pesos y buena parte de ellos también poseen celular, beeper, televisión por cable con Cable Unión". Los investigadores añaden que "entre los planes de EPM ninguno satisface totalmente sus deseos y necesidades, básicamente por el factor económico o porque no les es de utilidad en este momento". La firma consultora lo clasifica como un diente "más o menos interesante para los diferentes planes de EPM".

No tienen equipo y les interesa internet: Son esencialmente hombres, hijos de hogar estudiantes o aportantes, bachilleres, tecnólogos, universitarios o empleados particulares. "Los ingresos familiares oscilan entre los $500.000 y $900.000 y en general poseen celular, beeper y televisión por cable ". En general les atraen los planes de EPM y por su tamaño y capacidad de pago fue clasificado como "un mercado potencial interesante para las Empresas", pero "siempre y cuando pueda financiar los equipos y principalmente computadores".

No tienen equipos ni les interesa internet: "Se trata principalmente de mujeres, dedicadas al hogar, y en menor proporción de pensionados o desempleados, quienes terminaron estudios elementales y en algunos casos también los secundarlos. La mayor parte de ellos pertenecen a los estratos 7 y 2 y los ingresos familiares no superan los $500.000y no poseen celular, beeper, segunda línea telefónica, ni televisión por cable o satelital". Ítem Ltda. afirma que "no han planeado comprar computador y la intención de comprar sólo el correo electrónico es relativamente baja, ya que están muy interesados en los centros de navegación. Este grupo no representa un diente interesante para los planes de EPM, pero sí desde la óptica de kioskos, café Internet o centros de navegación, con miras a lograr la masificación del servicio".

En el mercado empresarial, conformado por grandes, medianas, pequeñas y microempresas, el panorama fue decepcionante. La demanda potencial establecida por Ítem Ltda. fue de 5.780 firmas interesadas en equipos, en Internet o en ambos. La cifra podría subir a 9.670, en caso de que las 1.768 empresas que carecían de máquinas se decidieran a comprar un promedio de 3.2 PC.

Resumiendo, la demanda potencial a nivel residencial y empresarial se movía entre un máximo de 90.907 clientes y un mínimo de 56.181. La cifra, vale recordar, estaba muy por debajo de la detectada por los analistas de EPM, que para nada gustó al Alcalde.

¿Se imaginan cómo les cayeron estos negativos resultados al mandatario y a quienes eran sus principales aliados en las Empresas para volver realidad el programa de masificación de Internet, o sea la Gerencia General y la Gerencia Comercial?

Mayo 7 de 2002

¡Vaya sorpresa! Seis meses después EPM contrató un segundo estudio con Ítem Ltda. "Fase cuantitativa proyecto de masificación de computadores e Internet", se titula el informe entregado por el contratista a la Subgerencia de Mercadeo de las Empresas. El cambio es dramático. En el panorama optimista que pintó en esta ocasión el consultor, EPM podría colocar 187.016 paquetes de navegación de Internet en hogares, empresas y sector educativo. El escenario pesimista, por su parte, arrojó una cifra de 121.832 paquetes. Aunque Pérez había hablado de un paquete de navegación que incluía la impresora, ese aparato no figura en el plan utilizado como referencia por los analistas, pues el mismo lo conformaban el computador, acceso ilimitado de Internet durante tres años, 48 horas de impulsación telefónica mensual sin costo durante tres años por el uso de Internet y capacitación básica.

TIENEN COMPUTADORES

LOS DATOS DE NOV. 2001

Bajo bajo 4.5%

Bajo 6.0%

Medio bajo 1 6.2%

Medio medio 34.6%

Medio alto 50.4%

Alto 65.5%

Total 22.7%

LOS DATOS DE MAYO 2002 TIENEN INTERNET

Estrato 1 7.3% 0%

Estrato 2 6.9% 2.1%

Estrato 3 18.8% 8.0%

Estrato 4 44.6% 30.1%

Estrato 5 68.4% 57.9%

Estrato 6 82.6% 56,5%

Total 19.7% 11.9%

Fuente: Item Ltda.

Con sólo seis meses de diferencia, el consultor presentó una nueva estructura de tenencia de computadores. Como dato curioso, el estrato 1 apareció allí con un porcentaje del 7.3%, que superó el 6.9% del estrato 2. He aquí las variaciones entre uno y otro estudio.

De un total de 800.674 hogares, el consultor encontró que en 384.715 el paquete de navegación de EPM se ajustaba a sus posibilidades. Luego de obtener ese dato ítem se fue a medir, por estrato, las intenciones de compra de los mismos, las cuales fueron notablemente bajas.

En el total de los hogares encuestados apenas el 19.3% expresó que seguramente compraría el paquete de EPM. El porcentaje más alto se ubicó en el estrato 1, con el 25.8%. Y el más bajo, en el estrato 6, con el 7.1%.

Si a los que dijeron que seguramente comprarían se añaden los que expresaron que probablemente lo harían, el porcentaje de hogares aumentaría al 65.2% del total.

Por supuesto, al consultor no le interesaba destacar en esta oportunidad que las mayores intenciones de compra se ubicaban en los sectores populares, o sea en los mismos que en su primer estudio calificó como un grupo que "no representa un cliente interesante para los planes de EPM".

En el estrato 1 los que probablemente sí y seguramente sí comprarían el paquete de navegación representaban el 74.2% de los hogares analizados. En el estrato 2 ese porcentaje llegó al 65.2%, en tanto que en el 3 se ubicó en el 68.9%.

De ahí para arriba las intenciones de compra fueron mucho menores, llegando al 35.7% en el estrato 6, el cual aunque tiene buen poder de compra, disfruta los computadores y el Internet en la casa, el sitio de estudio y lo en el trabajo.

Luego de los cálculos de rigor, el consultor estableció que en un escenario optimista se podrían colocar 167.721 paquetes de navegación en los hogares; en uno intermedio, 138.546 paquetes; y en uno pesimista, 109.371 paquetes.

Al escrutar los datos del escenario optimista, se aprecia cómo la demanda potencial estaba fuertemente concentrada en los estratos populares, con 144.821 paquetes, que representaban el 86.3% del total.

El consultor constató que el mayor escollo de la gente para hacerse a un paquete de navegación era de tipo económico. Así lo confirmaron quienes dijeron no estar interesados en el asunto: 43.9% por falta de plata, 18.2% por las altas cuotas, 9.6% por inestabilidad laboral, 9.2% por situación económica. El común denominador era, pues, la peladez de la gente o la insuficiencia de ingresos. A eso se sumó un 12.4% que dijo no necesitar de esta herramienta.

Para enfrentar esas limitaciones y elevar la demanda, el consultor recomendó varias estrategias. 1. Asignar una cuota fija mensual de acuerdo con la capacidad de pago de los hogares. Según sus cuentas, al bajar la cuota fija mensual de $60.000 a $40.000 en los estratos 1 y 2, la demanda estimada en estos estratos se podría aumentar en un 15%.

2. Para compensar en parte las implicaciones económicas de lo anterior, "podría cobrarse la impulsación telefónica (48 horas por mes durante 36 meses) causada por Internet en los estratos 3, 4, 5 y 6".

3. "Como consecuencia de una posible rebaja en la cuota fija mensual, serla recomendable ampliar el plazo para los estratos 1 y 2 de 36 a 60 meses".

4. En palabras más sencillas y directas, Ítem Ltda. conceptuó que era más importante: "ofrecer facilidad de"pago antes que un buen precio". "Que tenga incluido Internet, así haya que pagar por el valor de la impulsación". La garantía del proveedor y lo el soporte técnico. 5. La posibilidad de adquirir la impresora frente a cualquier otro accesorio. La capacitación y los programas que tenga incluido el computador. Y ofrecer equipos actualizables.

En cuanto al segmento empresarial y educativo, los analistas establecieron que el potencial de mercado estaba, fundamentalmente, en las microempresas y el sector comercio, en donde existían pocos equipos y baja penetración de Internet. Al estimar la demanda se encontró que de una población total de 70.020 empresas, en el 50%, o sea 35.063, los paquetes de EPM se ajustaban a sus posibilidades.

La intención más firme de compra, o sea quienes seguramente sí adquirirían el paquete, llegaba sólo al 20.8% en las pequeñas empresas, el 19.7% en el sector educativo, el 19.1% en las microempresas y el 6.7% en las medianas firmas. Al depurar la demanda potencial, los cálculos de

Ítem Ltda. arrojaron que en un escenario optimista las empresas y el sector educativo podrían comprar 19.470 equipos. En un escenario intermedio, comprarían 15.965 paquetes y en un horizonte pesimista demandarían 12.461 paquetes.

El cálculo optimista contemplaba también que de los 19.470 paquetes, la gran mayoría, 71%, correspondían a la demanda de los micro empresarios. El problema es que éstos eran los de menor intención positiva de compra, como se verá más adelante.

Para incrementar las ventas, el consultor recomendó estas acciones:

1. "Asignar una cuota fija mensual de acuerdo con la capacidad económica y solamente a los micro empresarios (principalmente del sector comercio) ya que representan cerca del 90% de la demanda estimada y son los de menor intención positiva de compra". La cuota fija sería de $80.000 mensuales para el básico y un plazo de pago de 36 meses.

2. "En ese mismo segmento y teniendo en cuenta sus razones para no interesarse por los paquetes ofrecidos por Empresas Públicas de Medellín, habría que ser "muy agresivo " en la comunicación para mostrarles la utilidad del computador e Internet en las microempresas del sector comercio. Ejemplo: Almacén de ropa, cafetería y similares".

3. "Aceptar los computadores como parte de (principalmente en el segmento de medianas empresas y sector educativo).

4. "Mostrar los ahorros que pueden obtener las empresas con el uso de computadores e Internet".

ÍTEM LTDA. MULTIPLICA LA DEMANDA
(SALTO EN CUESTIÓN DE SEIS MESES)

SEGMENTOS	1 ESTUDIO	2 ESTUDIO
HOGARES		
Optimista	81.237	167.546
Intermedio		- 138.546
Pesimista	50.401	109.371
EMPRESAS		
Optimista	9.670	19.470
Intermedio		- 55.965
Pesimista	5.780	5.780
TOTAL	**DE 56.181 A 90.907**	**DE 121.832 A 187.016**

Fuente: Ítem Ltda.
Nota: La demanda del primer estudio comprende hogares y empresas con intenciones de comprar computadores, Internet o ambos. El segundo, mide la intención de compra de los paquetes, que incluyen el PC y la navegación en Internet.

Se informa oficialmente la apertura de la licitación para masificar Internet. Para las Empresas, dice su Gerente General, Iván Correa Calderón, demandaría una inversión cercana a los US$120 millones, o sea $271.800 millones de la época. Según el boletín de prensa, *"a través de la licitación, de carácter nacional e internacional, cuyo objeto es buscar el acompañamiento de un productor de equipos de reconocida trayectoria en su campo, Empresas Públicas de Medellín adquirirá computadores y servicios asociados de valor agregado de altísima calidad... los equipos, de acuerdo con las exigencias de la convocatoria, deberán ser ensamblados localmente"*.

Aunque el Alcalde había sido muy insistente en que los PC serían básicamente para los de estrato 1, 2 y 3, en ninguna de las tres páginas del boletín de EPM aparecen los pobres de Pérez.

A falta de pobres, bueno era hacer las cuentas de la Lechera, para proyectar una solidez que no tenía sustento alguno en los estudios de mercado. ¿Ante quiénes responderán Correa Calderón y los altos directivos que públicamente hablaron de un volumen de ventas de tal magnitud, que prácticamente no iban a alcanzar computadores para los hogares?

Se habló, y quedó constancia escrita de:

60.000 paquetes para Fenalco.

50.000 para el Departamento de Antioquia.

20.000 para la Cámara de Comercio de Medellín.

20.000 para el Municipio.

Eso sumaba 150.000 paquetes, sin contar con los que, según Correa Calderón, se comercializarían por fuera de la región, a través de las empresas del Grupo Empresarial EPM.

La ausencia de los pobres en el boletín de EPM podría estar explicada por esta frase del Gerente General de la época, para quien el mayor logro del programa sería "posibilitarla conexión de nuestras instituciones de investigación científica, de las universidades, de las grandes, pequeñas y medianas compañías y organizaciones gubernamentales y educativas en general, e incluso de familias enteras con el resto del mundo, potencializando su quehacer académico, productivo y personal".

Apenas un proponente, bien referenciado por Correa Calderón, pero desconocido en el mundo de la informática, presentó propuesta en la primera licitación para masificar Internet. Así lo documentó el periódico El Colombiano el 12 de junio de 2002, en un informe elaborado por el periodista Juan Carlos Yepes.

"Aunque reconocidos fabricantes de equipos de cómputo, entre los que se cuentan Hewlett Packard y Compaq -hoy fusionados-, se mostraron interesados en participar en la licitación de Empresas Públicas de Medellín para proveer 200.000 equipos e instalar una planta de ensamble, al final solo una empresa, desconocida en ese sector en el país, presentó propuesta.

La Unión Temporal Rionegro 2002, integrada por la firma colombiana Energía integral Andina y por la española Andikona, fue la única que se le apuntó a presentar una propuesta para proveer los equipos que, de acuerdo con el programa de gobierno del Alcalde de Medellín, Luis Pérez Gutiérrez, buscan masificar el uso de Internet en el Área Metropolitana.

Sobre la única licitante, el Gerente de EPM, Iván Correa Calderón, dijo que está conformada por dos firmas de trayectoria: "Energía integral Andina, cuya casa matriz está localizada en Manizales, ha sido proveedora de EPM Bogotá, una de nuestras filiales de telecomunicaciones y actualmente ejecuta un contrato con Emtelsa, otra filial de telefonía de EPM, con sede en Manizales. Andikona es un reconocido productor de PC, con plantas en Costa Rica y en Biibao, España".

Una indagación en Internet, en el motor de búsqueda más reconocido del momento (www.google.com), arrojó que Energía integral Andina no tiene un sitio web y que el de Andikona está alojado en los servidores de la firma telefónica, pero anda fuera de servicio. No deja de ser extraño que dos empresas del área de tecnología no tengan un sitio web propio.

En la página de la Superintendencia de Sociedades (www.supersocledades.gov.co) dice que Energía integral Andina es una sociedad anónima dedicada a "la construcción de edificaciones para uso residencial" y en Colombia exporte (www.Colomblaexport.com) que "fabrica baterías industriales, cargadores, rectificadores, baterías estacionarías y de fuerza motriz, sistemas fotovoltaicos, módulos solares, reguladores, controladores, shelters para telecomunicaciones".

Según las cifras de ese sitio web, la empresa cuenta con activos por $7.427 millones, un volumen de exportaciones de US$350.000 y ventas por $5.302 millones.

De la información obtenida se desprende que la compañía ha ganado licitaciones importantes en el país, con empresas de la talla de Telecom y EPM, pero en áreas muy diferentes a equipos de cómputo.

En cuanto a la española Andikona, el paso siguiente fue consultar a personas conocedoras del tema de tecnología en San José (Costa Rica) y Biibao (España) para tratar de establecer contacto con las plantas.

El periodista Johnny Castro, del área económica de La República, de San José, respondió: "la verdad, esa empresa no debe ser muy conocida acá, pues no aparece en los registros telefónicos ni la conocen en la Cámara de Productores de Software".

Al preguntárselo a Alberto Rampoldi, ejecutivo de una consultora española residenciado en San José, replicó: "Nunca la he escuchado, intel es el único que tiene planta aquí. Es posible que trabaje bajo otro nombre Comercial".

En el caso de España, Miguel Ángel Majadas, redactor de El Mundo, de Madrid, respondió que hay dos compañías con ese nombre: Andikona 2000 Si -con la cual El Colombiano no pudo establecer contacto telefónico, pues no respondieron en el conmutador, y Andikona S.A., cuyo número telefónico no aparece en la guía.

"Referente a la planta de ensamblaje, me puse en contacto con nuestra delegación en

Biibao y no la conocen", agregó.

La investigación continuó con un correo electrónico a Hewlett Packard, con el fin de saber por qué las demás firmas -como el mismo HP, Compaq, Siemens y Gloma Aopen- no presentaron propuestas. Sandra Hinestroza, gerente de Mercadeo de HP se abstuvo de explicar los motivos, al afirmar que "en este momento la información respecto a este negocio es confidencial y no la podemos compartir".

Septiembre 30 de 2002

Las negociaciones confidenciales dieron su fruto en la mañana del el 30 de septiembre de 2002. En un escenario montado en la Plazoleta de los Ples Descalzos, situado al frente del Edificio Inteligente de EPM, Luis Pérez Gutiérrez se aprestaba a dar la que consideraba como una noticia "histórica para la vida de la ciudad y para la cotidianidad de toda América Latina".

"Alcalde, acaba de recibir un e-mail importante", le dijo una joven que oficiaba como asistente en el acto.

"Léamelo, por favor", dijo el mandatario.

"Lo envía el Gerente General de EPM, Iván Correa Calderón: Hemos adjudicado la licitación para el suministro de los 200.000 computadores, soporte del programa de masificación de Internet a la firma Hewlett Packard, por valor de US$113 millones. Internet para todos ya es un hecho".

Después de los aplausos de rigor, Pérez expresó que "como lo acaban ustedes de escuchar, el Comité Ejecutivo de EPM, que está en este momento reunido, acaba de hacer la adjudicación oficial de los 200.000 computadores para la ciudad de Medellín, por una cifra cercana a los US$ 20 millones de dólares. A esto hay que adicionarle toda la infraestructura tecnológica que se necesita para que 200.000 familias estén navegando permanentemente en Internet. Esta es una empresa que tiene un valor de más de $450.000 millones y que ha venido creciendo su valor por el desafortunado crecimiento del dólar que de alguna manera afecta estos procesos, pero que tenemos la certeza de continuar trabajando para que el proyecto sea una realidad".

En medio de su emoción, el Alcalde aprovechó para pasarle una pública cuenta de cobro a quienes habían formulado reparos a su programa.

"Tengo que confesar que hoy en es un día de mucha emoción para la Alcaldía y para las EPM, porque estamos logrando hacer realidad un proyecto lleno de críticos, lleno de escépticos, pero lleno de críticos y escépticos que piensan en pequeño. Tan grave es para el país la violencia, tan grave es la guerrilla, como la mediocridad de algunos dirigentes que les da miedo proponerle proyectos de avanzada, proyectos de audacia a este país. Si la dirigencia se amilana, si esconde su mediocridad en la violencia, si no realiza grandes proyectos porque considera que no son viables, este país va a seguir en guerra y va a seguir en violencia. Fuera de la violencia, lo más grave es el desempleo. Y si los dirigentes de este país siguen pensando en pequeño, la violencia seguirá y el desempleo no permitirá que haya paz, tranquilidad y armonía social.

Tenemos que hacer una sociedad sin envidias, sin chismes, sin rumores, sin hacerle guiños a lo malo, sino a lo positivo. Esta sociedad tiene que aprender que el empleo no tiene color político, que el hambre de la gente no tiene ningún tipo de señalamientos rojos o azules u otros colores. La salud y el empleo son derechos universales y naturales de los ciudadanos. Por eso, este proyecto que ahora estamos inaugurando, y el que inauguramos la semana pasada, el Centro Internacional de Convenciones, están llamando la atención a la dirigencia nacional, para que recupere la audacia, para que vuelva a pensar en proyectos grandes y para que demostremos que sí es posible hacer proyectos imaginativos, modernos y nuevos, que pongan a Medellín en los límites del progreso, en los límites de la tecnología.

Para cambiar una sociedad es imprescindible la tecnología. Sin ser para nada exagerado déjenme decirles que el internet hace parte de la soberanía nacional. País que no le dé posibilidad de Internet a todos tos ciudadanos, no está defendiendo su soberanía nacional. Si no hay Internet y tecnología para todos no habrá igualdad social. Yo simplemente quisiera comparar un muchacho de 15 o de 20 años, uno que maneja muy bien la tecnología del Internet y otro que nunca ha visto un computador, y son dos personajes totalmente distintos: El uno, lleno de oportunidades y el otro, es prácticamente un esclavo moderno, un ignorante que no va a tener ninguna oportunidad en el futuro, porque la tecnología es lo que nos da el primer paso para la igualdad. Sin tecnología no habrá ningún tipo de igualdad social".

Mientras Pérez le hablaba al público, conformado en su gran mayoría por niños y jóvenes estudiantes que EPM transportó hasta los Ples Descalzos, la prensa recibía un comunicado oficial
de las Empresas que en que se resaltaba el mayor
de los contratos adjudicados a un solo contratista en 47 años de existencia de la entidad. Ese día,
también, se cerraba un proceso que comenzó en
marzo de 2002 con la solicitud pública de ofertas
para la provisión de equipos. La misma se declaró desierta y a finales de junio del mismo año se
efectuó una segunda convocatoria. El 8 de agosto
de 2002 EPM recibió propuestas de Hewlett Packard Colombia Ltda. y Siemens S. A.

Pérez tuvo una segunda interrupción, planeada,
por supuesto, y que de paso revela que la adjudicación no se hizo ese mismo día. A las 10:24 de
la mañana se sintió el ruido de un helicóptero.
Pérez alzó su mirada y señalando con el dedo a
la aeronave expresó: "ahí van llegando los primeros computadores para la ciudad". El helicóptero descargó la que parecía ser una pesada carga,
identificada con el logo de la Hewlett Packard, y
fue transportada hasta la tarima central por cuatro
empleados de las EPM. La caja no se abrió. Tampoco se vieron "los primeros computadores".

Minutos después del show, el mandatario dijo
que los primeros 20.000 computadores llegarían
importados por HP el 30 de octubre de 2002.
Los restantes 180.000 serían ensamblados en una
planta que la compañía ganadora de la licitación
instalaría en la Zona Franca de Rionegro.

El representante en Colombia eje Hewlett Packard, Fernando Osorio Rincón, declaró que el montaje de la planta ensambladora demandaría una inversión del orden de US$2 a US$3 millones. En forma directa generaría 80 empleos y de manera indirecta sería fuente de trabajo para otras 420 personas. Sin embargo, anotó Pérez, el empleo generado sería mayor, pues a esos 500 empleos que movería el contrato de $318.000 millones firmado con la multinacional se deben añadir los proveedores de software, los encargados del mantenimiento y los capacitadores, entre otros.

Por entonces, Hewlett Packard tenía en operación una planta de ensamblaje en Brasil y con la que instalaría en Rionegro atendería las buenas perspectivas de Negocios que había detectado en América del Sur y en Centroamérica.

La intervención de Pérez parecía calcada de sus presentaciones en la plaza pública, cuando hacía las promesas electorales que lo llevaron a la Alcaldía de Medellín. "¿Cómo se van a vender los computadores?", se auto preguntó el mandatario. Antes de entrar con los precios, recordó que "hemos hecho un gran esfuerzo, un gran esfuerzo para que todas las familias de Medellín puedan tener computador y se afilien a Internet. No vamos a vender computadores solos, como que estuviéramos vendiendo electrodomésticos. Estamos próximos a vender computador con afiliación a Internet, para que todas las familias empiecen a construir un proyecto educativo, cultural, tecnológico y económico. Los precios del computador van a estar definidos de acuerdo con el estrato social al que pertenezca la familia".

En ese orden de ideas, los pobres de estrato 1 que quisieran comprar un computador y navegar por Internet con Empresas Públicas de Medellín, tendrían que pagar mensualmente, y durante tres años, $53.900 mensuales. El paquete de masificación que ofrecería EPM incluiría el computador, el programa de Internet y 24 horas de navegación por usuario. A las familias de estrato 2 que les sonara el plan, tendrían que pagar en tres años unas cuotas de $59.900 mensuales. El estrato 3 cancelaría $66.000, el 4 pagaría $67.000, y el 5 y 6 un monto de $71.000. Así mismo, se estimaba que luego de cubrir las 24 horas de navegación, cada hora adicional le valdría al usuario unos $200. Por ello, dijo Pérez, no había en la historia de Colombia ni de otros países un programa similar que haya ofrecido tarifas tan irrisorias. "Este me parece a mi que es el principio de una gran revolución para esta ciudad y ojalá fuera esto copiado en otras ciudades de Colombia y del mundo. Ya tenemos una solicitud de la ciudad de Quito, paró ver si este programa es implantado en esa ciudad, obviamente bajo condiciones distintas que le den rentabilidad a EPM. Este es un modelo tipo que hicieron con gran conocimiento los técnicos de EPM y que abre unas posibilidades de Negocios inconmensurables".

Como el interés de la Alcaldía era que todas las familias se vincularan a Internet y tuvieran su computador y que no siguieran existiendo ciudadanos de primera y de segunda clase, Pérez anunció que al día siguiente, o sea el 1 de octubre de 2002, presentaría al Concejo local dos proyectos de Acuerdo, con mensaje de urgencia. El primero, para que "los honorables concejales de Medellín le permitan al Alcalde darle un subsidio adicional a los estratos 1, 2 y 3, para que esa cuota mensual disminuya y podamos tener familias felices trabajando en Internet y que los niños de esta ciudad sean todos iguales y no le envidien a los ricos porque todos tenemos que tener las mismas oportunidades en Medellín y en Colombia".

El Alcalde esperaba que sus colegas del Área Metropolitana copiaran su ejemplo, "para que de verdad empecemos a quitarles a los violentos cualquier disculpa de que aquí no hay igualdad y que no tenemos gobiernos decentes, honestos, audaces, trabajando en bien de la igualdad de todos".

El segundo proyecto, pediría una autorización para que el Alcalde concediera un subsidio de $16.000 a cada uno de los 18.000 educadores del sector público y privado que comprara el paquete de EPM, para que "se conviertan en los grandes líderes de una revolución tecnológica y educativa como la que estamos planeando. Si los educadores no participan, no hay cambio social. Un cambio educativo en Colombia se hace con los educadores y no contra los educadores, como hemos vivido 20 o 30 o 40 años en este país a la luz de los paros y de los conflictos". De pasar la iniciativa, ellos pagarían $50.000 mensuales por el paquete de masificación.

Un tercer proyecto de Acuerdo estaría orientado a que el Concejo autorizara al Alcalde para que le comprara a EPM hasta 20.000 computadores que se entregarían a los colegios de Medellín. 'Todos los colegios y todas las escuelas van a tener, mínimo, salas de 30, 40, 50 computadores, afiliados a Internet, para que no haya ninguna disculpa que hay una Alcaldía y un gobierno en Medellín que va a luchar con fuerza por la igualdad en esta ciudad, en este departamento y en este país. Vamos a hacer un cambio radical en la educación. Vamos a generar una nueva comunicación entre educadores, padres de familias y estudiantes. Los estudiantes podrán mandar sus tareas por computador al profesor. Si es necesario, que se acaben los papeles, los escritos y los profesores estarán obligados a recibir por Internet todas las tareas, todos los proyectos educativos que se estén discutiendo en las escuelas".

Las metas estaban claras. Con más de $450.000 millones metidos al programa de masificación, el número de navegantes afiliados a EPM debería saltar de 40.000 a más de 240.000.

Los precios de los paquetes, anunció Pérez, serían revisados el 30 de abril del 2003. Esa revisión sólo afectaría a quienes a esa fecha no hubieran adquirido los paquetes. El Alcalde reveló a los periodistas que en los cuatro meses previos, el incremento en la tasa de devaluación aumentó el valor de las cuotas mensuales de los paquetes en un promedio de $10.000 a $15.000. No obstante, ese riesgo cambiarlo lo asume EPM, pues a Hewlett Packard se le paga en dólares.

Para demostrar lo orgulloso que estaba con su programa, Pérez resaltó su importancia mundial. "Recibí una carta de las Naciones Unidas

y me dicen que desde el punto de vista de-
mográfico este es el proyecto más ambicioso
que se está implantando en el planeta, porque
toda una ciudad esté tratando de llevar200.000
computadores a las familias, a las escuelas, a
los colegios y a los empleados públicos, es una
propuesta que hoy se vuelve práctica y que no
se había pensado en ninguna ciudad".
La ocasión también fue propicia para tratar de
aliviar, en algo, el daño que les había hecho a los
técnicos de las Empresas Públicas de Medellín, a
quienes fustigaba por considerar más las variables económicas que las de tipo social.
"Yo quiero darle las Gracias a las EPM. Aquí hay
un ejemplo muy importante de flexibilización de
políticas. Mucha gente y muchos medios de comunicación vieron esto como un enfrentamiento
entre el Alcalde y los técnicos de EPM. Como una
lucha donde al parecer la política no podía hacer
sugerencias a los que se meten en la parte técnica.
Este es un ejemplo para Colombia, para todos los
países donde se ve que tomados de la mano los
que nos creemos técnicos pero nos dicen políticos
y los que les decimos técnicos pero que también
tienen algo de políticos. Nos hemos logrado unir.
Hemos logrado acabar un divorcio que existía
y de esa unión ha salido una gran empresa, un
nuevo negocio para las EPM. Estamos ante un
proyecto histórico que está dejando muchísimas,
pero muchísimas enseñanzas para el futuro de
Medellín y de Antioquia ".
Las noticias no cesaban. En un boletín oficial, titulado "Programa de masticación de Internet: EPM

lo logró", se afirmó que los primeros computadores los entregaría HP en noviembre de 2002 y luego suministraría los equipos en forma escalonada, durante un plazo máximo de tres años.

"Los primeros paquetes empezarán a venderse y a entregarse a partir del 2 de diciembre de este año". La planta ensambladora tendría que estar operando en seis meses, o sea el 30 de marzo de 2003. Así mismo, el documento advertía que "es importante destacar que el contrato también considera la cobertura del riesgo por obsolescencia tecnológica; es decir, que la provisión de equipos por parte de EPM a sus clientes en el marco del Programa irá a la par con los adelantos tecnológicos del sector informático".

En este día histórico, Pérez reiteró su compromiso con los más pobres e hizo notar a quienes lo tildan de populista que esa no es una palabra despectiva, porque simplemente significa estar con el pueblo. Las cifras que él mismo dio sobre el costo del paquete básico para familias como la del estrato 1, que para volverse cibernáutas tendrían que pagar mensualmente $53.900 mensuales, sugerían como pregunta obvia si estas personas podrían resistir esa carga y, Adicionalmente, seguir pagando por servicios públicos una factura mensual de $31.732. En pesos corrientes de la época, eso suponía para una persona de estrato 1 pagar $85.632 cada mes, que representaban el 28% de un salarlo mínimo.

El único que iba en coche, y seguro, era Hewlett Packard Colombia. La firma vendía por entonces en el país unas 110.000 computadoras personales en un año, o sea que el contrato con EPM correspondía a casi el doble de sus ventas anuales. Adicionalmente, la operación le permitiría incrementar su participación en ese mercado nacional 36% a 46%.

Octubre 6 de 2002

El 30 de septiembre de 2002 Pérez manifestó ante los medios de comunicación que su instrucción a EPM era que los 200.000 paquetes se colocaran en un año. La orden le quedó clara a Laura Victoria Zabala, Gerente Comercial, quien una semana después confirmó que el compromiso de las Empresas era vender los paquetes en tres años, pero el reto de ella y su equipo de trabajo era hacerlo en 12 meses. Zabala es economista de la Universidad de Antioquia, diplomada internacional en alta gerencia de Eafit y ex vicepresidenta de la Unidad de Negocios Pyme de Suramericana de Seguros. En medio de respuestas evasivas sobre los aspectos financieros del programa, que la funcionaría decía eran competencia de otras áreas o "reserva del plan de negocios", reveló el 6 de octubre de 2002 que la preventa les indicó que el Valle del Aburrá podría absorber 204.000 paquetes de masticación de Internet. No obstante, el contrato con la Hewlett Packard se firmó por 200.000 computadores y se estimaba que de ese número, 150.000 quedarían en los hogares. Los paquetes se podrían conseguir por doquier. Es decir, a través de Comercializadores y distribuidores de los servicios de EPM, en los puntos de atención de las Empresas y hasta en los hipermercados Exito y Carrefour.

El computador que formaría parte del paquete básico se lo compraría EPM a Hewlett Packard a US$580 la unidad, mientras que el del plan Plus le saldría a US$650. "Ambos son muy completos, dijo la Gerente Comercial. Parte de las conversaciones que tengo que adelantar con el proveedor son las herramientas genéricas que pueda pedir la gente, de tal manera que nosotros a través de un programa de pedidos en volumen también le podamos ofrecer buenos precios a la gente".

Para los usuarios los precios serían en pesos colombianos. Los clientes de estrato 1 pagarían una cuota inicial de $100.000 y durante tres años cancelarían, cada mes, $53.965. En total, pagarían $2.042.740, tanto por el computador, como por la conexión a Internet y los impulsos telefónicos.

Al cliente de estrato 6, por su parte, le tocaría pagar una cuota inicial de $200.000 y mensualidades fijas de $71.072. Esto es, el plan le implicaba una inversión de $2.758.592.

El hecho de que una familia de estrato 1 vaya a pagar más por el paquete de masificación ($53.965) que por servicios públicos ($31.732), no le inquieta a usted desde el punto de vista Comercial, le pregunto a la funcionaría este periodista al servicio de El Colombiano.

"Yo me atengo a todos los estudios que se hicieron con estos estratos 1, 2 y 3 y su expectativa frente a la tarifa y la necesidad básica que ellos sienten de tener un computador con acceso al Internet", respondió Laura Victoria Zabala.

**¿Y se hicieron pruebas piloto o mediciones
con estos estratos para ver si pueden
absorber tales tarifas?**

*"Sí. Se hicieron muchas. Inclusive en estos estratos se
habló de cuotas que oscilaban entre $60.000 y 80.000".*

¿Y la gente mostraba capacidad de pago?

"Sí", dijo en tono firme la funcionaría, quien repitió que *"vemos muy fácil colocar en el Área Metropolitana los 200.000 paquetes de masificación".*

El compromiso de vender los paquetes de navegación, en un año y en el Área Metropolitana, era un asunto fácil, pero sólo en la imaginación del Alcalde y de Laura Victoria Zabala. Veamos algunas cifras de referencia.

A comienzos del 2003, el Dañe señaló que en Colombia existían 1.728.593 computadores. Eso indica que EPM pretendía colocar en el Valle del Aburré el equivalente al 11.5% de los equipos que había en todo el país.

De los 1.7 millones de computadores, 933.454, equivalentes al 54%, estaban instalados en los hogares de las 13 principales ciudades del país. Quiere ello decir que los 200.000 equipos de EPM representaban el 21.4% de tal cifra.

De los 1.7 millones de computadores, apenas 727.770 estaban conectados al internet. Por tanto, el programa de masificación de EPM equivalía al 27.4% de los conectados en el país.

Pero hay más. Colocar en un año 200.000

computadores sería un récord latinoamericano, pues implicaba la venta de 547.9 paquetes diarios, 3.835 semanales o 16.437 mensuales. El movimiento real fue bien distinto, como se verá luego hasta en engañosas cifras entregadas oficialmente por EPM.

Octubre 20 de 2002

Uno de los mayores silencios que tenía Laura Victoria Zabala lo despejó el 20 de octubre de 2002 su brazo derecho, Hilda María Vélez, cuando oficiaba como Gerente Comercial encargada: como los más pobres del estrato 1 tienen grandes limitaciones económicas para adquirir los paquetes de Internet, y disfrutar en hogares de esta tecnología, entonces para ellos se montarían centros de navegación comunitarios, de uso gratuito.

"El estrato 1, dijo Hilda María Vélez, puede visitar centros de navegación. Está dado que se hagan centros de navegación, porque esta gente, como lo dices en uno de tus artículos, con unos ingresos pequeños, no puede pagar una cuota de esas. Habrá muy poquita gente, independiente de lo que diga el estudio de mercado, se tiene qué calcular quién es sujeto de crédito o no. Entonces, para ellos habrá unos centros comunitarios o centros de navegación, en donde pueden acceder gratis, con toda la capacitación dada por institutos y personas que realmente conocen de esa capacitación".

Esos centros de navegación serían contratados con terceros que ya tenían presencia en sectores en donde residen familias de estrato 1, cuidando, eso sí, de que fueran de fácil acceso para la comunidad.

El reconocimiento oficial era muy desafortunado para aquellas familias de escasos recursos que tanto en las elecciones, como en los primeros meses de Gobierno de Pérez y durante el rimbombante anuncio de la llegada de los primeros PC, se montaron en el sueño de tener, en sus casas, el computador, la impresora y la navegación de Internet.

¿En cuáles pobres
pensaba Pérez?

Una buena aproximación a esa pregunta podrían ser los 653.532 usuarios de estrato 1, 2 y 3 que a mediados del 2002 EPM tenía conectados al servicio de telefonía. Ellos, por sí solos, equivalían al 78% de la clientela.

Aunque robustos en número, tenían y tienen una gran debilidad: eran los más propensos a colgarse en los pagos a las Empresas.

En efecto, los estratos 1, 2 y 3 explicaban el 91% del valor adeudado por quienes registraban tres o más cuentas vencidas y también pesaban el 96% entre los usuarios residenciales que a mediados del 2002 tenían algún servicio suspendido. Para una ciudad en la que se ha denunciado por parte de las mismas autoridades que el desempleo en los sectores populares supera el 50%, y en donde los ingresos se tornan cada vez más raquíticos por cuenta de una persistente crisis económica, se corría el riesgo de que la historia del estrato 1 se repitiera en el 2.

Si estos usuarios Quieren ser cibernautas caseros, tendrían que hacer un gran sacrificio para agregarle a sus $46.031 de servicios públicos una cuota de $59.876 mensuales por el paquete de navegación de EPM. Como quien dice, de sus bolsillos saldrían para las Empresas, cada mes, $105.907.

Esa capacidad de sacrificio la constató El Colombiano en una encuesta que realizó entre personas de estrato 1,2 y 3 para establecer el grado de aceptación del programa de masificación de Internet y su capacidad real de pago. De entrada, hay un dato bastante revelador sobre el poder de seducción que tiene el programa: al 80.3% de los entrevistados les gustaría comprar el paquete. Sin embargo...

De 218 encuestados el 24.3% dijo tener capacidad de ahorro. El restante 75.7% no lo puede hacer.

Adicionalmente, el 74.8% de las personas consultadas tenía unos ingresos que no superaban los $500.000 mensuales. De igual manera, el 33.9% expresó que mensualmente le pagaba a EPM más de $90.000 por servicios públicos, en tanto que un 44.9% cancelaba entre $60.000 y $90.000.

A la luz de esos resultados, es interesante apreciar cómo el 50% de los entrevistados del estrato 1 dijo que le gustaría comprar el paquete de navegación y que los ingresos le darían para pagar la cuota mensual de $53.965.

En el estrato 2, el 49.5% manifestó que quería y aguantaría la cuota de $59.876. En el estrato 3 la encuesta mostró que al 66.6% le gustaba el plan y resistía la cuota mensual de $66.134.

El asunto es que con la novedad que dio la funcionaría de EPM, se siguieron desnudando las debilidades del compromiso que Pérez reiteraba en todos los tonos. Y también el peligro para las finanzas de las Empresas. ¿Acaso alguien ha olvidado la frase del Alcalde, en el sentido de que "no me importa si EPM pierde $20 o $30, porque el poder de este municipio es la gente"?

Diciembre 13 de 2002

La Asociación de Comerciantes de Computadores y Tecnología (Ascomputec) saca un comunicado que constituye una declaratoria de guerra Comercial contra las EPM y en el cual instan a otros empresarios del ramo a que se abstengan de Comercializar el paquete de EPM. También denuncian que los gestores del plan de masificación tienen intereses personales.

"¿Es usted distribuidor de computadores y equipos de informática? Lea cuidadosamente este comunicado

Le interesará!

La Unión del gremio de distribuidores de computadores y tecnología en Medellín es un hecho... ahora todos somos una sola fuerza.

Más de 100 empresas distribuidoras de equipos de informática hemos decidido no continuar con dos o más agremiaciones diferentes y nos hemos unido, con el fin de diseñar estrategias que garanticen la permanencia de nuestros negocios. Es una necesidad prioritaria el unir nuestros esfuerzos e intereses como gremio y así lograr contrarrestar el efecto que pueda tener la Comercialización de 200.000 computadores por parte de EEPPM y la firma HP. Hemos visto inermes, cómo se ha desconocido la labor nuestra, y se ha diseñado un proyecto que reúne los intereses del Alcalde de Medellín, EEPPM (sus directivos) y HP (una firma que ha demostrado su falta de seriedad en el manejo leal de sus canales de distribución), este supuesto plan de masificación, dejó de ser social desde hace mucho tiempo, por lo tanto queremos que usted esté enterado de lo que tal vez no sabía..

1. El proyecto inició favoreciendo únicamente a los estratos 1,2,3... y para conveniencia de los firmantes del contrato, terminó Comercializando a los estratos 4, 5, 6 y a las empresas sin distinción alguna.

2. La configuración de los equipos que EEPPM propone frente al precio dado y más aún teniendo en cuenta el vertiginoso cambio tecnológico no suponen una buena solución en lo que respecta al costo-beneficio de los mismos.

3. EEPPM no es un ente Comercializador de equipos, es una empresa de servicios públicos.

4. Sus gestores centran sus esfuerzos no en la parte social de éste, sino en que deben vender a como dé lugar 200.000 computadores, sin importarles las consecuencias arrasadoras para una importante cantidad de familias que viven de este mercado.

5. EEPPM ha expresado su interés en continuar participando del mercado informático, por considerarlo de jugosos dividendos, y es así como no sólo se Comercializan los computadores, sino las impresoras, el software, los periféricos etc. Estamos seguros de que ampliarán su cobertura. Es más, si en el futuro

desean vender electrodomésticos o ropa, no es extraño que en su afán expansionista y monopólico se lleven por delante a mucha gente que, como nosotros, trabaja por Colombia esperando igualdad de condiciones en un país que cada día se hunde en la corrupción.

Los cambios de rumbo del proyecto de masificación y los intereses personales de sus gestores, lesionan directamente la economía del gremio, sin contar que somos más de 384 empresas que aproximadamente generan 2.500 empleos directos y que las consecuencias de las decisiones politiqueras de unos pocos una vez más afectan a nuestro pueblo que siempre está callado como si nada sucediera o que se queja a baja voz, murmurando, sin hacer nada por acabar con el clientelismo y la corrupción.

Señor empresario, queremos alertarlo para que evite decirle si al supuesto plan social de masificación de EEPPM y a la Comercialización de sus equipos, ya que pretenden usarnos para hacerles el mercadeo, aprovechando nuestras fuerzas de ventas e instalaciones engañándonos con una irrisoria comisión de $45.000 por cada equipo vendido; para que a futuro les cedamos nuestros clientes, crezcamos su negocio, enriquezcamos los bolsillos de la burocracia y de la empresa HP, todo esto con el fin de convertirse en el mayor distribuidor de sistemas en Colombia a costa del dinero nuestro. Recuerde que el dinero que usa EPM para este tipo de Negocios finalmente es fruto de los aportes de muchos años de miles de ciudadanos que como nosotros pagamos impuestos.

Pellizquémonos, si no es ahora, tal vez luego sea demasiado tarde.

Por esto, estimado colega, le invitamos a que se una a nuestro gremio, hágase participe de las reuniones, sus opiniones y aportes son muy importantes, para establecer las políticas que saneen el mercado, represente a nivel jurídico nuestros intereses, y logren ponernos en igualdad de condiciones Comerciales y competitivas frente a los pulpos como EEPPM y a las cadenas de almacenes quienes igualmente nos sorprenden con las diferencias de precio entre los mismos productos vendidos por ellos y por nosotros, dejándonos siempre en una posición de desventaja.

Yo, como usted, me he sentido impotente ante las injusticias y la competencia desleal, llegó el momento de hacernos fuertes y unidos lograr que se nos escuche y se nos tenga en cuenta.

Le informamos también que más del 90% de las empresas de computadores en Medellín después de una encuesta efectuada el día 2 de diciembre vía internet dijo no! A EEPPM... únase a nuestro sentir, no deje que usen su imagen, sus instalaciones y su esfuerzo, no se venda por tan poco. Diga también no...

Continuaremos enviando información, para que unidos, avancemos juntos, no tenemos nada que perder y si mucho que ganar.

Gracias por su atención.

Asociación de comerciantes de computadores y tecnología (Ascomputec)".

Los datos de la encuesta que menciona el comunicado estaban inflados, quizás para buscar un mayor impacto en la opinión pública.

Iván Darío Caicedo Pérez, Iván Darío Hoyos Moreno y Diego Alberto Sandoval Mora, quienes oficiaban, en su orden, como director Ejecutivo y miembros de Junta Directiva de Ascomputec, indican el 27 de diciembre de 2002 que de 326 distribuidores de computadores y tecnología de la ciudad que respondieron la encuesta, el 79% no quería hacer ningún tipo de negociación para promover el plan de masificación de Internet de las Empresas Públicas de Medellín.

Su razón; el proyecto, según sus propias palabras, había extraviado el sentido social, era mentiroso, monopólico, le daba a EPM una posición dominante en el mercado y perjudicaba a más de 600 comerciantes del departamento de Antioquia.

El gremio manifestó que pasaría de la crítica pública a la denuncia. Aunque funcionarios de las Empresas les habían comentado que el plan de masificación estaba blindado jurídicamente, los comerciantes dijeron haber contratado a un grupo de abogados que estudiaba los términos en que se presentarían las quejas y las demandas de rigor ante la Procuraduría, la Contraloría y las superintendencias de Servicios Públicos Domiciliarios y la de Industria y Comercio. La decisión era consecuente con lo dicho por Ascomputec, en el sentido de que en este programa bandera del Alcalde Luis

Pérez Gutiérrez se estaban usando los dineros públicos de manera inadecuada en contra del beneficio comunitario y que también habían anomalías Comerciales y tecnológicas.

Marzo de 2003

Un documento de la Gerencia Comercial de EPM revisa a la baja las metas de venta de los paquetes de masificación, que habían sido contemplados en el estudio de la firma Ítem Ltda. en mayo de 2002.

CAMBIO EN PROYECCIONES DE DEMANDA

ESTRATO	ÍTEM LTDA. MAYO 2002	EPM-MARZO	DIFERENCIA
1	12.832	9.000	3.832
2	67.421	45.675	21.746
3	64.568	43.313	21.255
4	11.302	6.863	4.439
5	7.885	5.625	2.260
6	3.715	2.025	1.690
TOTAL	167.721	112.501	55.220

Fuente: UEN Comercial (documento "Presentación plan de Negocios masificación de Internet", marzo de 2003) y estudios de Ítem Ltda.

El cuadro muestra cómo la demanda estimada por Ítem Ltda. en mayo de 2002 fue rebajada en marzo de 2003 por la Gerencia Comercial de EPM en más de 55.000 paquetes.

Cifras manipuladas

Las cifras que dan cuenta del comportamiento del programa de masificación de Internet tienen un grave problema de credibilidad, pues tanto el Alcalde de Medellín, como la Gerente General de EPM y la Gerente Comercial, han entregado datos que no corresponden a la realidad, en una conducta que ameritaría una investigación por parte de los organismos de control. Miren por qué:

El 14 de marzo de 2003 la Gerente General de las Empresas, Edith Cecilia Urrego, le responde un derecho de petición al ciudadano Juan Guillermo Gómez Rodríguez, que fue radicado con el número 01467281, y que la funcionaría dijo haber recibido el 3 de marzo. En la respuesta se lee que "hasta la fecha los pedidos de los clientes atendidos, en ejecución del Programa Masificación de Internet, ascienden a 63.035, y las ventas a 34.052".

Seis días después, o sea el 20 de marzo de 2003, el Alcalde de Medellín, Luis Pérez Gutiérrez, se reunió en la Cámara de Comercio de Medellín, sede el Poblado, con empresarios locales. Allí pasó por encima de su promesa de que los PC se venderían en un año, pues dijo que "los 200.000 computadores no se van a vender de aquí a diciembre", sino en los tres años que dura el contrato con la Hewlett Packard. Esa sola frase revela que las ventas no se estaban dando con la facilidad que, de manera tan firme, había dicho la Gerente Comercial, Laura Victoria Zabala. Y que también habían sido una ilusión los 150.000 computadores que Iván Correa daba como comprometidos con Fenalco, el Departamento de Antioquia, la Cámara de Comercio de Medellín y el Municipio de Medellín. Lo contradictorio es que Pérez dijo ante los empresarios que "hemos superado las metas" y como evidencia de ello indicó que se habían recibido 63.000 solicitudes y se habían rechazado 10.000.

En esos mismos días, la Gerente Comercial de EPM, Laura Victoria Zabala, le dijo al periódico La Chiva, de El Colombiano (edición del 20 al 26 de marzo) que "empezamos con las ventas el 2 de diciembre y hasta el momento tenemos 63.025 computadores pedidos y 34.052 ventas ejecutadas". Nótese que son, exactamente, las reportadas por la Gerente General en la respuesta al derecho de petición.

Lo delicado del asunto es que la señora Zabala efectuó una operación non sancta para proyectar un tremendo éxito del programa: sumó los pedidos con las ventas para llegar a una demanda de 97.077 paquetes.

La manipulación fue totalmente intencional, pues la funcionaría dijo con orgullo que "el proyecto prevé la Comercialización de 200.000

equipos en tres años y, según estas cifras, en tres meses ya se ha logrado vender el 77%. Con los pedidos (o sea con la cifra global de 97.077), el porcentaje sería el 48% de esa meta".

La suma es absurda, porque los pedidos se desgranan como una mazorca. Algunas solicitudes son aprobadas, otras rechazadas, unas más anuladas y otras se convierten en venta efectiva. Inclusive, ni siquiera todos los paquetes pendientes de entrega se cristalizan, porque técnicos de EPM que conocen del tema advierten que entre un 5 y un 10% de los clientes desisten, en algunos casos por los mismos problemas de logística que hay para las entregas.

Para responder a las críticas del escaso impacto social y productivo, la Gerente Comercial dio estas cifras que pretendían demostrar lo contrario. El artículo de la Chiva reza textualmente que "de los dueños de los 97.077 computadores comprados y pedidos, un 3.O3% pertenece al estrato 1, lo que equivale a cerca de 2.912 personas. Al estrato dos pertenece un 28.49%, cerca de 28.152 compradores, y el40.25% pertenece al estrato tres, más o menos38.830personas. Eso significa que un 71% ha sido vendido o pedido por los tres estratos económicos más bajos de la población, según Zabala".

Si esas eran las cifras en marzo, ¿por qué el 5 de mayo de 2003 la Gerente General de EPM, Edith Cecilia Urrego, le dijo al periódico El Mundo que "ya entregamos cerca de 40 mil equipos y estamos a punto de entregar otros 30 mil", sabiendo que con la curiosa operación de su Gerente Comercial, que sumó pedidos más ventas, los compradores habrían bajado de 97.077 a 70.000.

Si las cifras que ambas y el Alcalde entregaban públicamente eran las correctas, ¿por qué la Gerente General realizó el 22 de mayo de 2003 una rueda de prensa en la cual afirmó que "el programa de masificación de Internet no es un fracaso. Es todo un éxito y lo seguirá siendo", sabiendo que para entonces el total de pedidos sólo llegaba a 48.788, o sea 14.237 menos que los reportados por Edith Cecilia Urrego en la respuesta al Derecho de Petición y por Laura Victoria Zabala en el reportaje a la Chiva?

En la rueda de prensa del 22 de mayo de 2003, la Gerente Comercial estaba al lado de la Gerente General y le escuchó decir a su jefe que el plan de masificación era todo un éxito. Con el paquete de cifras a la mano, este periodista le pidió a Laura Victoria Zabala que lo atendiera unos minutos, para aclarar lo relacionado con los reportes que se estaban entregando.

La funcionaría aceptó, atendió al periodista en su oficina y ambos sacaron sus grabadoras para registrar el diálogo. De entrada se le hace notar la extraña suma del 20 de marzo y se le pregunta sobre el sentido de tal operación.

"Una cosa son pedidos y otra son ventas", respondió la Gerente Comercial.

¿Cuál es la diferencia?

*"Un pedido tiene que pasar por lodo un proceso, que
puede hacerse efectivo o no. De un pedido,
resulta una venta".*

¿Pero usted puede sumar pedidos con ventas?

"No, no, indudablemente que no".

Pero aquí la sumó para dar una cifra
de 97.077 paquetes.

"Ahí tiene que haber un error".

(Como el tradicional recurso es imputar el error
al periodista, consultamos a la redactara de La
Chiva, Ana Cristina Rivera, si había recibido alguna rectificación o aclaración sobre las cifras
del informe publicado en marzo. Su respuesta
fue negativa, de lo que se infiere que el pretendido "error" no fue más que una manipulación
de las cifras por parte de la funcionaría de EPM).
Si se mira el ritmo de las ventas se observa un
decaimiento en el promedio diario.

¿Con base en qué mira el ritmo de ventas?

Con base en las mismas cifras que usted maneja.

¿Por qué no lo comparamos con lo que se ha
vendido en computadores en el país?

Es decir, tenemos que hacer borrón y cuenta nueva: ¿las cuentas del 20 de marzo son erróneas?

"Yo no estoy hablando de cifras erróneas y no acepto que diga esa palabra. Estoy hablando que son dos cifras distintas, la una incluye proyecciones y las de hoy son cifras reales, porque decidimos no trabajar sobre proyecciones, sino de ventas efectivas, que por demás son demasiado buenas si se mira cuál fue el comportamiento de las ventas del simple negocio de computadores, donde sólo en Medellín hemos casi duplicado las ventas de computadores en un año".

¿Cuánto es el promedio diario o semanal de ventas que se tienen hoy?

"No sé decirte la cifra exacta, te la consigo y la digo por escrito".
(La cifra nunca llegó).

Cómo se va a hacer para dinamizar las ventas, dado que en el programa hay una alta incidencia del sector público.

"¿Qué es una alta incidencia?"

Al 1 de abril de 2003, de 16.971 pedidos corporativos, 15.506 (91.4%) correspondían básicamente a demandas del sector público y entre ellos habían 10.320 que son del Municipio, que a la vez son los adquiridos por la Fundación EPM con el dinero donado por las Empresas.

**¿Qué panorama tienen hoy los
clientes corporativos?**

"Para el segmento empresarial EPM apenas sacó su producto hace un mes, que fue el Internet de banda ancha, adherido al programa de masificación de Internet. ¿Qué se hace al empezar un programa: Uno, atacas el volumen masivo, que está concentrado en los clientes personales. Dos, vas subiendo y atiendes las pymes, que es parte fundamental de nuestra estrategia. De 24.400, aproximadamente, que se han vendido en el sector empresarial, solamente podemos estar hablando de los 10.300 de las escuelitas del Municipio".

Asumamos que las cifras de marzo eran ventas proyectadas. Al cotejarlas con las cifras reales significa que no se han cumplido los presupuestos que se tenían establecidos.

"Lo único que puedo decir es que, a la fecha, vamos con un cumplimento del 50% de la meta del año, que son 100.000, y de un cumplimento del 715% al 15 de mayo".

Si el comportamiento de las ventas es tan satisfactorio como lo acaban de reportar, ¿por qué no se hizo la actualización de precios seis meses después de iniciado el programa, tal como se había anunciado el 30 de septiembre?

"Porque EPM no tenía necesidad de hacer actualización de precios. Nosotros teníamos los forwards (operaciones de cobertura cambiaría) contratados

para los pedidos de los primeros seis meses, y no te-
nía necesidad de hacer cambio en el precio del dólar".

¿Y se tiene previsto sostener el
precio hasta cuándo?

"Esa es una información que no voy a
dar en este momento".

¿Pero no es una buena señal al mercado decir-
le compre antes de esta fecha en que
aumentarán los precios?

"Esa estrategia Comercial, de buena señal,
yo veré cuándo la doy".

Algo más que quiera agregar sobre este tema.

"Estamos muy contentos. Ha sido un programa de-
masiado exitoso, que las cifras lo demuestran. A mi
no me gusta hablar sino por cifras, datos y hechos, y
las cifras están ahí".

Esto dicen las cifras

Esas cifras, datos y hechos que tanto le gustan a la funcionaría, revelan una realidad totalmente contraria al pretendido éxito del programa de masificación.

Su salida de que las cifras de marzo eran proyectadas no tiene nada de imaginativo ni de creíble, sobre todo porque ni ella, ni la Gerente General ni el Alcalde así lo advertían ante la opinión pública. Con las evidencias que existen, los organismos competentes serán los encargados de juzgar la conducta de los funcionarios.

El asunto es que ni aún asumiendo que tales datos eran proyecciones, se podría afirmar que el plan de masificación es exitoso.

El cotejo se puede hacer a partir del plan de Negocios que aprobó la Junta Directiva a finales de agosto de 2003 y en el cual hay un reporte del avance del plan hasta el 14 de agosto. Entre lo que la Gerencia Comercial "proyectaba" en marzo y lo que le reportó a la Junta en agosto, sobresalen las siguientes diferencias:

Los compradores de estrato 1 cayeron de 2.912 a 1.277. Los compradores de estrato 2 bajaron de 28.152 a 9.437.

Los compradores de estrato 3 retrocedieron de 38.830

a 14.012. Y el total descendió de 97.077 a 59.176. Visto de otra manera, si la demanda del estrato 1 cayó en un 56%, la del estrato 2 bajó en un 66.5% y la del estrato 3 en un 64%, ¿de qué se pega EPM para hablar de una exitosa gestión del programa? Además, el informe que recibió la Junta consigna que al 14 de agosto se tenía un inventario de 12.315 máquinas. Y también que para esa fecha los presupuestos de ventas sólo se estaban cumpliendo en un 66% en el segmento residencial o masivo y en un 69% en el empresarial y corporativo.

BUSQUE LA VERDAD
(PAQUETES PEDIDOS Y VENDIDOS)

ESTRATOS	MARZO 20 DE 2003 GERENTE COMERCIAL	MAYO 22 DE 2003 GERENTE GENERAL	AGOSTO 14 DE 2003 INFORME A LA JUNTA
1	2.912 Pedidos + ventas	823 solicitudes - 608 aprobadas 215 en proceso	1.277 Aprobados + rechazados +en proceso + anulados
2	28.152 Pedidos + ventas	6.654 solicitudes - 4.877 aprobadas -1.777 en proceso	9.437 Aprobados + rechazados +en proceso + anulados
3	38.830 Pedidos + ventas	10.802 solicitudes - 7.417 aprobadas - 3.385 en proceso	14.012 Aprobados + rechazados +en proceso + anulados
Total general	97.077 compradores - 63.025 Pedidos -34.052 ventas	48.788 Pedidos - 37.841 ventas -10.947 en proceso	59.176 - 31.989 residencial - 23.635 Empresarial -2.835 filiales -717 plan nacional

Fuentes: Periódico La Chiva, 20 de marzo al 26 de marzo de 2003.
Gerente General de EPM, rueda de prensa del 22 de mayo de 2003.
Y plan de Negocios de masificación de Internet presentado a la Junta
Directiva el 19 de agosto de 2003.

La Contraloría cuestiona

Marzo de 2003 fue bastante movido, no sólo por los datos antes presentados, sino también por cuenta de un informe elaborado por un Grupo de Reacción Inmediata de la Contraloría General de Medellín, que incluyó como gran revelación que los computadores vendidos por EPM al 4 de marzo pudieron haber causado un detrimento fiscal de $1.405.720.928.

El ente de control también advirtió que el programa de masificación de Internet de EPM es un negocio atractivo sólo para el proveedor de los equipos, o sea la Hewlett Packard. Que estaba perdiendo su esquema de modernización social. Que era riesgoso colocar el grueso de los paquetes en los más pobres. Y que las Empresas no podían asumir la financiación de los paquetes, porque eso podría conducir a un detrimento fiscal.

Sobre estos temas se estructuró una especie de cara a cara entre lo resaltado por la Contraloría y las respuestas oficiales de EPM. Veamos.

Contraloría: Al subvencionar la financiación de los paquetes de masificación se puede haber incurrido en un posible detrimento fiscal por $1.405.720.928. Presuntos responsables: la

**Junta que aprobó el supuesto de la oferta Co-
mercial. La Gerente Comercial, por la adopción de indebidas estrategias de negocios. Y
los gerentes Generales que firmen los contratos en esas condiciones.**

*Empresas Públicas: EPM encontró viable financie-
ramente el programa y no entiende de dónde podría
deducirse un supuesto detrimento patrimonial. El
plan de Negocios es a seis años y en relación con ese
periodo son evaluables sus resultados.*

**El Alcalde Luis Pérez fijó la cifra de 200.000
computadores, EPM se ajustó a la misma y se
comprometió en un riesgo difícilmente mane-
jable como es no vender todos los paquetes.
La Junta aprobó inicialmente, el 25 de septiembre de 2001, la compra de hasta 200.000
equipos, pero luego se cambió por suministro
de 200.000 PC, volviendo el negocio atractivo
y rentable sólo para el proveedor de los equipos. ¿Quién definió ese cambio?**

*R. Los órganos de dirección tomaron las decisiones
en el momento en que se debieron adoptar y las cifras
fueron definidas con la información de mercado que
se manejaba en las Empresas y los estudios que rati-
ficaron dicha cantidad.*

**Si el potencial de ventas en los estratos 1, 2 y 3 es de
97.988 paquetes, podría darse una presunta violación
al derecho a la igualdad al conceder subsidios a los
primeros 20.000 compradores de esos estratos.**

R. Los actos administrativos, como el Acuerdo 35 de 2002, gozan de la presunción de legalidad, la cual sólo puede ser desvirtuada mediante el debido proceso ante la Jurisdicción Contencioso Administrativa. En tres meses de iniciadas las ventas se habían colocado en estos estratos 12.325 paquetes, las cuales no habían recibido subsidio porque el Acuerdo no había sido reglamentado.

El 75% de las ofertas serán para el sector residencial y un 65% de las mismas corresponden a los estratos 1, 2 y 3. Siendo un proyecto de modernización social, esas proyecciones son un factor de riesgo, por la baja capacidad de ahorro de las familias.

R. No es cierto que los estratos bajos constituyan un factor de riesgo para el programa. EPM está convencida de que hay que establecer mecanismos para permitir el acceso de estos estratos a instrumentos necesarios para el desarrollo económico y social.

La población objetivo cambió. El residencial pasó del 75% al 35% y el no residencial subió del 25% al 65%, con lo cual se pierde su esquema de modernización social.

R. Las ventas en el sector residencial indican lo contrario. La población objetivo del programa no ha cambiado, por cuanto la misma corresponde a la estrategia adoptada, teniendo en cuenta la naturaleza y calidades de sus diferentes clientes.

Tiende a desnaturalizarse el concepto de masificación. Al 4 de marzo, de 27.307 paquetes entregados, 14.224 fueron adquiridos por la Administración Municipal y 13.083 quedaron en el sector residencial y en empresas del sector privado. Además, no ha aumentado el número real de usuarios. Los PC vendidos son reposición de equipos o aumento de máquinas en clientes y usuarios ya existentes.

R. Un alto porcentaje de los adquirientes está en los estratos 1, 2 y 3, pero los demás estratos, al igual que los sectores empresariales y pymes, también tienen acceso a él. A la fecha (mayo 7 de 2003) más de 20.000 paquetes han sido colocados en clientes diferentes al Municipio.

El negocio de Internet le ha dado pérdidas a EPM, cobrando tarifas plenas. Reducir la tarifa para el plan de masificación necesariamente influiría en la viabilidad financiera del negocio y se podría hablar de un presunto dumping (venta por debajo del costo).

R. No se ve que pueda ser inviable el negocio, porque con la navegación en Internet se optimiza la infraestructura de acceso conmutado y en el tiempo se tendrán más clientes, con lo cual bajarán los costos por usuario. No es pertinente hablar de dumping, práctica desleal en el comercio internacional.

Por decisión unilateral de la Gerencia Comercial, y sin estudios previos o estrategias de

**mercadeo, se aumentó el primer pedido de
20.000 computadores a 39.000.**

*R. El pliego de condiciones establece que el contra-
tista deberá tener en cuenta que la orden de pedido
inicial no significa que esa es la cantidad que deberá
suministrar hasta cuando ponga en funcionamiento
la planta de ensamble.*

**No se inició en forma previa la fase de sensi-
bilización, para crear conciencia de sus bondades en la comunidad.**

*R. No es cierto. Las actividades en materia de sensi-
bilización y capacitación se adelantaron desde mucho antes de acometer las acciones del programa y se
han ejecutado con entidades públicas y privadas.*

¿Cuánto se gana o se pierde?

Aunque Luis Pérez ha sido el actor principal en el negocio de la masificación de Internet, es el único que parece sentirse en piedra o a salvo cuando se habla del presunto detrimento patrimonial causado por la venta de computadores. De hecho, el mandatario le dijo el 30 de abril de 2003 al periódico El Mundo, que "no hay ningún detrimento al patrimonio de EPM con este programa, tenemos todos los documentos firmados por todos los técnicos, donde se ve que efectivamente es un proyecto económicamente muy viable y donde, sin contar las externalidades sociales, que es para mi lo más importante,

siempre se está ganando dinero".

¿Será que no cuentan, para nada, las declaraciones públicas de Pérez respecto a este programa, en el sentido de que "no me importa si EPM pierde $20 o $30, porque el poder de este municipio es la gente? ¿Tampoco son importantes sus afirmaciones al periódico La Metro, de El Mundo, el 3 de febrero de 2003, cuando resaltó que para los pobres el computador se ha convertido en el nuevo Corazón de Jesús y que "si a mí me dejaran yo les regalaría a las familias de estrato 7 y 2 los computadores y que pagaran con un examen donde me demostraran que saben y practican en el equipo'? ¿0 qué decir de su aseveración, al mismo medio, de que "EPM va a ganar en el proyecto, pero si allá fueran mejores empresarios perdían más al principio, porque lo que estamos haciendo es acostumbrando a la gente lo más rápido posible a que consuma internet y se globalice con el mundo'? Estimulados por la frase del Alcalde de que "EPM va a ganar en el proyecto", el 24 de julio de 2003 se envió un Derecho de Petición a la Gerente General de EPM, Edith Cecilia Urrego Herrera, con algunas preguntas como las siguientes que buscaban acercarse a la realidad de lo indicado por el mandatario.

6. ¿Cuáles son los costos, cuáles son los ingresos y cuál es la utilidad neta que obtiene EPM en cada paquete de masificación que vende con computador Básico, Plus Home y Plus Profesional en los estratos 1,2,3,4, 5 y 6? ¿Cómo se comportan esas ganancias en 2004 y en el 2005?

7. ¿Cuánto se recupera del costo del servicio de Internet y del costo de la tarifa plana de comunicación telefónica?

8. ¿Cuánto deja de percibir EPM al asumir el costo de la financiación de los 200.000 paquetes de masificación? ¿Cómo compensa ese dinero?

9. ¿De qué magnitud es el beneficio económico previsto por EPM con la masificación de Internet y cuál, también, el beneficio social que espera alcanzar?

La respuesta de la Gerente General llegó el 14 de agosto de 2003 y en la misma indicó que "sobre los numerales 6, 7, 8, 9, nos permitimos anotar que la desagregación de los datos solicitada en estos numerales hace parte de información estratégica propia del plan de Negocios del programa, cuya esencia es el manejo adecuado de la tarea Comercializadora en condiciones de competencia. Como es comprensible la desagregación de la información estratégica tiene que estar en las manos de quienes están vinculados con el programa y comprometidos con su éxito".

Si oficialmente no se podía establecer cuánto se ganaba, no estaba por demás acudir al Contralor General de Medellín, Óscar Giraldo Jiménez, para observar si se había profundizado en el tema de las pérdidas y, sobre todo, si su advertencia seguía vigente o, por el contrario, EPM había logrado demostrar que no hay el presunto detrimento fiscal.

El Contralor respondió el 6 de agosto de 2003 un Derecho de Petición. Se ratificó en las pérdidas que había dado el programa. Anunció que el Grupo de Reacción Inmediata analizaría el negocio de EPM Net. Y dijo que cotejaría con la administración de EPM unos datos que el periodista le envió sobre pérdidas de mayor magnitud en el negocio de masificación de Internet. Estas fueron las preguntas del periodista y las respuestas del Contralor:

En un reciente informe de Auditoría al programa de masificación de Internet de EPM, la Contraloría General de Medellín manifestó que "se puede haber incurrido en un posible detrimento fiscal por $1.405.720.928, resultado

de multiplicar los dineros no recuperados por la venta del PC y la cantidad de PC's vendidos por estrato a 4 de marzo de 2003".

Según las cuentas de la Contraloría, el valor no recuperado por PC va de $126.062 en el caso del estrato 1 hasta los $142.575 en los estratos 4, 5 y 6. Esto me sugiere varios interrogantes:

1. EPM vende paquetes de masificación, en los cuales se incluye el costo del servicio de Internet y el costo de la tarifa plana de comunicación telefónica. ¿El cálculo de la Contraloría es por PC o por paquete?

Contralor: *"El cálculo efectuado por la Contraloría obedece a los PC vendidos en los diferentes estratos con corte al cuatro (4) de marzo de 2003".*

2. ¿Se reafirma la Contraloría en esos resultados financieros del plan de masificación?

R. *"Para la Contraloría General de Medellín el posible detrimento fiscal a la fecha del informe, es de $1.405.720.928 según lo ejecutado por el programa por parte de Empresas Públicas de Medellín".*

3. ¿Si EPM vendiera en esas condiciones los 200.000 paquetes de navegación, de cuánto sería la pérdida que le ocasionaría el programa de masificación de Internet? ¿Cuánto invierte EPM en este programa y esa pérdida qué porcentaje representaría de los costos y de la inversión realizada o que se planea realizar?

*R. "El ejercicio del control fiscal consagrado en la Cons-
titución Política, establece que éste se ejercerá en forma
posterior y de manera técnica, objetiva e independiente:
por lo tanto, los detrimentos son valorados en hechos
ocurridos. Por ello, no es dable para este órgano de control referirse a pérdidas proyectadas, las cuales no pueden tratarse como detrimentos patrimoniales.*

*Las Empresas Públicas de Medellín suscribió el con-
trato 050415024 con la firma Hewlett Packard de
Colombia Ltda. por US\$112.516.000, para la ad-
quisición y servicios asociados de 200.000 computadores. Con relación al porcentaje de la pérdida
patrimonial en referencia a la inversión, queremos
expresarle que dicho cálculo no es técnico efectuarlo
por parte de este Ente Fiscalizadorr, toda vez que
los desembolsós efectuados por Empresas Públicas
de Medellín a la firma contratista, son pagados a la
Tasa Representativa del Mercado (TRM) de la fecha
de cobro de cada pedido: por lo tanto, la inversión en
equipos está sujeta a dicha variación.*

*Adicional a lo anterior, es preciso tener en cuenta
que los costos de operación y de inversión en infraestructura son rendidos oficialmente por parte de la
administración a este Órgano de Control, para el
negocio de EPM Net y no en forma detallada para el
programa de masificación de Internet".*

**4. De fuentes extraoficlales de EPM he recibido
unos cálculos según los cuales las pérdidas son
mucho mayores a las estimadas por la Contraloría. Según el documento que anexo, un paquete
básico vendido en el estrato 1 le significaría a las
Empresas una pérdida de \$763.915. En el extre-**

mo está el caso del estrato 6, en donde la pérdida para ese mismo paquete básico sería de $130.407. Las cifras son tan graves, que le remito copla del ejercicio a usted, señor Contralor, para que sean analizados por su grupo de investigadores. Aunque sus expertos deben tener el plan de Negocios del citado programa, de todas maneras le hago llegar apartes de un documento de la UEN Comercial de EPM que contiene información sobre tarifas, plan de ventas, ingresos, inversiones, costos y resultados MEP, todos ellos vitales para que sus analistas puedan efectuar una revisión de la rentabilidad del programa de masificación y notificarnos de sus hallazgos.

R. "La documentación soportada por usted, será confrontada en forma oficial con la administración, y a su vez se remitirá a la Dirección de Responsabilidad Fiscal y Jurisdicción Coactiva de la Contraloría General de Medellín, a fin de permitir que la misma obre como medio probatorio en las diligencias fiscales, tendientes a determinar la presunta responsabilidad, y que actualmente se encuentra en la etapa de investigación preliminar".

5. ¿Qué acciones puede realizar la Contraloría para a: evitar un presunto detrimento patrimonial mayor, en caso de que su análisis siga vigente o que sus asesores confirmen la mayor pérdida que arroja el ejercicio que le remito. Y b: qué acciones ha emprendido su despacho en relación con el detrimento patrimonial que según el informe de Auditoría se habría producido por

**la acción y dirección de los órganos de adminis-
tración de EPM y del Municipio?**

*R. "Este despacho a través del Grupo de Reac-
ción Inmediata, retomará la evaluación del negocio de Internet de Empresas Públicas de Medellín (EPM Net), el cual incluye el programa
de masificación de Internet, con el fin de determinar la viabilidad financiera del negocio.
Con relación a las acciones efectuadas por este
Despacho, le informo que el resultado de auditoría fue remitido a la Dirección de Responsabilidad Fiscal y Jurisdicción Coactiva; igualmente,
se elevó control de advertencia por la ejecución
del proyecto a la administración.
Finalmente, agradezco su participación en torno a la
defensa del patrimonio público, la cual redunda en beneficios para la construcción de una mejor ciudad".*

¿Se dañará el negocio?

En un contexto como ese, marcado por las presuntas pérdidas económicas del programa de masificación de Internet y el incumplimiento de las metas de ventas por parte de EPM, el Alcalde de Medellín salió el martes 26 de agosto a dar una noticia que dejaba en puntos suspensivos el millonario contrato firmado con la Hewlett Packard: si el 13 de septiembre la HP no respondía con la ensambladora con el 100% de los requisitos técnicos, se aplicarían las mullas necesarias y se buscaría otro proveedor de los equipos.

La notificación se hizo a través de los medios de comunicación, porque voceros de la HP le manifestaron a El Colombiano que no habían recibido oficialmente el ultimátum.

La alta gerencia de EPM debió quedar muy preocupada con el tema, porque Pérez aprovechó de nuevo la ocasión para salvar su responsabilidad. Según la noticia publicada el 27 de agosto por el diario El Mundo, el mandatario señaló que "por una ley absurda el Alcalde estuvo más de año y medio por fuera de la Junta y todos los informes técnicos no le llegaban, pero ahora que he podido ingresar hemos tomado los asuntos más cruciales de Empresas Públicas y en eso vamos a ser inflexibles"∎

LA FUNDACIÓN DE BOLSILLO

Dentro de la estrategia de manejo de las Empresas Públicas de Medellín como "caja mayor", que no menor, del Municipio, hay un instrumento que fue utilizado por Pérez y los directivos de EPM para tributar menos. Se trata de la Fundación EPM, de la que también se echó mano para darle salida al colgado programa de masticación de Internet.

La historia comenzó el 13 de julio de 2000, cuando Empresas Públicas de Medellín aportaron $90 millones para posibilitar el nacimiento de la Fundación EPM. En los 20 meses siguientes no giró un solo peso y la entidad, de naturaleza privada y sin ánimo de lucro, se autocosteó con sus rentas: parqueaderos del Parque de los Pies Descalzos y el arriendo de los locales Comerciales allí ubicados.

En el 2002 hubo un cambio total. Según informes de la Contraloría General de Medellín, entre el 20 de marzo y el 17 de diciembre (en 9 meses), Empresas le autorizó aportes a la Fundación por $71.467 millones. La Fundación, por su parte, reportó haber recibido, efectivamente,

$42.467 millones. Para EPM, los
$71.467 millones aprobados en donaciones eran
poco representativos, sobre todo si se cotejaban con los 11.4 billones de pesos que el grupo empresarial reportó en activos al final del año 2002. De hecho, en términos porcentuales esa donación equivalía al 0.6% de sus activos.
Parecería poco relevante. Sin embargo, con ese aporte se pudo haber cubierto uno de los pagos que, según EPM, debilitó la generación de utilidades netas en el 2002, como fue el Impuesto de Seguridad Democrática. El tributo le cuesta $71.487 millones, osea escasos $20 millones más que lo donado a la Fundación. Otras relaciones podrían ser igualmente ilustrativas. Antes de algunos ajustes, EPM reportó para el 2002 una ganancia neta de $239.167 millones, de lo cual se infiere que lo aprobado como donación a la Fundación equivalía al 29.8% de la utilidad final de las Empresas.
Por fuera de la organización, $71.467 millones es un dineral. Esa suma es suficiente para edificar y regalarles a los más pobres 4.472 viviendas de interés social, de valor unitario de $16 millones. También alcanzan para pagar durante un año a 17.961 trabajadores que devenguen un salarlo mínimo, de $332.000 mensuales.
Detrás de esas cifras gordas hay una inquietante historia.
Ana Cristina Márquez, directora de la Fundación EPM, no sabe cómo fue que la Junta Directiva de Empresas Públicas de Medellín le aprobó una donación de hasta $40.000 millones el 17

de diciembre de 2002 y de los cuales le giraron
$30.000 millones antes de finalizar ese año.
Su desconcierto es explicable. Nadie en su
entidad había elaborado un proyecto que
sustentara el millonario aporte. Y nadie, tampoco, había vislumbrado que la Fundación
podía terminar comprometida en la tarea que
le pusieron: comprar computadores, servicios
de telecomunicaciones y dotación de salas de
Internet para destinarlas a escuelas y hospitales que hagan parte del sistema de educación
y de salud de Medellín y Antioquia.
La funcionaría llegó al cargo en marzo del 2001
y, desde entonces, ha luchado para que no la
vean como la directora del Museo Interactivo
EPM. Ella Quiere jugársela toda a la promoción
de la educación, la ciencia y la tecnología. Por
eso, ha pasado largas jornadas con los encargados de la planeación tributaria de las Empresas para convencerlos de este gana-gana: EPM
le hace donaciones a la Fundación para obtener
beneficios fiscales y ella, con esos dineros, apoya a la comunidad estudiantil que tanto ha visto desfilar por el Parque de los Ples Descalzos.
No obstante, a ciencia cierta, no sabe cómo se
dieron las cosas para que la Fundación termina-
ra ligada al programa de masificación de Internet. "Nadie se esperaba eso. Yo creo que a todo
el mundo le llegó un poco de sorpresa", afirmó.
Igual desconcierto mostró la abogada asesora,
Natalia Gutiérrez, quien afirmó que "a nosotros
nos llegó una plata con una destinación espe-
cífica". Ninguna de las dos, sin embargo, se ha

puesto a indagar los intríngulis.

En lugar de ello, trabajaron desde enero de 2003 en la elaboración de un documento que pusiera el proyecto en blanco y negro, para presentárselo a la Gerente General de las Empresas, Edith Cecilia Urrego.

El tiempo apremiaba. La misión que le encomendó la Junta de EPM a la Fundación está consignada en el acta 1395 del 17 de diciembre de 2002: que con un aporte de hasta $40.000 millones, "la Fundación Empresas Públicas de Medellín adquiera computadores, servicios de telecomunicaciones y dotación de salas de navegación que se requieran dentro del Programa de Masificación de Internet, los cuales deberán ser destinados a la dotación de escuelas y hospitales que hagan parte del sistema de educación y de salud de Medellín y de Antioquia".

Lo sustancial se conserva, pero con algunos cambios. Por ejemplo, ya no se le apuntaba a la red de hospitales. Ahora el énfasis estaba en instalar 432 salas de navegación en los colegios, con un máximo de 21 computadores por centro educativo. La iniciativa salió de EPM y la entidad era la que, en la práctica, controlaba su desarrollo.

Para efecto de la dotación de las salas, que incluye desde la adecuación de los locales hasta el montaje de los equipos conectados en red, la Fundación firmó el 25 de marzo de 2003 un contrato de colaboración integral con las Empresas.

El espíritu del convenio lo resumen estas palabras de la abogada asesora: "EPM nos está gerenciando, pero obviamente Ana Cristina firma todo lo que ellos proponen".

El contrato, identificado como Acta de Ejecución N° 3, así lo corrobora, pues EPM se compromete a "elaborar el cronograma de actividades y presupuestos para la dotación de salas en red de los centros educativos de Medellín del programa de masificación de Internet; a suministrar el nombre de las personas o entidades que puedan realizar o ejecutar los respectivos trabajos y que podrían participar en los procesos de contratación; a elaborar los términos de referencia para los procesos mediante los cuales la Fundación contratará la ejecución del programa de dotación de salas en red; a llevar a cabo el estudio de las propuestas recibidas para todos y cada uno de los contratos a celebrar por la Fundación, y hacer la recomendación para seleccionar a los mejores proponentes y a realizar la Interventoría de los contratos que suscriba la Fundación".

Adicionalmente, se establece que la Gerencia Comercial, la Unidad Estratégica de Negocios de Telecomunicaciones y la Dirección Administrativa de las Empresas, "asesorarán a la Fundación en los aspectos técnicos derivados de los respectivos contratos, mientras dura la ejecución del proyecto". Por asumir todas esas funciones la Fundación le pagará a EPM 290 millones de pesos.

La directora de la Fundación afirmó que el programa se ejecutará en el 2003 y que las primeras 31 salas se instalarían en mayo en centros de formación media técnica.

No obstante, al momento de la entrevista (abril de 2003) reconoció que aún no estaba definido un aspecto vital: ¿quién se ocupará del mantenimiento de las salas y pagará el servicio de Internet? En principio se pensaba que debía ser la Secretarla de Educación Municipal, a la que la Fundación le donaría las salas y de la que también esperaba que se ocupara de la capacitación.

En cuanto a los paquetes de navegación, la abogada sostuvo que la Fundación podía comprárselos directamente a las Empresas Públicas. "Nosotros somos privados y no estamos por Ley 80 ni nada. Podemos contratar con EPM los paquetes sin necesidad de una licitación pública", afirmó.

Al preguntarle a la directora de la Fundación si era su responsabilidad decir a quién le compraba o no los paquetes de navegación, ésta respondió "si, yo manejo el presupuesto, pero mal haría en contratar con otro, si tengo una casa matriz. Yo supongo que ellos hicieron el mejor negocio y que ahí los tienen".

¿Y no les preocupa que a nivel externo se genere la sensación de que hay ahí un proceso de autocompra?

"Para nosotros no lo hay", respondió la abogada. "Ya hemos pensado en eso, agregó la directora. Es que, ¿quién es tu proveedor de Internet que sea confiable, que podamos fregar todo el día y que sea pariente de nosotros, que esté metido en Medellín y que le duela la ciudad. ¿Cuál va a ser? Yo he visto las cosas que tenemos en Bogotá. Sí, son terceros, puede que a precios muy buenos. Pero, ¿les duele?".

"Como abogada externa voy a decir una cosa: ¿por qué dio EPM la donación? No sé. Pero la destinación es buena y eso es lo que ve la Fundación, que a la ciudad le hacía falta dotar salas en red. Es una oportunidad buenísima y grandísima para hacerla. A nivel de nuestro objeto social es perfecta".

Por partida doble

El anterior modelo se replicó con el Parque de los Deseos, un proyecto creado e impulsado por la Fundación, pero cuya financiación y ejecución corría también a cargo de las Empresas Públicas de Medellín. La obra, que se construye junto al Planetario Municipal y a la Estación Universidad del Metro de Medellín, partió del reconocimiento de una realidad: al Parque de los Ples Descalzos no estaba llegando la gente de los barrios del Norte de la ciudad.

El nuevo parque se concibió como un espacio llamado a popularizar la ciencia y la tecnología entre todos los medellinenses.

De lo donado por las Empresas Públicas en el 2002, la Fundación EPM destinó a esta obra $10.359 millones y en el 2003 tendrá que inyectarle $4.140 millones adicionales.

En total, son $14.499 millones de Inversión.

En el 2002 generó 63 empleos directos y para el siguiente el número aumentó a 349 directos. Se estimó que el potencial de visitantes es cercano a las 380 mil personas por año.

Aquí también se repitió el modelo de ejecución de las salas de informática: Empresas Públicas de Medellín hizo la donación. La Fundación firma un contrato con EPM, esta vez por $89 millones "y la Unidad de Edificios de EPM nos hace toda la labor, desde los diseños hasta la construcción. Lo único que nosotros ponemos son las premisas que soñamos con los expertos. En lo otro, nosotros dejamos que ellos hagan todo ese gerenciamiento", anotó la directora de la Fundación.

Fuentes de la alta dirección de EPM indicaron que la Junta de la entidad sí sabía lo que estaba haciendo con las millonarias donaciones a la Fundación: respaldaba un proyecto educativo de la Alcaldía, se ganaba un beneficio tributario y le daba salida a más de 10.000 paquetes de su programa de masificación de Internet, que le comprarían con la misma plata que estaba donando.

La versión recogida por El Colombiano indica que como parte del Plan de Desarrollo, desde hace más de un año el Municipio le venía trabajando al proyecto de conectar a las redes de escuelas y hospitales públicos.

Para ello contaba con recursos limitados y no había dimensionado bien el reto que ello implicaba. Aprovechando un convenio marco que tienen firmado, el Municipio le pidió a las Empresas que le sacara cuentas a la intención del Alcalde de dotar unas salas piloto de navegación de Internet en escuelas públicas de estrato 1 y 2, cuyo plan de trabajo estaba liderando la Secretaría de Educación.

Un primer sondeo efectuado por EPM y Emtelco, encontró que de 457 escuelas de la red pública apenas en dos se podían instalar los equipos. En el resto había que hacer trabajos que van desde construir las salas de navegación, hasta robustecer las líneas eléctricas, cambiar cables, llevar fibra óptica. Como el presupuesto del Municipio no daba para tanto, entonces se acudió al siguiente esquema de financiación.

Primero, EPM se aprovechaba de una exención que estaba a punto de eliminar la reforma tributaria efectuada el año anterior. La misma establecía que donaciones realizadas específicamente para dotar escuelas y hospitales de la red pública, daban un descuento tributario equivalente al 60% de lo aportado. Es decir, de los $40.000 millones donados, podía tener un alivio fiscal equivalente a $24.000 millones, que era tanto como decir que el Estado colombiano se hacía socio, en esa cuantía, del programa de masificación de Internet. De lo autorizado por Junta, EPM giró realmente $30.000 millones y recibió un alivio fiscal de $18.000 millones, equivalente al 60% de lo donado.

Segundo, al restante 40% de la donación, que son $12.000 millones, también le sacó partido. En virtud de un acuerdo con el Municipio, éste se comprometió a inyectarle a la Fundación EPM esos $12.000 millones, para vincular a más niños al programa Una aventura por mi ciudad, una jornada pedagógica orientada a crear sentido de pertenencia por Medellín entre los niños de la básica primaria. De ese dinero, la Fundación había recibido al mes de abril $6.000 millones de pesos.

Tercero, los paquetes de navegación que la Fundación le compraría a EPM son los mismos que las Empresas contabilizan dentro del plan de ventas del programa de masificación de Internet bajo el nombre del cliente "Municipio- Secretaría de Educación". A la fecha de la investigación, del total de pedidos de clientes corporativos, que eran 16.971, los que compraría la Fundación representaban 10.320, o sea el 61%.

Jorge Iván Carvajal, secretarlo General de EPM y gerente encargado, indicó que la donación a la Fundación se aprobó y se perfeccionó de acuerdo con los procedimientos tributarios. Para obtener esos beneficios fiscales las salas de navegación no se pueden instalar en colegios, sino en escuelas y hospitales de la red pública. Como el concepto de escuela ha evolucionado, la DIAN les resolvió el asunto diciéndoles que son establecimientos de 1° a 5o de primaria.

Para el funcionario, para EPM y para el Municipio está claro que una vez entregadas las salas a la Fundación, ésta se las entregará a la Secretaría de Educación, que se ocupará del mantenimiento y del pago de la impulsación que demanda el Internet. El papel de las Empresas irá hasta las garantías que da en su programa de masificación de Internet.

"Nosotros, dijo Carvajal, necesitamos que cada rector de escuela nos firme el recibido a satisfacción, porque es la única manera de que la DIAN nos dé el beneficio tributario" ∎

TARIFAS: UNA BURLA SOCIAL

Definitivamente, hay formas de presentar las cosas y de manipular a la opinión pública. Eso ocurre con los datos oficiales de EPM sobre los resultados de su estrategia de abaratamiento de los servicios públicos, a través de los descuentos Comerciales y la congelación de tarifas.

De entrada, las Empresas sorprenden al ciudadano indicándole que un total de 789.307 clientes residenciales, que engloban a una población de 3.1 millones de personas, se ahorraron en el 2002 $24.749 millones con la estrategia de congelación de tarifas.

La cifra no incluye los subsidios no compensados para los estratos 1,2 y 3, y se desglosa de la siguiente manera: $7.379 millones en el servicio de energía (24 municipios), $9.136 millones en los de acueducto y alcantarillado (10 municipios), y $8.234 millones en telecomunicaciones (18 municipios).

Siendo aún Gerente General de EPM, Iván Correa Calderón expresó que el alivio "es resultado no sólo de la eficiencia en la gestión de la organización, sino del buen comportamiento de la comunidad que, optimizando los beneficios de la congelación, logró mantener y en muchos casos disminuir sus consumos para generar un ahorro significativo en el valor de sus facturas". De la mano con esta estrategia Comercial EPM se consolidó, según el directivo, como la empresa de servicios públicos domiciliarios con las tarifas más baratas del país, fruto de una política administrativa que produjo beneficios de doble vía: "por un lado protegió los mercados y la solidez financiera de la entidad al evitar el crecimiento de la cartera y el deterioro en los consumos y, por otro, se tradujo en una importante respuesta a la coyuntura económica de sus clientes al conjurar posibles situaciones de corte y suspensión de servicios, y lo remediar casos de este tipo brindando soluciones como las del Plan Reconéctese". Entre las consideraciones de este último plan estaba la reducción real del 30% en los ingresos de los usuarios de la entidad.

Otra mirada

Si usted es un usuario de estrato 1 de las Empresas Públicas de Medellín (EPM) y en el 2002 pagaba un promedio mensual de $31.732 por su cuenta de servicios energía, teléfonos, acueducto y alcantarillado, seguramente se estaba ahorrando cada mes hasta $12.571 frente a lo que pagaba una familia de su mismo estrato en Bogotá.

Si estaba ubicado en el estrato 3, su cuenta promedio de $77.738 resultaba ser inferior en $32.294 a la que le cobraban en la capital de la República a familias de su mismo perfil.

Y si pertenecía al minoritario grupo del estrato 6, su cuenta de $215.207 mensuales era $104.230 más baja que la cancelada por la clase alta bogotana. Fenómenos como estos se presentan porque según Iván Correa Calderón, la entidad sí tenía para la época las tarifas de servicios públicos más bajas del país, una afirmación que acompañaba con un ejercicio que le hicieron sus técnicos y en el cual se cotejaron las facturas agregadas de los servicios públicos domiciliarios de energía eléctrica, telefonía básica, acueducto y alcantarillado.

"Este resultado se ha alcanzado no sólo en razón de la eficiencia que tradicionalmente han tenido las EPM en el desarrollo de su infraestructura, sino además, como producto de la aplicación de la política tarifaría diseñada por la actual administración", expresó por escrito el funcionario ante una pregunta formulada a través de un Derecho de Petición.

Al mirar por separado cada servicio, Correa Calderón manifestó que en el caso de la energía eléctrica las EPM presentan las tarifas más bajas del país entre todas las empresas distribuidoras y Comercializadoras de energía, lo que refleja su eficiencia en estas actividades.

En el caso de la telefonía pública básica, la meta de tener las tarifas más bajas se logró el septiembre de 2001, "en virtud de la política de congelación de la indexación, y los aumentos que realizaron las demás empresas del país. En particular, en ese mes las tarifas de EPM alcanzaron a las de ciudades como Bucaramanga y Cali".

En cuanto al servicio de acueducto y alcantarillado se hizo notar que la comparación directa de las tarifas se dificulta por las diferencias entre los sistemas, en aspectos como la topografía, topología, distancias a las fuentes de agua, el desarrollo de los sistemas de colección, transporte y tratamiento de aguas residuales. El directivo anotó que "debe recordarse que Medellín dispone hoy de la infraestructura de saneamiento de aguas residuales más avanzada y de mayor cobertura en el país, además de altos niveles de calidad y cobertura en su sistema de captación, transporte y distribución de agua potable, pese a lo cual sus tarifas pueden compararse con las de otras ciudades".

Un cuadro entregado por Correa Calderón deja ver cosas interesantes.

Cuando una ciudad se va a comparar con otra lo usual es tomar como modelo o punto de referencia a Bogotá. Al hacerlo así, se nota cómo la política tarifaría de las Empresas termina beneficiando más a una familia de estrato 6 que a una de estrato 1.

El cliente de menores recursos de las Empresas paga, como se ha dicho, una cuenta promedio de $31.732. En Bogotá, una familia con este mismo estrato 1 cancela $44.303. Es decir, al cliente de EPM le sale $12.571 más barata la factura y eso en términos porcentuales equivale al 39.6% de su obligación mensual.

El de estrato 6, por su parte, se beneficia de una tarifa que en Medellín es 48.4% más barata que en Bogotá. Mientras aquí el valor facturado para las familias de mayores ingresos es de $215.207 en promedio mensual, en el ombligo político y administrativo del país la cuenta sube a $ 319.437.

Del mismo cuadro se colige que para una familia local de estrato 2 sus tarifas son un 46.7% más blandas que en Bogotá. La industria y el comercio también gozan del beneficio, pues, en su orden, cancelan un 34.4% y un 39.5% menos que sus colegas de la capital.

No sintieron el alivio

Aunque las tarifas de EPM son las más bajas del país, según análisis de la propia entidad, eso tampoco implica que para los usuarios de menores ingresos resulte cómodo hoy en día el pago de las facturas.

Así lo constató, y por partida doble, el periódico El Colombiano. Una primera encuesta la realizó entre 152 personas de los estratos 1, 2 y 3, durante los días 17, 18 y 19 de julio de 2002.

Los resultados dejaron mucho qué desear.

Aunque el 96.1% de los entrevistados dijo haber mantenido bajo control el consumo de sus servicios públicos desde el 2001 hasta julio de 2002, eso no les adelgazó el monto de la obligación mensual.

Al contrario, el 78.3% de las familias consultadas expresó que su cuenta era más cara que en enero del año 2001.

Así mismo, el 31.6% de los encuestados expresó que en pagar los servicios públicos se les iba entre el 21% y el 30.9% de sus entradas o ingresos mensuales.

Un 17.2% de los entrevistados tenía que destinar a ese ítem de la canasta familiar entre el 31% y el 40.9%, mientras que un 11.8% dijo que los servicios les comprometían del 41% al 50.9% del presupuesto.

Finalmente, frente al controvertido tema de la congelación de las tarifas, que EPM aplicó entre abril del 2001 y abril del 2002, sólo el 34.9% manifestó haber tenido un alivio real en el valor de sus servicios. Un 11.2% no respondió o no recordaba. Y, por último, un 53.9% señaló que no tuvo tal beneficio.

Tales resultados no debieron causar mayor sorpresa en las Empresas.

Bajo la coordinación de la gerente Comercial de EPM, Laura Victoria Zabala, se reunió el 21 de junio de 2001, en la Sala Anexa Norte del piso 12 del Edificio Inteligente, una "Comisión de Alivio y deudores morosos".

Después de las deliberaciones de rigor, la comisión encabezó así sus conclusiones: "el plan de alivio es bueno, pero quizás insuficiente. El problema no es de tasa de interés ni de plazos. Es la falta de capacidad de pago o desempleo, prueba de ello es el tiempo promedio al cual se han acogido al plan de alivio los deudores, que en promedio es de 17 meses, cuando tienen la opción hasta de 36 meses. Además, las tasas de financiación y condiciones ofrecidas son sumamente competitivas con respecto al resto del sector".

Por aquel entonces, 729.560 instalaciones tenían una deuda con EPM por valor total de $120.980 millones. De ese total, 92.377 instalaciones tenían más de tres meses de mora o atraso y el saldo de sus obligaciones ascendía a $49.568 millones.

Adicionalmente, en el período enero-junio del 2001 se contabilizaron 90.378 reconexiones fraudulentas, con un promedio mensual de 15.063. El 44% de esos ilícitos se cometía en el estrato 2, un 20% en el estrato 3 y un 19% en el estrato 1. Hasta el estrato 5 se le medía a ese negocio. Cada mes se reconectaban fraudulentamente 144 familias o instalaciones de este nivel de ingresos.

La comisión no se equivocaba respecto a las limitaciones del plan de alivio. Una encuesta que le sirvió de soporte detectó que el 67% de los colgados en los servicios no trabajaba y el 14% eran trabajadores por cuenta propia. En el 51% de los hogares sólo una persona aportaba ingresos, y en el 42% de ellos ninguno lo hacía.

El recrudecimiento de esos fenómenos de desocupación y de adelgazamiento de los ingresos, ayuda a entender porqué a pesar de los planes de financiación ofrecidos a quienes tienen desconectados los servicios, y de la promocionada congelación de las tarifas, al cierre de abril del 2002 un total de 64.313 instalaciones tenían suspendidos los servicios, merced a una deuda que no había sido saldada a tiempo de $36.620 millones.

Habla la gente

La publicitara política no se detuvo, pese a que los mayores ganadores no eran los usuarios, sino la imagen del Alcalde y de la Gerencia General de EPM. Eso lo saben bien los ciudadanos de carne y hueso y también lo reflejó una segunda encuesta efectuada por EL Colombiano a mediados de 2003.

"Es imposible que a una persona como yo, que vivo sola en una piecita, le lleguen $84.452 de servicios públicos". La cuenta alarma a doña Aura Miriam Higuita Muñoz, a quien los $290.000 de pensión mensual que le paga el Seguro Social le quedan cortos para alimentarse, cuidar su salud y cubrir el alquiler de una pieza, con cocineta y servicios, ubicada en el barrio Aranjuez, en la Calle 96 con Carrera 50C-34.

La señora no sabía qué le dolían más: sus piernas, que con dificultad soportan su cuerpo, o los $18.000 que le cuesta la vuelta para hacer el reclamo en el sótano del Edificio Inteligente de EPM. El jueves 24 de julio de 2003 un vecino llevó gratis a doña Aura Miriam hasta la oficina de reclamos de las Empresas, pero como no alcanzó a ser atendida le tocó retornar en taxi a su casa. Al día siguiente volvió. Llegó faltando diez minutos para las ocho de la mañana. De unos 300 fichos que se repartieron le correspondió el número 61 y logró ser atendida a las 11:30 a.m.

- "Buenos días", le dijo Flor Nohelia López, una empleada con 21 años de servicio en EPM y quien atendía la taquilla número 7 de reclamos. Doña Aura le respondió con amabilidad, pero de inmediato mostró su mal humor, al quejarse por su costosa cuenta de servicios.

- "Vamos a ver", anotó con paciencia Flor Nohelia, quien dependiendo del tipo de reclamo atendía entre 40 y 45 personas al día. El trabajo se le había incrementado, porque con el cambio en el sistema de facturación, que se hizo en abril de 2003, se presentaban muchas inconsistencias. La funcionaría analizó los consumos de los diversos servicios, pues advirtió que no tenía competencia en materia de tarifas. Su ojo experto detectó que la falla radicaba en que a doña Aura le cambiaron el contador en junio de 2003 y al hacer después la lectura tomaron como base para la liquidación del servicio de acueducto y alcantarillado el consumo acumulado, que era de 32 metros cúbicos, cuando lo correspondiente al mes era de sólo 8 metros cúbicos.

- "Yo creo que el problema son todos los servicios", anotó la usuaria de estrato 2, quien argumentó que desde el 2002 las cuentas le venían creciendo de $30.000 a $35.000 y $45.000 mensuales, hasta el enorme salto que dio en julio, a más de $84.000.

Flor Nohelia vio que los consumos de los otros servicios estaban muy estables en las seis facturas que llevó la usuaria, lo cual revelaba que el aumento se justificaba por el mayor valor de las tarifas. La funcionaría corrigió el error y la nueva cuenta de doña Aura bajó de $84.452 a $51.487, o sea $32.965 menos. Como gastó $18.000 en taxis, entonces su "alivio" efectivo se redujo a $14.965 pesos. El alivio es ilusorio. Nadie le compensó a la señora el tiempo perdido. Ni el esfuerzo que para su organismo enfermo implicaba hacer una gestión como ésta. Ni la adrenalina que gastó al quejarse, una y otra vez, del oneroso costo de los servicios. Doña Aura no es la única que se duele de lo caros que siguen siendo los servicios públicos en Medellín, a pesar de la política del alcalde Luis Pérez Gutiérrez de sostenerlas como las más bajas del país. En una encuesta realizada por El Colombiano entre 310 usuarios de EPM, apenas el 1% dijo que le parecen baratos los servicios, en tanto*que el 14.8% manifestó que las tarifas eran justas.

En el otro extremo, un 39% señaló que las tarifas eran caras. No obstante, el criterio predominante de la gente, con un 45.2%, fue que los servicios eran muy caros. Es decir, para el 84.2% de los usuarios de EPM las tarifas distaban mucho de ser favorables a sus bolsillos.

Las respuestas por estratos revelaron detalles interesantes. Por ejemplo, en el 6 ningún entrevistado dijo que las tarifas eran baratas o justas. Para el 63.6% resultaban muy caras y para el 36.4% eran caras. En el estrato 3 sobresalió un 21% que calificó como justas las tarifas, un nivel de percepción positiva que no se alcanzó en ningún otro segmento. Así mismo, llama la atención que para un 4.5% de los usuarios de estrato 1 los servicios les parecieron baratos, mientras que para otro 4.5% eran justos.

¿Y cuánto pagan?

Según cifras oficiales de EPM, la cuenta típica promedio que pagaba un usuario de estrato 1 de $38.919 al momento de la encuesta. En esta, sin embargo, apenas el 9.1% de los entrevistados de estrato 1 dijo que pagaba menos de $40.000 mensuales. El mayor porcentaje, 22.7%, manifestó que cancelaba entre $80.000 y $90.000. Sorprendió, así mismo, que un 4.5% reportara que cancelaba al mes entre $140.000 y $150.000. Es de anotar que, en casos como éstos, bien podía ocurrir que los consumos estaban súper disparados o el usuario tenía varias cuentas sin pagar.

El mismo ejercicio para el estrato 6 indicó que mientras para EPM la cuenta promedio era de $251.762, el 90.9% de los encuestados por el diario antioqueño manifestó que pagaba mensualmente más de $300.000 pesos.

El fenómeno puede mirarse de otra manera. EPM decía que el estrato 2 pagaba en promedio por servicios $55.364 y la encuesta reveló que el 80% de los clientes de esta condición económica pagan más de $60.000.

En el 3, las Empresas reportaron una cuenta promedio de $94.813, y la encuesta arrojó que el 69.6% pagaba más de $100.000.

El único estrato que parecía no tener mayores dificultades con el pago de los servicios públicos era el 6, porque a ninguno de los entrevistados les habían suspendido los servicios en los últimos dos años y medio. Los más vulnerables habían sido, en su orden, los estratos 2, 1 y 3. En general, al 16.5% les habían quitado los servicios por falta de pago.

Aunque EPM se ha esforzado para moderar el crecimiento de sus tarifas de servicios públicos, para que sigan siendo las más baratas del país, los usuarios no perciben ese beneficio debido a la precariedad de sus ingresos familiares. El cuadro es crítico. En el estrato 1 el 13.6% de los entrevistados manifestó que en el momento de la encuesta no tenía ninguna entrada económica. Así, por más que los servicios sólo crezcan al ritmo de la inflación, como lo propone Pérez al hablar de tarifas justas, no hay forma de honrar esa obligación.

Además de lo anterior, el 31.8% de los encuestados del estrato 1 expresó que las entradas familiares estaban por debajo de un mínimo, o sea de $332.000 mensuales. Los resultados también dejaron ver que entre esta población el 77.3% tenía que vivir con menos de $500.000.

En el estrato 2, por su parte, el 83.7% de los encuestados indicó que los ingresos familiares no superaban el medio millón de pesos. Los que estaban por debajo del mínimo representaban el 39% de los consultados.

De igual manera, la mitad del estrato 3, o el 49.1% para ser más precisos, no manejaba un presupuesto superior a los $500.000 mensuales. El porcentaje de los que percibía menos del mínimo era del 12.5%.

En el 4 había gente apretada. El 4.7% confesó que ganaba entre $332.000 y $500.000.

Lo que sí se apreció es que la gente tenía un elevado grado de dificultad para mantenerse al día con sus servicios. El 47.7% dijo que en los últimos dos años y medio se había colgado alguna vez en el pago de esta cuenta. Entre éstos había un 21% que confesó haberse atrasado en cinco o más oportunidades, mientras que un 10.8% dijo que se había retrasado en cuatro veces. De los que habían padecido suspensiones, un 60.8% se acercó a EPM para beneficiarse de las refinanciaciones.

Por último, la encuesta confirmó la buena calidad en el servicio prestado por las Empresas. El 93.5% de los encuestados dijo que estaba satisfecho. Consistente con ello, un 78.1% nunca había tenido que poner quejas. De los que lo habían hecho, un 66.2% declaró que le habían solucionado el problema en forma rápida y adecuada.

EL COLOMBIANO CONSULTA...

¿LOS INGRESOS FAMILIARES MENSUALES SON?

Respuesta	Total	Est.1	Est.2	Est.3	Est.4	Est.5	Est.6
Menos de 332 mil pesos	20.0%	31.8%	39.0%	12.5%	–	–	–
Entre 332 mil pesos y 500 mil pesos	32.3%	45.5%	44.7%	36.6%	4.7%	–	-
Entre 500 mil un peso y 700 mil pesos	15.5%	–	8.6%	26.8%	18.6%	5.9%	
Entre 700 mil un peso y 900 mil pesos	6.1%	–	1.9%	8.0%	18.6%	–	–
Entre 900 mil un peso y 1 millón 300 mil pesos	7.1%	–	-	9.8%	11.6%	35.2%	–
Entre 1 millón 300 mil un peso y 1 millón 500 mil* pesos	3.2%	–	–	-	23.2%	–	–
Entre 1 millón 500 mil un peso y 2 millones de pesos	2.3%	–	–	0.9%	9.3%	11.8%	–
Entre 2 millones un peso y 5 millones de pesos	4.2%	–	–	-	9.3%	35.2%	27.3%
Entre 5 millones un peso y 10 millones de pesos	1.3%	–	-	–	–	-	36.3%
Más de 10 millones de pesos	0.3%	-	–	–	–	-	9.1%
Variable, no siempre igual	1.9%	9.1%	1.9%	0.9%	-	-	9.1%
No hay ingresos en el momento	1.6%	13.6%	1.0%	0.9%	-		
No responde no da información	4.2%	–	2.9%	3.6%	4.7%	11.8%	18.2%
Total	100%	100%	100%	100%	100%	100%	100%

¿CUÁNTO PAGAN MENSUALMENTE POR SERVICIOS PÚBLICOS?

Respuesta	Total	Est.1	Est.2	Est.3	Est.4	Est.5	Est.6
Menos de 40 mil pesos	1.0%	9.1%	1.0%	–	–	–	–
Entre 40 mil y 50 mil pesos	3.2%	9.1%	7.6%				
Entre 50 mil un peso y 60 mil pesos	6.1%	18.3%	11.4%	2.7%	–	–	
Entre 60 mil un peso y 70 mil pesos	7.0%	9.1%	17.0%	1.8%	–	–	–
Entre 70 mil un peso y 80 mil pesos	8.7%	4.5%	15.2%	7.2%	4.7%	–	–
Entre 80 mil un peso y 90 mil pesos	9.3%	22.7%	12.4%	9.8%	–	–	
Entre 90 mil un peso y 100 mil pesos	9.7%	9.1%	16.2%	8.9%	2.3%	–	–
Entre 100 mil un peso y 110 mil pesos	6.8%	9.1%	9.5%	6.3%	4.7%	–	
Entre 110 mil un peso y 120 mil pesos	6.8%	4.5%	5.7%	9.8%	4.7%	5.9%	–
Entre 120 mil un peso y 130 mil pesos	3.2%	–	–	8.0%	2.3%	–	–
Entre 130 mil un peso y 140 mil pesos	1.0%	–	1.0%	0.9%	2.3%	–	–
Entre 140 mil un peso y 150 mil pesos	5.8%	4.5%	1.0%	12.5%	4.7%	–	–
Entre 150 mil un peso y 160 mil pesos	3.2%	–	–	8.0%	2.3%	–	–
Entre 160 mil un peso y 170 mil pesos	2.2%	–	4.5%	4.7%	–	–	
Entre 170 mil un peso y 180 mil pesos	2.9%	–	–	3.4%	11.6%	–	–
Entre 180 mil un peso y 190 mil pesos	1.0%	–	1.0%	0.9%	2.3%	–	–
Entre 190 mil un peso y 200 mil pesos	3.6%	–	1.0%	4.5%	9.2%	5.9%	–
Entre 200 mil un peso y 220 mil pesos	2.6%	–	–	2.7%	11.6%	–	
Entre 220 mil un peso y 240 mil pesos	2.6%	–	–	–	7.0%	23.5 %	9.1%
Entre 240 mil un peso y 260 mil pesos	3.6%	–	–	4.5%	9.2%	11.8%	–
Entre 260 mil un peso y 280 mil pesos	1.9%	–	–	0.9%	7.0%	11.8%	–
Entre 280 mil un peso y 300 mil pesos	2.6%	–	–	2.7%	7.0%	11.8%	–
Más de 300 mil pesos	5.2%	–	–	–	2.3%	29.3%	90.9%
Total	100%	100%	100%	100%	100%	100%	100%

¿USTED CREE QUE LO QUE PAGAN POR
SERVICIOS PÚBLICOS ES UN PRECIO?

Respuesta	Total	Est.1	Est.2	Est.3	Est.4	Est.5	Est.6
Barato	1.0%	4.5%	1.0%	0.9%	–	–	–
Justo	14.8%	4.5%	14.3%	21.4%	9.3%	11.8%	–
Caro	39.0%	31.8%	44.7%	36.6%	39.5%	29.4%	36.4%
Muy caro	45.2%	59.2%	40.0%	41.1%	51.2%	58.8%	63.6%
Total	100%	100%	100%	100%	100%	100%	100%

¿EN LOS ÚLTIMOS DOS AÑOS Y
MEDIO SE HAN COLGADO ALGUNA
VEZ EN EL PAGO DE LOS
SERVICIOS PÚBLICOS?

Sí	47.7%
No	52.3%

Base 310

SI RESPONDE SÍ ¿CUÁNTAS VECES?

Una vez	16.2%
Dos veces	29.7%
Tres veces	22.3%
Cuatro veces	11.8%
Cinco o más veces	21.0%

Base 148

¿EN LOS ÚLTIMOS DOS AÑOS Y
MEDIO LES HAN SUSPENDIDO
ALGUNA VEZ LOS SERVICIOS
PÚBLICOS, POR FALTA DE PAGO?

Respuesta	Total	Est.1	Est.2	Est.3	Est.4	Est.5	Est.6
Si	16.5%	18.2%	22.9%	17.0%	7.0%	5.9%	–
No	83.5%	81.8%	77.1%	83.0%	93.0%	94.1%	100.0%
Total	100%	100%	100%	100%	100%	100%	100%

SI EN LOS ÚLTIMOS DOS AÑOS Y MEDIO
LES HAN SUSPENDIDO LOS SERVICIOS:
¿SE HAN ACOGIDO A LOS PLANES DE
ALIVIO DE EPM PARA LOS COLGADOS
EN EL PAGO DE LOS SERVICIOS?

Sí	60.8%
No	39.2%

Base 51

¿ESTÁN SATISFECHOS CON LA CALIDAD
DE LOS SERVICIOS PÚBLICOS QUE LES
PRESTA EPM?

Sí	93.5%
No	6.5%

Base 310

¿EN LOS ÚLTIMOS DOS AÑOS Y MEDIO
USTEDES LE HAN PUESTO A EPM QUEJAS
POR LA CALIDAD DE LOS SERVICIOS
PÚBLICOS?

Nunca	78.1%
Rara vez	19.4%
Muchas veces	2.2%
Frecuentemente	0.3%

Base 310

¿CUÁNDO SE HAN QUEJADO, LES HAN
SOLUCIONADO SU PROBLEMA EN FORMA
RÁPIDA Y DE MANERA ADECUADA?

Sí 66.2%

No 33.8%

Base 68

PORCENTAJE DEL INGRESO FAMILIAR
MENSUAL DESTINADO AL PAGO
MENSUAL DE SERVICIOS PÚBLICOS POR
ESTRATO SOCIO ECONÓMICO:

Porcentaje	Total	Est.1	Est.2	Est.3	Est.4	Est.5	Est.6
Entre 3.0 % y 5.0 %	1.6%	–	–	–	4.7%	5.9%	18.2%
Entre 5.1 % y 10.0%	6.5%	4.5%	2.9%	4.5%	2.3%	29.3%	45.4%
Entre 10.1 % y 15.0 %	12.9%	4.5%	10.5%	11.6%	27.9%	11.8%	9.1%
Entre 15.1 % y 20.0 %	16.5%	22.7%	19.0%	13.4%	18.6%	17.6%	–
Entre 20.1 % y 25.0 %	12.9%	9.1%	14.2%	12.5%	20.9%	–	–
Entre 25.1 % y 30.0 %	11.3%	18.3%	10.5%	13.3%	7.0%	11.8%	–
Entre 30.1 % y 35.0 %	8.7%	–	8.6%	11.7%	11.6%	5.9%	–
Entre 35.1 % y 40.0 %	6.1%	9.1%	5.7%	9.8%	–	–	–
Entre 40.1 % y 50.0 %	9.0%	4.5%	11.3%	12.5%	–	5.9%	–
Entre 50.1 % y 60.0 %	3.2%	4.5%	2.9%	4.5%	2.3%	–	–
60.1 % o más	3.5%	–	8.6%	1.8%	–	–	–
Variable el ingreso	1.9%	9.1%	1.9%	0.9%	–	–	9.1%
No hay ingreso	1.6%	13.6%	1.0%	0.9%	–	–	–
No responde no da información	4.2%	–	2.9%	3.6%	4.7%	11.8%	18.2%
Total	100%	100%	100%	100%	100%	100%	100%

FICHA TÉCNICA

Tema: Establecer el nivel de satisfacción que tienen los usuarios de los servicios públicos de EPM. Apreciar el monto de la cuenta promedio por estrato y el porcentaje de los ingresos mensuales que se destina al pago de tales obligaciones.

Empresa encuestadora: Área de Investigación Estadística de EL Colombiano Fecha de recolección: 17 y 18 de julio de 2003. * •

Universo: cabezas de familia residentes en cada una de los siguientes barrios de Medellín: Los Balsos No. 2, Altos del Poblado, Estadio, Bolivariana, Trece de Noviembre, El Salvador, El Poblado, Florencia, Juan XXIII, Villa Flora, El Pomar, Carpinelo, Las Violetas, La América, Popular, Playón de los Comuneros, Campo Valdés Palenque, Belén, Palermo, La Frontera, Prado, Guayabal y Laureles.

Metodología de muestreo: muestra aleatoria sistemática, a partir de listados de los barrios.

Tamaño de la muestra: se realizaron 310 encuestas telefónicas. En los estratos 1, 2 y 3 se realizaron el 77.0% de las encuestas, esto es 239 encuestas y en los estratos 4, 5 y 6 el 23.0%, 71 encuestas. El margen de error es del 3.0% con un 95% de confiabilidad.

¿Qué dice EPM?

Según los registros de Empresas Públicas de Medellín, un promedio de 70.000 usuarios se mantienen con los servicios públicos suspendidos y hasta los clientes de estrato seis se acercan a la entidad en busca de un alivio para el pago. Entre el 19 de junio de 2000 y el 31 de marzo de 2003, la entidad atendió 134.000 financiaciones de cuentas de servicios públicos, por un monto global de $96.000 millones. De ese valor, el 8.2% correspondió a clientes del estrato 1, el 31.4% a los de estrato 2, un 28.9% a los del 3, el 5.3% a los del 4, un 2.6% a los del 5 y el 0.9% a los del estrato 6. El restante 22.6% fueron refinanciaciones a usuarios no residenciales.

La misma entidad reporta que el 94% de los usuarios paga sus cuentas antes de que los servicios les sean suspendidos, o sea antes de tres meses, en tanto que el 99% cumple la obligación antes del corte, que ocurre cuando tienen nueve meses en mora.

En sus relaciones con los clientes EPM muestra muy buenos indicadores. En el primer semestre de 2003 la empresa expidió 8.6 millones de facturas de servicios públicos y sólo tuvo 16.500 reclamaciones efectivas contra ella (0.2%). Las

reclamaciones no efectivas, o sea en las que el
cliente no tuvo la razón, fueron superiores al representar el 0.41% del total. Se entiende por reclamo la gestión que hace un usuario para que
le revisen los valores facturados por la prestación de un servicio. Las principales se presentan
por fugas de aguas, reliquidación de consumos
y llamadas de larga distancia.

En las 41 oficinas de atención al cliente que
tiene EPM también se recibieron 12.900 quejas, de las cuales el 76% resultaron efectivas y
el 24% restante no. Entre el primer trimestre
del 2002 e igual período de 2003, las quejas
presentadas disminuyeron 18%, en tanto que
las efectivas se redujeron en un 22%. La queja
se presenta cuando el cliente considera que la
entidad le ha incumplido el acuerdo para la
prestación del servicio o por la actuación de
uno de sus funcionarios. Las más frecuentes
son por escombros dejados luego de hacer re-
paraciones o de instalar un servicio y las de-
moras en la conexión de servicios, como los
de gas y telecomunicaciones.

Ahora bien, con respecto a la queja generaliza-
da de los usuarios de que los servicios son muy
caros, fuentes de EPM advierten que a la hora
de analizar las facturas es conveniente que la
gente tenga claridad sobre cuáles valores corresponden a los servicios prestados por terceros y frente a los cuales las Empresas sólo cumplen el papel de recaudador.

Según los análisis del grupo empresarial, de
cada $100 facturados a un usuario, hay $25 que

son de otras entidades, como las firmas celulares o llamadas de larga distancia, por ejemplo. Otro fenómeno que cuenta en la percepción de los usuarios de que las tarifas son muy caras, se desprende de los efectos de la refinanciación de las cuentas atrasadas. La gente a la que no le mejoran sus ingresos tiende a colgarse de nuevo, porque al valor que normalmente le llega cada mes, se suman las cuotas que debe cancelar como producto de la refinanciación.

"Seguimos siendo los más baratos del país", dijeron analistas de las Empresas. Si se toman los consumos de un usuario de Medellín y se le aplican las tarifas cobradas en otras ciudades, se encuentra que las de este municipio son un 40% ciento más baratas que las pagadas por un cliente, del mismo estrato social, en Bogotá. Frente a los usuarios de Barranquilla, Cali y Bucaramanga, la diferencia es del 15%.

Además, se llama la atención sobre un hecho. En Medellín las tarifas han aumentado un 20% entre enero del 2001 y mayo de 2003, o sea en el gobierno de Luis Pérez Gutiérrez. Ese incremento corresponde a lo que ha subido la inflación en el mismo período. En Cali, debido a los problemas de viabilidad empresarial de su empresa de servicios públicos, el reajuste de las tarifas ha sido del 40%.

Esa perspectiva desde adentro de las Empresas tiene un grave problema: el misterioso manejo de las tarifas en el 2003, sobre todo después de que el Alcalde declaró insubsistente al Gerente General Iván Correa Calderón, por negarse a congelar las tarifas. Y, bueno, el misterio es hija mayor de la incredulidad.

La orden de Pérez es que las tarifas de energía crezcan al ritmo de la inflación. El sólo aumento del 9.7% que EPM le cobró a los usuarios en enero, y que no les ha devuelto, hace imposible el cumplimento de esa promesa, dado que la meta del Emisor es que el índice de Precios al Consumidor se mueva entre el 5.5% y el 6%.

Adicional a eso, EPM no puede represar indefinidamente las alzas. En ese sentido vale la pena traer a colación que el 14 de marzo de 2003 la Gerente General, Edith Cecilia Urrego Herrera, expidió el Decreto 1278, mediante el cual se aplazó el cobro de una parte del alza de la tarifa de energía en los consumos de marzo y abril. Al hacer por esa época las cuentas sobre el crecimiento de las tarifas, resultaba más que evidente el encarte que la entidad tenía con este asunto. En su edición del 18 de marzo de 2003, El Colombiano señaló que "por la decisión gerencial, el reajuste del 3% que pe había programado para abril y mayo bajará, en cada mes, al 0.9%. Con ello, el incremento entre enero y mayo bajaría del 16.7% al 12.5%, que de todas maneras duplica la inflación proyectada por las autoridades económicas".

Para que la decisión gerencial resultara exitosa, EPM se tenía que ganar dos loterías. De un lado, se confiaba en un anuncio de la Comisión de Regulación de Energía y Gas (Creg), según el cualtas ventas internacionales de energía permitirían que hacia el mes de abril los usuarios experimentaran una rebaja del 6% en las tarifas.

Esa fue una ilusión. Más adelante las mismas Empresas controvirtieron el impacto real del tan esperado bálsamo.

El aplazamiento del cobro de una parte del alza del servicio de energía también descansaba en otro ingrediente. EPM confiaba en que podría persuadir a la Creg para que le fijara un cargo de distribución bajo que, a su vez, le permitiera cobrar tarifas más blandas a los usuarios.

Esa condición tampoco se dio. El 24 de junio el ente regulador estableció ese cargo de distribución en un promedio nacional del 8.6% real (o sea, luego de descontar la inflación), en tanto que a EPM le fijó un tope del 9.6%.

El asunto es que este cargo de distribución pesa un 30% dentro de la tarifa de energía eléctrica, por lo cual si se cobrara, de una, electrocutaría el bolsillo de los usuarios. Por eso, EPM propuso que el aumento se hiciera en forma gradual, durante 30 meses, pero la Creg sólo aprobó una transición de 18 meses.

Según fuentes de EPM, cada punto porcentual que la entidad deje de cargarles a los usuarios en las tarifas le cuesta del orden de $3.000 millones mensuales. Suena poco, para un grupo empresarial que en el 2002 tuvo ingresos operacionales de $2.2 billones. El cuerpo directivo tiene autonomía para hacer ese manejo tarifario. Claro, sin perder de vista lo que también ha señalado el director Ejecutivo de la Creg, Jaime Alberto Blandón: "La Creg no está causando ningún impedimento para que bajen las tarifas. Cualquier empresa puede bajar hasta donde quiera. Pero tiene que tener prudencia porque debe responder en dos campos: a la Superintendencia de Servicios Públicos Domiciliarios, si bajó por debajo de los costos operativos y puso en riesgo el negocio. Y a sus dueños, porque si, por ejemplo, podía cobrar 100 pesos, ¿por qué cobró 80 pesos? Esos son los dos puntos que dificultan que una empresa, en la práctica, pueda optar por bajar esa tarifa, porque le toca dar explicaciones".

¿Cuál es la verdad?

Al ser consultada sobre el tema tarifario, la Gerente General de EPM, Edith Cecilia Urrego Herrera, se limitó a decir, en tono de declaración y sin deseos de entrar a discutir sus propios puntos de vista, que "nosotros hemos subido 4.9% este año, hasta el mes de julio, y eso está por debajo de la inflación, que va en 5.01%. Nunca hemos hablado, ni lo ha hecho el Alcalde, de una meta del 6%. Esa es la meta de inflación del Gobierno. Nosotros, simplemente, y lo ha dicho él, vamos a crecer en niveles cercanos o alrededor del 9.9%. Aquí nos falta todavía un semestre para que el año se termine. Hay factores que no se han dado y que estamos evaluando. Hace muy poco fuimos notificados de la resolución de la Creg en que fijaban todos los cargos (de distribución) y la forma como debería liquidarse la fórmula.

En este momento lo que hay que mirar es que hasta la mitad del año nosotros hemos cumplido con lo que se ha prometido, que es lo que podemos registrar claramente. Durante el año 2001 y 2002 también se cumplió. Si se revisan las tarifas de servicios públicos en conjunto, se verá que en todas hemos crecido menos que en otras ciudades del país y que eso constituye para todos los ciudadanos de aquí un bienestar grandísimo".

La Gerente General parecía no recordar lo afirmado por el Alcalde de Medellín, Luis Pérez Gutiérrez, en una entrevista que le concedió a los periodistas Lucía Teresa Solano Berrío y Francisco Javier Arlas y que fue publicada en El Colombiano el 24 de febrero de 2003, el mismo día en que Iván Correa Calderón salió de la Gerencia General de EPM por negarse a cumplir la orden del mandatario de congelar los servicios públicos. En el reportaje Pérez afirmó que "yo creo que todas las empresas de energía deben aplicar tarifas de acuerdo con los niveles de inflación, que es lo que la gente puede pagar".

¿Qué sabe la Junta?

De cualquier manera, resulta sumamente extraño que la Gerente General y la Junta Directiva de las EPM no hablen el mismo idioma en materia de tarifas, sembrando con ello mayores dudas sobre un asunto tan sensible para los usuarios.

Javier Gaviria Betancur, miembro de Junta en representación de los usuarios, reconoce lo difícil que será para el Alcalde cumplir con su palabra de que el incremento tarifario estará por los lados de la inflación. A mediados de agosto de 2003 el directivo reveló que el 9.7% de aumento en la energía en enero, y que le costó la cabeza a Iván Correa, sólo se cobraron 2.7 puntos y aún restaba por cargarles a los usuarios 7 puntos.

Así las cosas, las cuentas sobre el alza de tarifas tenía la siguiente perspectiva. Según el reporte de Gaviria Betancur, entre enero y junio de 2003 los clientes de EPM tuvieron un incremento del 9% en la energía. Para el segundo semestre estimó que el reajuste sería del orden del 9.5%, con lo cual se superaría en el año el 18%. A eso habría que añadir el 7% que estaría pendiente de cobro, y que se podría facturar a cuentagotas para no infartar el bolsillo de los usuarios. El panorama inquietaba a la administración de las Empresas Públicas y por ello, anotó Gaviria, se han planteado en la misma Junta algunas alternativas para no golpear tanto el bolsillo de los usuarios.

El problema, sin embargo, es que las estrategias analizadas reportarían, en el mejor de los casos, un alivio equivalente a que cada usuario residencial se ahorrará unos $1.000 mensuales en su cuenta de la energía eléctrica.

Gaviria Betancur recordó que las opciones que fueron analizadas iban desde reajustar las tarifas de los estratos 1 y 2 de Medellín con el índice de Precios al Consumidor (IPC), lo cual le significaría a las Empresas el tener que asumir como costo $14.000 millones. Una variante era incrementar las tarifas con el IPC para los estratos 1,2 y 3 del Valle de Aburrá, evento en el cual el costo para EPM sería de $27.000 millones.

Una tercera vía sería que a todos los usuarios residenciales del Valle de Aburrá, o sea del estrato 1 al 6, les subieran las tarifas de energía sólo el equivalente al IPC, asumiendo EPM un costo de $37.000 millones.

Gaviria, quien había votado afirmativamente por este último esquema de alivio, reconoció que de todas maneras sería absolutamente ineficaz para contener el voraz reajuste tarifario que se venía a nivel nacional.

El miembro de Junta dijo que entre enero-junio las tarifas de energía subieron en el país en un 9%, como promedio. Lo grave, advirtió, es que al final del año se podría pasar a un alza entre el 37% y el 45%, considerando la revisión que se haría a varios elementos que conforman la tarifa al usuario final. Así ocurriría con el cargo de transmisión (en octubre) y de Comercialización (en diciembre), para citar sólo dos casos. Por eso, y más, Gaviria Betancur encabezó en el barrio Belén, de Medellín, una marcha de protesta contra las altas tarifas de energía.

Para José Mario Restrepo Jaramillo, también miembro de la Junta, "lo que está diciendo Gaviria es correcto. Cada vez es más complejo el tema de las tarifas. Pero esas decisiones son nacionales, no de EPM, porque las tarifas las impone el Gobierno Nacional. EPM puede congelar un poco las tarifas o hacer algunas rebajas porque es más eficiente que otras empresas. ¿Que cómo hará el Alcalde para mantenerlas bajas? La tarifa no se puede congelar indefinidamente. Hay que buscar unas alternativas Comerciales. Aunque por más que uno haga la gente siempre notará aumento en las tarifas, porque no sabe hacer uso racional de la energía. Además, los cargos fijos no son tan fijos, tienen un reajuste. La pelea es con el Gobierno Nacional. A Pérez le va a quedar cuellón permanecer congelando tarifas todo el tiempo, porque eso provocará desfases en los ingresos de EPM".

Y se dispararon las tarifas

A mediados de septiembre de 2003 en los pasillos de Empresas Públicas de Medellín hacía carrera una inquietante pregunta: ¿si el Alcalde Luis Pérez Gutiérrez echó a Iván Correa Calderón de la Gerencia General de EPM por el aumento del 9.7% en las cuentas de energía de enero y por negarse a congelar las tarifas, haría lo mismo con Edith Cecilia Urrego Herrera, dado que las tarifas no se congelaron, en octubre los usuarios tendrían un rudo aumento del 5.12% y en lo corrido del año el reajuste saltaría al 13.45?

La pregunta tenía su lógica. Pero le faltaba un elemento clave. Por esa época a Pérez le quedaba difícil argumentar que las alzas se habían realizado a sus espaldas, porque la Gerente General se curó en salud y en los decretos que firmó aumentando las tarifas dejó en claro "que es política de la Administración Municipal, adoptada por las Empresas Públicas de Medellín, establecer, dentro del marco legal vigente, mecanismos a través de los cuales el crecimiento en el nivel de las tarifas que se cobran por el servicio público domiciliario de energía eléctrica, se mantenga dentro de un rango cercano al de la inflación".

Esa disciplina gerencial corresponde a la política de tarifas justas que públicamente ha predicado Pérez, la misma que, hasta el momento, no había surtido los efectos deseados, según lo pudo establecer este periodista al servicio de EL Colombiano. Lo peor, para la ciudad y para la imagen del Alcalde, es que el manejo de las "tarifas sociales" corría el peligro de volverse en contra de los usuarios. Veamos por qué.

Para comenzar, debe recordarse que la Comisión de Regulación de Energía y Gas (Creg) tiene unas fórmulas que le sirven de base a las empresas para calcular a cómo deben cobrar el kilovatio/hora a los usuarios, considerando allí cuánto les cuesta prestar el servicio y el nivel de ganancia que todo negocio exige para sobrevivir en el tiempo.

De ahí surge lo que se podría llamar una "tarifa técnica", económica y con fundamento legal, que asegura la supervivencia de quien presta el servicio. Pues bien, en el primer trimestre de 2003 la administración de EPM aplicó esa "tarifa técnica". Por tanto, a los usuarios se les cobró el kilovatio/hora a razón de $157.23 en enero y a $158.73 en febrero y marzo.

En abril se produjo un cambio importante. El Alcalde y la Gerencia General comenzaron a apostarle a un chance que, si se lo ganaban, llevaría a que los usuarios tuvieran un valioso alivio en sus cuentas de energía. La intención era sana. En los decretos de la Gerencia General se tomó en consideración la difícil situación económica del país; la protección de los ingresos que EPM deriva de la prestación de los servicios; el evitar que los usuarios queden expuestos a la suspensión y corte de los servicios; el prevenir que la empresa incurra en costosas recuperaciones de consumo, reconexiones o reinstalaciones de servicios; y la misma política de Pérez de que las tarifas deben crecer dentro de un rango cercano a la inflación.

Para jugar al chance se usó como respaldo el artículo 150 de la Ley 142 de Servicios Públicos Domiciliarios que, en palabras sencillas, permite aplazar la facturación o cobro de una parte de las variaciones que resulten de la aplicación de la fórmula tarifaría vigente. Eso genera un rezago, que la misma ley ordena recuperar en un plazo máximo de cinco meses. Si no se hace en ese tiempo, se pierde ese dinero. Y los administradores que así obren pueden ser sancionados por causarle un detrimento patrimonial a sus empresas.

¿Cuánto se aplazó?

Los datos reunidos por el periodista indican
que cuando se fue a tomar la decisión de las alzas de tarifas para el mes de octubre, la Gerente
General y el Alcalde de Medellín se enfrentaron
a un panorama como este. Mediante los decretos firmados por Edith Cecilia Urrego Herrera,
entre los meses de abril y septiembre se acumu-
ló un rezago de $30.17 por kilovatio/hora. De
dicho valor sólo se habían recuperado $3.83 pe-
sos, en los meses de agosto y septiembre.

El rezago más fuerte, de $8.54, se generó en mayo,
cuando la "tarifa técnica" era de $170.14, pero se
aplicó una "tarifa social" de $161.60. El plazo para
evitar la pérdida de ese dinero vencía en octubre.

Aunque algunos analistas consultados sostenían
que el Alcalde podía dejarle a su sucesor la dura
tarea de eliminar los rezagos tarifarios, el mandatario le aseguró a este periodista (en reportaje
concedido para este libro) que tales rezagos se co-
rregirían en el 2003 y que el nuevo burgomaestre
podía respirar tranquilo en materia de tarifas.

Cumplir esa promesa le podría costar a Pérez
valiosos puntos de su caudal político y de su
popularidad. El escenario de ajuste tarifario
más severo indicaba que para obtener ese paz

y salvo en las tarifas tendría que hacer lo siguiente: recuperar entre octubre, noviembre y diciembre de 2003 el rezago de $26.34 por kilovatio/hora que tenía acumulado.

Eso significaba, ni más ni menos, que el crecimiento acumulado de la sola tarifa saltaría del 6.9% en septiembre a un 12.4% al final del año. Si a lo anterior se agregaba el efecto del rezago tarifario que se tenía que eliminar antes de culminar el 2003, entonces se apreciaba que el aumento acumulado de las tarifas crecería de un 7.9% en septiembre al 19.5% en diciembre. Eso estaba bastante lejos de la meta de inflación del 6% con la que aún soñaba el Banco de la República, o del 8% que pronosticaban algunos analistas independientes.

La razón de tan fuerte incremento es que, por desgracia, ni el Alcalde ni la Gerente de EPM se ganaron el chance al que le apostaron. Quizás la única excepción fue la aprobación del Plan de Desarrollo, que le permitía a los usuarios de estrato 1 y 2 gozar de unas tarifas que crecerían al mismo ritmo de la inflación. El caso es que esto sólo se reglamentó a finales de agosto y no cobijó, como se esperaba, al estrato 3.

Tampoco se cumplió lo anunciado por el Gobierno Nacional, en el sentido de que las ventas internacionales de energía se iban a traducir en una reducción de precios para los usuarios colombianos. Adicionalmente, EPM no había podido lograr que le autorizaran diferir en un mayor tiempo (30 meses) el impacto que sobre las tarifas tenía la revisión del cargo de distribución que hizo la Creg, y contra cuya resolución interpuso un recurso de reposición.

¿Entonces, qué se hizo?

La decisión que finalmente tomó la administración de EPM está plasmada en el Decreto 1324,
que antes de ser firmado el 5 de septiembre de
2003 por la gerente General, Edith Cecilia Urrego Herrera, pasó por el visto bueno de la gerente Comercial, Laura Victoria Zabala.

Lo que allí se ordena, en síntesis, es que, de una, se
recuperen los $8.54 por kilovatio/hora que no se
habían liquidado en las facturas de abril y mayo.
Lo otro es que no se cobrará la "tarifa técnica" de
$172.44, sino la "tarifa social" de $169.84, que implicaba acumular un rezago adicional de $2.60.

El resultado de la decisión gerencial es que
el aumento acumulado de la sola tarifa pasó
del 6.9% en septiembre al 8% en octubre.

Entre tanto, la tarifa aplicada más el valor recuperado ($8.54) hizo que el crecimiento en el año saltara
del 7.9% ciento en septiembre al 13.45% en octubre.

A la luz de la palabra de Pérez, de que cerrará
su mandato sin endosarle rezagos tarifarios
al nuevo Alcalde, queda por ver cómo hará
para recuperar hasta el mes de diciembre los
$20.40 que aún le faltaban, logrando, simultá-
neamente, que la tarifa promedio baje hasta
un nivel cercano a laInflación■

LUIS PÉREZ SE DECLARA SATISFECHO CON EPM

Cuando Luis Pérez Gutiérrez fue enterado, de primera mano, de que este libro se llamaría el Señor de las EPM, no hizo ninguna mueca que revelara molestia o incomodidad. Su serena reacción fue la propia de un hombre curtido en batallas públicas, que cumplió con creces su promesa de que iba a ser el primer Gerente General de las Empresas Públicas de Medellín y que, en desarrollo de ello, le puso el pecho a las confrontaciones con altos funcionarios del Gobierno Nacional, comenzando por el ministro de Minas y Energía y el director de la Comisión de Regulación de Energía y Gas (Creg).

Pérez se declaró muy a gusto con el direccionamiento que le dio a las EPM, con los resultados de los programas que defendió a capa y espada y con el estado en que le entregará al próximo Alcalde esta joya de la Corona.

"Las Empresas son como la ciudad, que toma mucho tiempo cambiarlas, pero lo importante es abrirles horizontes. Estoy seguro de que en los próximos años la organización va a desarrollar los proyectos que le estamos dejando. Como la visión de apoyar el desarrollo de Antioquia, sin perder la dimensión internacional. Unos mercados consolidados, en Bogotá y el Eje Cafetero. Unos nuevos Negocios que, inclusive, la han despertado de esa monotonía que van cogiendo las empresas. Unas EPM que han demostrado que tienen que ser transparentes, que no puede haber nada oculto. Y unas EPM en donde el ciudadano está más interesado por ellas. Creo que la controversia ha hecho que no sólo ustedes los periodistas, sino también los ciudadanos, le presten más atención a la organización. Salimos de Negocios que eran relativamente malos y en general todas las filiales están dando ganancias, con excepción de Emtelco que esperamos entregarlo en buen estado al final del año. Diría que EPM también tiene un liderazgo nacional en materia tarifaría. Yo realmente me siento bastante satisfecho con el balance".

Para llegar a ese concepto general, Pérez hizo un amplio recorrido por varios aspectos vitales de las Empresas Públicas de Medellín. Su primera mirada fue sobre la rentabilidad del grupo empresarial, que, anotó, ha sido particularmente buena en los períodos en que la ciudad ha contado con mandatarios elegidos popularmente, debido a un excelente manejo administrativo y a la reinversión de buena parte de las ganancias.

Bajo esa perspectiva señaló que en su gobierno

las utilidades operativas y el Ebitda han tenido un apreciable crecimiento, al punto de que las primeras pasaron de $620.000 millones en el 2001 a $760.000 millones en el 2002 y posiblemente cerrarán el 2003 en un nivel de $850.000 millones, dado que en el primer semestre ese indicador se situó en $451.000 millones.

Pérez insistió en que como EPM tiene que pagar hoy por hoy más impuestos, se debe aplicar una política de optimización fiscal, pues no cree que la ciudad vea con buenos ojos que $200.000 o $300.000 millones se vayan al fisco nacional, cuando en el plano local esos dineros podrían reforzar la inversión social.

De su mandato también resaltó como logro la reducción de la burocracia y de los gastos de funcionamiento. A pesar de que aumentaron las ventas y los salarios, el pago de nómina cayó en cerca del 8% frente al año 2000.

Sin documentos a la mano, y asistido sólo por su memoria, Pérez habló extensamente sobre las inversiones de EPM, sobre todo las efectuadas en Negocios que son novedosos para la empresa y que se mueven en un ambiente de competencia.

Tal es el caso del primer Contac Center, frente al cual manifestó que el plan de Negocios inicial contempló una inversión de $23.000 millones, que se estaba terminando de ejecutar. La firma fue germinada por Emtelco, pero ya está consolidada, dejó atrás la época de las pérdidas, cuenta con personal capacitado y la Junta de EPM aprobó que se le inyectaran $11.500 millones para crear 500 diademadas adicionales, con lo cual se prevé que generará del orden de 6.000 empleos directos. De este número, 2.500 estarán ligados a la puesta en marcha de Colombia Móvil.

Por el lado de Emtelco, Pérez expresó que esta compañía, que presta servicios de valor agregado en telecomunicaciones, ha dado pérdidas desde su creación, hace ocho años. Los técnicos le han insistido en que es buena y tiene futuro, pero él considera que llegó la hora de reestructurarla. Seis meses después de su posesión como Alcalde pidió que le hicieran un plan de Negocios para ver en qué momento brotarían las utilidades. El análisis arrojó que esto ocurriría en el 2003. Pero no será así, constituyéndose, según el Alcalde, en la única inversión que no logrará su punto de equilibrio.

Para el futuro de Emtelco se barajan alternativas como estas. De un lado, EPM tiene interés en comprarle una parte de su infraestructura, por $55.000 millones. Como abono se tomarían $10.000 millones que las Empresas, a través de las filiales, le metió a Emtelco para efectuar nuevos negocios.

Una de las ideas que ha pasado por la Junta es que Emtelco le venda sus redes regionales a varias empresas del Grupo, como EPM (Medellín), EPM Bogotá, Emtelsa y Telefónica de Pereira. Cada una de ellas manejaría el negocio de transmisión de datos localmente y acometería la ampliación de las redes. Emtelco, por su parte, seguiría operando la red nacional.

Otra opción sería que Orbitel asumiera el negocio de Emtelco, pero pagando un buen precio, o que sin comprarla, se dedicara a operarla. También se ha puesto sobre el tapete hasta una posible adquisición por parte de Colombia Móvil o su absorción por otra empresa del grupo EPM. En cualquier escenario la directriz es que las Empresas no salgan de este negocio que complementa sus servicios de telecomunicaciones. Con relación a la firma operadora de los sistemas personales de comunicación, o Colombia Móvil, Luis Pérez Gutiérrez sostuvo que este es un negocio con muchas ventajas, aunque también tiene sus riesgos. No obstante, la firma en la que EPM hizo alianza con la ETB, está en buenas condiciones para competir con los celulares. El mandatario resaltó el respaldo del grupo empresarial que, sumado al posicionamiento que tiene la Empresa de Telecomunicaciones de Bogotá, permitirá llegar a una buena masa de clientes. Mientras los rivales pagaron US$600 millones por la licencia, la naciente operadora de PCS canceló una prima de US$56 millones. Adicionalmente, en las licitaciones para el montaje de la nueva empresa se consiguió una economía de US$60 millones, sobre la base de US$488 millones que se planeaba invertir.

Dentro de las nuevas visiones de Negocios que Pérez abrió en EPM ocupa un lugar especial la controvertida masificación de Internet. En su concepto, el grupo empresarial estaba encascarado en los servicios públicos tradicionales y sus proyectos de inversión le apuntaban a lo mismo de siempre, o sea agua, energía eléctrica, telefonía y pare de contar. El mandatario reconoció que no ha sido fácil sacar adelante el programa.

Primero, porque tradicionalmente se ha pensado que los computadores son para la clase alta, un concepto que de ser aceptado como natural conduciría a la perpetuación de la desigualdad social. Segundo, porque las multinacionales no creían en el país, veían complejo el montaje de una planta de ensamblaje y hasta temían ser blanco de atentados terroristas o incumplir el contrato por factores ajenos a su voluntad. El Alcalde dijo que a la hora de las licitaciones hubo mucho avivato, dada la proliferación de marcas de computadores que hay en el mundo, pero la intención de las Empresas siempre fue abrir este programa con el respaldo de una firma de talla internacional.

Luis Pérez manifestó que las cosas han funcionado bien, aunque se han presentado malos entendidos. Uno de ellos es que los paquetes de masificación (integrados por el computador, el servicio de Internet y la impulsación telefónica) no se van a vender en un año, porque el contrato con la Hewlett Packard se hizo a tres años, prorrogable a seis. En el 2003 la meta es vender 100.000 paquetes, en el 2004 otros 50.0000 y en el 2005 los restantes 50.000. A la fecha de la entrevista (9 de septiembre de 2003) Pérez reportó que la meta del año se iba cumpliendo en un 71%, gracias a la entrega, en los primeros nueve meses, de 47.200 paquetes, que se cotejaban favorablemente con los 45.000 computadores que se venden en Colombia... en un año. A eso se agregaban del orden de 10.000 a 12.000 solicitudes que estaban en proceso y un negocio de

10.000 computadores para los municipios que se cocinaba con el Gobernador de Antioquia.

"La situación se observa relativamente razonable en las metas, pero en mi opinión es un proyecto que en un período muy corto abre un negocio supremamente importante para la sociedad y para EPM..." El periodista interrumpió al Alcalde y le preguntó si no era riesgoso meterse en este negocio, a la luz de los negativos resultados del estudio interno de EPM, que él descalificó diciendo que no se iban a vender electrodomésticos, o del primer análisis de Ítem Ltda., que no veía como clientes interesantes a los estratos 1 y 2, en donde justamente estaba el grueso de la demanda.

Sobre el particular, Pérez dijo que de los estudios sólo conocía sus resultados. "En ese tiempo yo salí de la Junta y no volvía conocerlos muy bien. Sí recuerdo que los resultados del último estudio, más favorable, decía que la ciudad de Medellín había posibilidad de vender 200.000 computadores. En eso yo he sido particularmente optimista, en el sentido de que el gobernante no está para aceptar la realidad, sino para modificarla. Naturalmente, antes de la propuesta mía cualquier estudio de demanda de computadores tenía que dar muy baja. Si en Colombia se vendían 45.000 computadores al año, pues Medellín no debería tener más del 15% o 20% de la demanda. Sin embargo, nuestro proyecto hablaba de hacer una tarea educativa, llevar a las escuelas, meter a los niños en Internet, convidar a la gente a conocer las bondades educativas, sociales y de oportunidades que ofrecía el Internet. El debate que se dio llevaba a tener una demanda más alta, como lo dicen los últimos estudios y los resultados mismos. Si nosotros hemos vendido en Medellín 47.200 computadores en nueve o diez meses, me parece a mí que es una muestra de que superamos la realidad y la transformamos".

¿Pero a qué costo?, advirtió el periodista, considerando que el Contralor General de Medellín reiteró que en los computadores vendidos al 4 de marzo se había generado un detrimento fiscal de $1.405 millones y anunció que evaluaría el negocio de EPM Net, en el que se ha metido el programa de masificación.

El impacto que esto pueda tener sobre las finanzas de las Empresas no le inquietaba al Alcalde. "EPM tiene un plan de Negocios aprobado por los técnicos de EPM. Ese plan busca introducir la empresa en un nuevo negocio y mercado. A EPM ni a ninguna empresa Comercial se le puede juzgar como se juzga a una empresa pública de carácter social. Yo no conozco si los balances todavía no son positivos, pero esta es una empresa que, como todas en el mundo, al comienzo puede tener unos resultados negativos. Entiendo, por ejemplo, que Colombia Móvil va a tener este año resultados negativos altos, pero eso no significa detrimento patrimonial. La Contraloría debe vigilar, pero cambiar de concepción para entender que un negocio cuando empieza puede dar pérdidas".

El periodista insistió en el punto de las pérdidas que el programa le podría generar a EPM y le

mostró al mandatario algunos cálculos extraoficlales, que también los tiene la Contraloría, en
los cuales la pérdida por cada paquete básico
vendido se movería entre $763.915 en el estrato
1 y los $130.407 en el estrato 6.
El Alcalde fue receptivo con la información y
luego expresó que "no conozco resultados de
pérdidas del negocio, pero las voy a pedir. Podría ser cierto, por tratarse de un nuevo negocio.
Ahora, en una empresa no hay que valorar sólo
lo que entra y lo que sale, porque también vale
dinero tener nuevos clientes, como estos 47.000
nuevos usuarios de Internet. Si uno cogiera a
EPM TV, hace tres años tenía 50.000 clientes y
hoy tiene 250.000 clientes. Son dos valores empresariales distintos, asilas ganancias sean las
mismas. Una empresa adquiere valor, no sólo
por las ganancias netas, sino también por la
porción de mercado que esté manejando. EPM
está camino a ser la empresa más poderosa en
venta de Internet. Eso también tiene un valor".
Para ilustrarle sobre la dificultad de saber qué
tan rentable es para EPM el programa de masificación, se le mostró al Alcalde el Derecho de
Petición enviado a la Gerente General, Edith
Cecilia Urrego Herrera, en el que, entre otras
cosas, se preguntó cuánto ganan las Empresas
por cada paquete vendido. La respuesta de la
funcionaría fue que esa es información confidencial del negocio.
"Nosotros como Junta lo que podemos decir es
que el plan de Negocios que presenta EPM, hecho
por los técnicos, es positivo desde el punto de vis-

ta económico. Y segundo, estamos apuntando a un negocio futuro, que es tener el mayor número posible de clientes de Internet", dijo Pérez. Con ese mismo hilo conductor, precisó que "tú, como hombre de sociedad, tienes que entender que el proyecto es una empresa que empieza y éstas tienen puntos de equilibrio y puntos en donde arrancan a dar ganancias definitivas".

¿Y en Junta qué se ha planteado sobre el punto de equilibrio?, preguntó el periodista, ante lo cual el Alcalde se dejó venir con un dato que comenzaba a develar, oficialmente, los misterios del negocio de la masificación de Internet. "Yo voy a pedir esa información. Entiendo que la cosa es así: Los computadores para las familias de estrato 1, 2 y 3 no tienen ganancia, pero sí la hay en Internet y en los impulsos telefónicos. Para el estrato 4 tiene una tasa interna de retorno y ganancias la telefonía. Y para 5 y 6 las ganancias son un poco mayores, empezando porque en los estratos 1 y 2 la cuota es de $59.000 y para el estrato 6 de $75.000. Ahí se muestran unas diferencias importantes".

Parte de la tranquilidad que el mandatario mostraba frente a este programa, se la daba el reciente acuerdo al que había llegado con el proveedor de los equipos, la Hewlett Packard, para quitarle al contrato la camisa de fuerza de que el pedido era por 200.000 computadores. Ahora la obligación era de vender sólo lo que se pudiera.

"Le quitamos totalmente el riesgo al negocio", exclamó el Alcalde de Medellín, quien dijo que en la reunión con los directivos de la multinacional también se acordó que la planta de ensamblaje de computadores arrancaría el 13 de septiembre, con todo y replicadora para elaborar los discos duros.

¿Y sí es rentable para Hewlett Packard montar una planta para atender una demanda que, por ejemplo, se llegara a estancar en 100.000 computadores? Aunque la inquietud era más para la multinacional, Pérez los interpretó a partir de la posición que la HP le había manifestado en términos como estos:

¡ustedes cambiaron la realidad de los computadores en Colombia. Con todo lo que se pueda decir, que vendan 70.000 o 80.000 este año, para nosotros ha sido el experimento más grande. La gente ha entendido la importancia de tener un computador e Internet. De los supermercados nos están llamando y de las empresas, para que les hagamos publicidad y ofertas. Nos parece que tenemos que estimular el proyecto, quitándole riesgos, antes que ponérselos!

Usted es un hombre de Negocios y no suena sensato que después de tener asegurado un contrato por 200.000 computadores, se acepte el cambio de condición sabiendo que significa menores ingresos.

"Es que el contrato también tiene riesgos para ellos. Cada tres meses hay actualización tecnológica. Además, en Antioquia y en Colombia no pueden hacer ninguna oferta con un precio menor al que le entregan a EPM. Su financiamiento, por ejemplo, estaba vendiendo un computador mejor y al mismo precio que el de nosotros, y eso casi acaba el contrato, porque era una muestra de que nos estaban ofreciendo a un mayor precio. Ellos también están amarrados, porque cualquier promoción que hagan a precios más bajos que los de EPM significan una modificación o un incumplimiento del contrato".

En un momento dado se llegó a plantear la posibilidad de que, de mutuo acuerdo, se rompiera el contrato. ¿Usted estuvo de acuerdo con esa posibilidad?

"Yo sé que hay mucha gente a la que no le gusta amarrar a EPM hasta 200.000 computadores. Pero nosotros tenemos que hacer unas Empresas Públicas que no tengan un pensamiento monopólico, sino de competencia. Todos los funcionarios Comerciales tienen que ponerse metas alcanzables. Es muy fácil vender agua, teléfonos o energía, sin competencia. A mí, como empresario, no me da miedo meterme en esa meta de 200.000 computadores. Si ahora no se cumplen los 100.000, ya hay camino para ajustar a 60.000 o para ampliar el contrato a seis años.

Yo creo que ya hemos conseguido las metas que buscábamos. Tener aquí una planta de la HP, es, importante para Medellín y para la región. Tener más de 50.000 paquetes vendidos es una meta que supera con creces, porque en 10 meses hemos vinculado más gente a Internet que lo conseguido por EPM en toda su historia. Eso muestra que EPM sí ha avanzado en el libre mercado. Fuera de ello, nos tocó competir con los contrabandistas y con los dones de computadores, son proyectos de controversia, pero modernizan la empresa, le ayudan a la ciudad. No hay duda de que ahora que HP ha aceptado que se venda el número que se venda, le quita todo riesgo al proyecto y le trae muchos beneficios a la ciudad".

En materia de inversiones de EPM se nota un cambio de énfasis en su administración, En lugar de repatriar capitales, por más de $600.000 millones, lo que se dio es una EPM más volcada a dedicada a ganar mercado nacional y hasta internacional.

"No, no, eso no es cierto. Durante los dos primeros años sólo invertimos en Antioquia. No se compró ninguna empresa por fuera. La capitalización de EPM Bogotá ($60.000 millones en un año y $80.000 millones en otro), se hizo con dinero de las filiales. Se invirtió en Antioquia, como las centrales La Herradura y La Vuelta, en Porce III, la masificación de Internet, etc. No hubo una sola empresa por fuera que gastara dinero.

En el 2003 hemos hecho una alta inversión en Colombia Móvil, que generará 6.500 empleos en Antioquia y aquí quedó la Vicepresidencia Técnica. La mitad de la inversión en esta firma afecta positivamente la región antioqueña. El único negocio en el que se ha invertido por fuera es la compra de la Chec y EDQ, que viene de hace cuatro años. En las inversiones del 2003 esto último no pesa el 20% y en la ejecutada en los tres años no llega al 10% del total de EPM.

No es, pues, un cambio en la estrategia. Es un camino que no se puede perder, de ampliar los mercados de telecomunicaciones y de electricidad. A futuro, EPM debería tener la energía de Pereira. Seguimos en proyectos regionales, como Aguas de Urabá, para lo cual hay separados $56.000 millones para empezar antes de finales del año. Aguas de Occidente, con unos $25.000 millones. Y están en estudio una empresa de servicios públicos para el Oriente antioqueño y otra para el Bajo Cauca. En Antioquia no hemos invertido más, porque no hay más en qué. Todos los proyectos están en estudio. Lo que sí veo importante es que hay un criterio de política de mirar hacia Antioquia. Así lo piensan los candidatos a la Alcaldía y la Gobernación, pero sin que la montañerada apabulle la globalidad".

El complemento de esas inversiones locales es una de carácter internacional, para un proyecto de generación de energía eléctrica de 30 megavatios en Panamá. Su costo es de US$48 millones, de los cuales el Banco Interamericano de Desarrollo (BID) financiará el 90%. Se estima que EPM tendría el 75% y, máximo, pondría del orden de US$4.5 millones.

Otro de los temas que a usted más lo enciende es el de las tarifas de energía eléctrica, al punto de haber llegado a expresar que se entrometió en un gran negocio y que ha sido amenazado por ello. ¿Queda satisfecho con lo realizado en ese frente?.

"El tema me ha favorecido mucho, porque en el país me conocen por ser un gran luchador en el tema de las tarifas, con argumentos teóricos. Ese ha sido un debate interesante en Colombia, por su nivel técnico. Antes no pasaba de ser un discurso ventijuliero. Ahora se realiza con datos, con técnica, y eso obedece a que la Creg ha logrado sistematizar, diría que en exceso, la reglamentación de las tarifas, las cuales son lo que más afecta a la gente en la cotidianidad, pero lo que menos entiende cuando trata de ver los mecanismos.

Los servicios públicos son el negocio más grande que hay en Colombia, más que cualquiera legal o ilegal. Hoy maneja $23.3 millones de millones. Tanta plata admite todo tipo de pasiones, que hasta se justifican, ocultas o visibles. El de la energía residencial está en unos $7 millones de millones. Cada punto de aumento significa $70.000millones. Entonces, cuando usted se aleja mucho de la inflación, 14 o 13 puntos, eso empieza a cruzar el billón de pesos. Me parece satisfactorio que en mi alcaldía el país se halla tranquilizado con los aumentos energéticos. No tenemos los escándalos del 35%, 40% o 50% de antes. Creo que Medellín ha dado un gran paso, con mucha lucha.

Una segunda labor importante se hizo con las voladuras de torres. AHÍ había una caja negra, porque se volvía un mecanismo expedito para aumentar, de alguna manera, el costo de la energía. Tanto, que denuncié que en el2000 nos cobraron $922.000 millones y en la cuenta decía por voladuras de torres (restricciones), cuando levantarlas (y no todas están en pie) costaba $40.000 millones. Ese fenómeno se acabó con la denuncia que hice, porque le pusieron un precio limite a la energía. El tercer punto satisfactorio para mí, es que la Creg obligó a unos aumentos muy altos, en la tasa de rendimiento del capital invertido (WAC). Hasta el2002 por cada peso invertido en el negocio de distribución el empresario esperaba ganar 9 centavos y la Creg obligó después a que se gane hasta 16,06 centavos. Eso tiene que salir de las tarifas. Entonces, nosotros logramos, luego de muchas conversaciones con el Presidente Uribe, que el Conpesse ocupara de las tarifas. A la Creg no le importa si el país está en violencia, si la gente aguanta hambre, si hay problemas sociales, porque sólo mira la fórmula y la rentabilidad empresarial. Entonces, haber logrado que el Conpes se ocupe de las tarifas es un paso importante, porque si todo lo de las tarifas es político, se quiebran las empresas, y si todo es técnico, ahorcamos a los ciudadanos. Por eso deben existir organismos que armonicen las relaciones en Colombia.

El Conpes aprobó una propuesta que le mandamos, para que le permita a las empresas regionales de servicios públicos y a las oficiales flexibilizar dos aspectos. La Creg dijo que el WAC de distribución se podía recuperar en 18 meses, pero ahora se podrá hacer en 30 meses y de una manera tal que permitirá un alivio de más del 50% para los usuarios en los incrementos tarifarios. Lo segundo es que el Conpes hizo una flexibilización de los costos del CU o costos unitarios, al ponerles unos topes máximos para que la inflación no crezca. Esto se debe a que el director del Dañe dijo algo que puso orejón al Presidente Álvaro Uribe: que uno de los principales causantes de la inflación eran los servicios públicos. El asunto le interesa tanto al Presidente, que ya está hablando manejo social de los servicios públicos y por eso nos apoya ".

Vamos a la práctica. En el 2003 el manejo tarifario en EPM ha sido un completo misterio y hasta versiones contradictorias se han por parte de Gerencia General y dos miembros de la Junta Directiva, los cuales pronosticaron un incremento de hasta el 25% al finalizar el año, mientras otras fuentes afirman que hacia el mes de septiembre el incremento iba en el 16%. ¿Cuál es la información que usted tiene?

"Sobre las tarifas he mantenido una política, que le he pedido a la gerencia que aplique. En el año 2002 los consumos de noviembre y diciembre sufrieron un aumento, que hicieron un poco de crisis en la organización. Luego de eso, yo que he estado por fuera de la Junta, pero le solicité a la Gerente que cada vez que hubiera un aumento me lo comentara. Comenzamos con un aumento del 1% en enero, de cero en febrero, que se congeló por la pelotera que se armó. En julio íbamos en el 6.3% y a septiembre vamos por debajo del 8% y aspiramos a mantener la tarifa prometida en cerca del 9.8%. Esto se ha hecho con mucha dificultad.

Los que manejan las tarifas nos pidieron que hiciéramos un aumento del 4.6% para agosto y del 3.5% para septiembre. Por eso se armó el alboroto y dije que llamáramos a la Presidencia. Uribe nos aconsejó no aumentar y dijo que nos hacía los ajustes legales necesarios para mantener unas tarifas cercanas a la inflación. Fue una pelea larga, porque se metió el ministro, la

Creg, y al final salió el documento Conpes.
En este momento se están haciendo unos análisis, porque los rezagos o cualquier otro elemento que tienen las tarifas, se vienen abajo por el Plan Nacional de Desarrollo, que dice que las tarifas de los estratos 1 y 2 no pueden aumentar más que la inflación. Eso pone a tambalear la estructura de la Creg, porque hay que ver cómo se compensa eso, si con mayores cobros a los estratos altos o con subsidios. EPM tiene una gran ventaja, porque le sobran cada año $3.000 o $4.000 millones en subsidios y se pueden pegar a los estratos 7 y 2".

Usted dice que en el 2003 la tarifa crecerá 9.8%, ¿pero eso no significará que la empresa acumule un rezaga que obligue al próximo Alcalde a darse la pela política que implica subir las tarifas?

"No podemos hacerlo, porque a nosotros nos evalúan por periodo fiscal. Es que hay dos rezagos. Uno es el que se ampara en la Ley 142. El otro era el del período de Iván Correa, por los descuentos Comerciales, que si era peligroso dejárselo al próximo Alcalde. Lo que hicimos fue presentar un modelo en donde se revisaba la estructura de la empresa en lo relacionado con la duración de las máquinas o represas, y que nos permitiera que mientras nos tranquilizábamos con la Creg pudiéramos hacer un modelo para que el descuento Comercial social se convirtiera en permanente, como un mecanismo de distribución de utilidades a los socios. Pero Iván Correa tomó la decisión de eliminar los descuentos".

¿Entonces puede respirar tranquilo en materia de tarifas el próximo Alcalde?

"Ciento por ciento y me siento muy satisfecho
de lo que hemos hecho" ∎

EL FUTURO

Los ciudadanos tienen en sus manos el futuro de las Empresas Públicas de Medellín. Siempre lo han tenido. Sobre todo ahora, que están a punto de concurrir a las urnas para escoger a la primera autoridad de la ciudad. Escoger Alcalde es también escoger la propuesta de administración de EPM que se considera más sensata, responsable, comprometida con el desarrollo empresarial y armónica con el devenir de la municipalidad. EPM no es toda la ciudad. Pero sí se ha convertido en el corazón de ella, dado el enorme impacto que tiene en variables como los servicios públicos, el empleo, la demanda de bienes y servicios y la contratación pública. En lugar de reproducir los programas que los candidatos tienen frente a las Empresas, se les remitió un cuestionario sobre 15 aspectos vitales.

Que cada lector juzgue las respuestas.

1. ¿Cuáles son sus compromisos básicos frente a las Empresas Públicas de Medellín como candidato y como Alcalde, si es elegido?

Nuestras acciones garantizarán que las Empresas Públicas de Medellín, orgullo nacional, continúen como Empresa industrial y Comercial del Estado, propiedad exclusiva del Municipio de Medellín, con una dimensión social manifestada en el uso de los excedentes que transfiere a nuestro ente territorial, con el objeto de in vertirlos en el progreso y en el desarrollo de la ciudad, y en el mejoramiento de la calidad de vida de nuestra gente.

EPM debe dedicarse a cumplir su objeto social y a garantizar la eficiencia, la cobertura y la calidad en la prestación de los servicios públicos domiciliarios y el Municipio de Medellín a cumplir su función constitucional, legal y estatutaria, manteniendo la necesaria responsabilidad con respecto al gasto social y a ser el soporte principal de la promoción del bienestar de la población.

EPM será manejada rigurosamente dentro de los más altos principios ge renda les y empresariales que garanticen su indispensable permanencia y crecimiento en el tiempo y su carácter de entidad líder y ejemplar en el contexto latinoamericano (en 1996, durante mi alcaldía las utilidades fueron de $497 millones de dólares, las más altas de su historia, y la cifra de hogares con los servicios públicos suspendidos era absolutamente insignificante; en 2002, las utilidades fueron de $85 millones de dólares con 81.000 usuarios en mora).

Para lograr los mejores resultados, EPM: contará con personal idóneo y altamente profesional y cada una de las áreas tendrá un manejo óptimo e interrelacionado, de manera que le permitan a la organización enfrentar adecuadamente la competencia, atender los requerimientos de su dueño, el Municipio de Medellín y sus habitantes, y mejorar cada día la prestación de sus servicios en bien de todos los usuarios. Las compras de la entidad estarán regidas por procesos claros y transparentes, como lo ordenan las normas y como lo esperan la comunidad y los proveedores de EPM.

Empresas Públicas, como aporte social al desarrollo de los municipios antioqueños, definirá y cofinanciará proyectos de inversión para las comunidades campesinas ubicadas alrededor de los macroproyectos e inversiones regionales, para permitir que la población en su entorno presente niveles de progreso y empleo con enfoque empresarial, rentable y de avanzada. Estas metas podrán cumplirse sin perjuicio de la capitalización de la entidad y de su capacidad para generar las transferencias suficientes, con el fin de asegurar las metas de la política social y de reactivación del empleo en Medellín. Además, con la región se hará justicia mediante un cubrimiento cada vez mayor, una mejor calidad y unos servicios públicos con tarifas adecuadas. Para asegurarla transparencia de EPM, un paso concreto será la implementación de un informe semestral de rendición de cuentas para que la comunidad conozca en detalle la marcha de la entidad y el manejo de estos recursos públicos.

Los compromisos básicos frente a la EPM están fijados en mi programa entregado a la Registraduria Nacional del Estado Civil y los cuales transcribo a continuación:

a) Consideramos las EPM y las demás empresas de carácter municipal, como el patrimonio estratégico municipal por esa razón continuarán manteniendo su carácter público.

b) Se definirá una política clara y transparente de las transferencias de EPM y demás empresas municipales al Municipio, que consulte la viabilidad empresarial de largo plazo y las necesidades sociales de la ciudad.

c) La inversión social, exceptuando aquella que es necesaria para la sostenibilidad del objeto social de la entidad, la asumirá el Municipio. Las decisiones de inversión de las empresas municipales se tomarán bajo criterios de viabilidad empresarial que consulten las necesidades de crecimiento, rentabilidad y sostenibilidad social en una perspectiva de largo plazo.

d) Dentro del margen permitido por las disposiciones legales, el Municipio se constituirá un fondo de solidaridad social, con recursos provenientes parcialmente de las transferencias de EPM, con la función de subsidiar las tarifas de los servicios públicos de subsistencia a los estratos socioeconómicos más bajos, de igual manera se propiciará el sistema de prepago.

e) Se adoptará un mecanismo de elección de dignatarios de la Junta Directiva de la Entidad, respetando las disposiciones de la Ley 142, que garantice una amplia representatividad de las fuerzas vivas de la ciudad.

*f) Se establecerán unos requisitos mínimos de ido-
neidad que se exigirán a los candidatos a la Junta
Directiva. Paralelamente se presentará un proyecto
de acuerdo para que en lo sucesivo la Junta Directiva sea nombrada por un procedimiento rotativo,
con una dedicación y una remuneración acorde con
la relevancia y complejidad de la Empresa, sin me-
noscabo de las competencias asignadas legal mente
al Alcalde, como Representante legal del Municipio,
dueño de la Empresa.*

*g) Se le dará prioridad al concurso de méritos como
mecanismo de selección y promoción del persona! Además se adoptarán las medidas tendientes a recuperar el
Clima organizacional y el sentido de pertenencia de los
trabajadores de las empresas municipales.*

*h) Se aceptarán las actuaciones de veedurías sobre
las empresas municipales.*

*i)Como queda consignado en las propuestas sobre
Empresas, empleo y Competitividad, convertiremos a
EPM en líderes del desarrollo tecnológico en la ciudad.*

Se revisará el Código de Buen Gobierno Corporativo de EPM (Decreto 173 de 2001 de la Junta
Directiva), a fin de incorporar en él y darles carácter formal a las propuestas aquí contenidas.

Sergio Fajardo Valderrama

Nuestro Compromiso Básico General es recuperar, preservar, mantener, estimular y acrecentar
la Autonomía y los Valores de las Empresas Públicas de Medellín que han sido vulnerados.

Es necesario recobrar la legitimidad ante
la comunidad.

Como Alcalde respetaré el Mandato Legal de Autonomía Administrativa, Financiera y con Patrimonio Propio, de las Empresas Públicas de Medellín. No intervendré directamente en la administración de ellas. Colaboraré como miembro de la Junta Directiva en la formación de las Políticas Generales que ésta debe definir, y en el establecimiento de las Estrategias de Desarrollo de la entidad, las cuales, en lo que respecta a su objeto de prestación de los servicios públicos domiciliarios, serán concordantes con las Estrategias de Desarrollo del Municipio de Medellín.

Con la participación de las fuerzas sociales de la ciudad definiremos un Procedimiento Participativo para la designación de cinco (5) de los miembros de la Junta Directiva representativos de estas fuerzas.

En este Procedimiento Participativo solicitaremos a las fuerzas sociales: entidades cívicas, gremiales del sector privado, sindicatos, juntas de acción comunal, ONGs, empleados de las Empresas Públicas de Medellín, la Academia, la clase política, etc., que le propongan al Alcalde, los nombres de las personas que consideran de su mayor representación y el Alcalde se compromete a hacer los nombramientos teniendo en cuenta solamente razones técnicas y sociales, sin discriminación alguna, atendiendo los mejores intereses de la ciudad y de las Empresas Públicas de Medellín.

Adicionalmente, en concertación con la Junta Directiva, el Alcalde procederá a escoger el Gerente General de la entidad.

Además, en la Junta Directiva, necesariamente por mandato legal estarán representados la Administración Municipal con el Alcalde como su presidente, o el delegado que él designe para que lo reemplace en las ausencias temporales. Éste deberá ser funcionario de la Administración Municipal y los Usuarios con tres (3) personas escogidas por el Alcalde, entre los vocales de control registrados por los Comités de Desarrollo y Control Social de los Servicios Públicos Domiciliarios, existentes en la ciudad con representación legal.

El Procedimiento Participativo se reglamentará y se expresará públicamente. Su cumplimento tendrá una Veeduría Cívica, especialmente conformada por ciudadanos de reconocida imparcialidad en la comunidad.

Implementaremos un sistema organizacional de Grupo Empresarial que defina las políticas generales de la entidad, establezca mecanismos de administración y control de las inversiones en los Negocios (existentes y nuevos) y especialmente defina las políticas de nuevos Negocios y el marco de acción geográfica en la prestación de los servicios públicos, entendiendo que las Empresas Públicas de Medellín deben mirara! Departamento de Antioquia como su lógico siguiente paso de intervención.

Revisaremos, conservaremos y modificaremos si es necesario, las políticas de las relaciones con la comunidad, de tal manera que se fortalezca el Sentido de Pertenencia de ésta, y se desarrolle una relación orientada por principios de Buena fe, Transparencia, Participación, Equidad,

Igualdad e Imparcialidad. Es decir una relación amable con la comunidad de usuarios de los servicios, con Diálogo y Concertación.

Crearemos la figura de El Defensor del Usuario en las Empresas Publicas de Medellín.

Utilizaremos Mecanismos de Comunicación Amplia y Pública de las decisiones fundamentales de política general y de los resultados de la gestión administrativa. En un Proceso de Formación Ciudadana, que introduzca la filosofía de rendición de cuentas, en Audiencias Públicas rigurosamente daremos la información a la comunidad.

Para la contratación en Empresas Públicas de Medellín No Habrá Licitaciones con Solicitud Privada de Ofertas (Artículo 10°, Decreto 118 de 1998, Normas Generales de Contratación). Todas ellas deberán ser Públicas, informadas mediante avisos en la prensa y en los medios electrónicos de la Empresa.

Estudiaremos las demás normas de solicitud de ofertas existentes, incorporando si es del caso experiencias conocidas de procesos transparentes, impidiendo por todos los medios que se introduzca la Corrupción en la entidad.

En las Empresas Públicas de Medellín no haremos inversiones en Actividades Extra empresariales diferentes a su Objeto, ni en forma directa, ni a través de las filiales, ni de la Fundación Empresas Públicas de Medellín.

Nos comprometeremos a aplicar estrictamente los porcentajes de las utilidades que sean de-

finidos por el Concejo Municipal, como transferencias de las Empresas al Municipio de Medellín. Éstas se invertirán por el Municipio en
Proyectos de Desarrollo Social y en la formación de un Fondo de la Educación. El Alcalde
rendirá cuentas, al menos cada semestre, de las
inversiones realizadas con las transferencias.
Creemos que en las Empresas Públicas de Medellín debemos profundizar en el tema de la
Gestión Social. Esta debe hacer parte de su Objeto; debe estar considerada en su Planeación
Estratégica e integrada claramente en su Organización Administrativa a alto nivel, para que
ella se haga con una Política y Coordinación
General Permanentes.

Jorge Enrique Vélez

En todas las empresas del orden municipal, buscaremos el ejercicio de un buen gobierno corporativo basado en principios de ética, eficacia y ve-
racidad, garantizando autonomía y respeto por la
responsabilidad que asume la empresa y su equipo gerencial frente a los legítimos intereses de los
accionistas, colaboradores, clientes, competidores, proveedores, la sociedad y el Estado.
Específicamente en el caso de EPM, la revesti-
remos de adecuados niveles de autonomía administrativa ya través de la conformación de
una Junta Directiva eficiente, independiente y
responsable, y la designación de personal idóneo para su Administración, velaremos porque
la empresa mantenga su viabilidad financiera

a corto y largo plazo. Como lo he manifestado públicamente, aspiro a ser el Alcalde de la ciudad de Medellín y no el gerente de EPM.

Luis Guillermo Pardo Cardona

EPM es la gran empresa pública de todos, es el gran negocio al servicio del pueblo y debe servir para la solución de los graves problemas sociales que tiene la ciudad. Debemos alejarla del clientelismo y la corrupción. Debe dejar de ser la caja menor del alcalde de turno. Por lo tanto debe haber:

Transparencia gerencial en el manejo de EPM.

Aplicación del código de buen gobierno inserto en mi programa para la alcaldía, el cual inscribí en el mes de Abril en la Notaría 10a de Medellín.

Revisión de tarifas, aplicando la ley hacia un estado social de derecho. Servicio social, no mercantil al usuario de EPM en Medellín.

Reciprocidad permanente de las EPM con la Universidad Pública de tal manera que de un lado se dé el desarrollo de investigación científica y del otro lado se mantenga la inversión para su efectivo y permanente desarrollo, y así al ir de la mano se recoja el beneficio para ambas entidades y para la comunidad en general.

El porcentaje de excedentes que la Ley Orgánica facilita trasladar en este momento a la Fundación de EPM para gastos suntuarios y organización de desfiles de modas y cosas parecidas, debe de ser utilizado para una mayor inversión social y así contribuir a solucionar los graves problemas que tiene la ciudad.

2. ¿Qué aciertos le reconoce a la administración de Luis Pérez Gutiérrez en el manejo de las EPM? ¿Continuaría y profundizaría esa labor o le haría algún replanteamiento?

Sergio Naranjo Pérez

Ha sido siempre una política mía respetar las gestiones y las decisiones de los Alcaldes durante sus mandatos e igualmente lo he hecho con la administración del Doctor Luis Pérez Gutiérrez; por lo tanto, no me pronunciaré al respecto. Cuando sea Alcalde, continuaré con mi convicción y empeño de trabajar por toda la gente de Medellín y de Antioquia; en concordancia, siempre dirigiré mis acciones a producir beneficios y a no permitir actividades que le puedan hacer daño a la entidad.

Jorge Mejía Martínez

En el manejo de EPM reconozco a la actual administración, el haber buscado medios para disminuir el costo de los servicios al usuario y el haber emprendido la masificación de Internet; la constitución del Contac Center y su participación en la creación de Colombia Móvil; igualmente la denuncia exitosa por el enriquecimiento, sin justa causa, del Gobierno Central a costa del derribamiento de las torres de energía y la sensibilización del país respecto a garantizarle a los sectores más pobres, incrementos tarifarios no superiores a la tasa de inflación.

Reiteramos que el Alcalde actual vulneró gravemente la Autonomía y los Valores de las Empresas Públicas de Medellín. Con una voluntad única controló directamente los bienes y servicios de la Empresa; intervino directamente en la administración, desarrolló el apetito burocrático con nombramientos políticos en puestos técnicos y no permitió que otras personas u organizaciones pudieran examinar u opinar sobre lo que se hace.

No creemos que tal estilo de administración deba continuarse o profundizarse e indudablemente todo ese estilo debe replantearse.

En una empresa como las Empresas Públicas de Medellín, tan sólida financieramente, con una Planeación con Continuidad congruente con sus objetivos; con un Recurso Humano que es un Patrimonio del Conocimiento y con una gran capacidad de ejecución, aún para un regular administrador, es muy difícil no hacer alguna labor significativa.

Para justificar sus desaciertos: rompimiento de la planeación, ejecución de obras fuera del objeto, desmantelamiento de su patrimonio, imposición de resultados de estudios para desarrollar el programa de masificación de Internet, la destrucción del clima laboral interno y en especial el desacierto más grave al vulnerar la Autonomía y los Valores de la Empresa, etc., el Alcalde solamente alega a su favor los buenos resultados financieros de la entidad.

Todavía, semejante empresa, con unos excelentes servicios, un mercado prácticamente cautivo, una excelente cultura de buen pago de sus usuarios y una dinámica tradicional difícil, más no imposible, de vulnerar en una sola administración, por su sola inercia, produce buenos resultados financieros, todavía.

Aunque parezca una expresión de una equivocada suficiencia, administrar bien esta calidad de empresas es fácil. Recuperar sus valores y su autonomía supondrá un esfuerzo grande, pero vamos a lograrlo, y el concepto expresado se volverá una realidad. (Incluye respuesta al punto 3).

Jorge Enrique Vélez

Me parece que el actual alcalde ha propuesto unas formulas interesantes respecto a la demanda de EPM contra Isagen y la solución de la deuda del Metro con la Nación. La decisión recientemente tomada por el Concejo de Medellín apunta en este sentido y espero que se logren desarrollos positivos.

Luis Guillermo Pardo Cardona

El control político que el alcalde actual ha querido mantener sobre EPM es acertado y se mantendría, ya que la entidad debe de seguir siendo pública. Lo demás sería un asomo de privatización, con lo cual no estamos de acuerdo. Ya tenemos un antecedente nefasto sobre deseo de privatización de las EPM, el cual afortunadamente para Medellín, la ciudadanía y el Concejo hicieron echar para atrás en una alcaldía no muy lejana. Igualmente se avalarían los actuales proyectos de expansión que aseguran el futuro para EPM en forma directa para Porce III y en alianza para Pescadero-Ituango.

3. ¿Hay desaciertos? ¿En qué frentes? ¿Cómo corregiría los errores que, a su juicio, se hayan cometido?

Sergio Naranjo Pérez

Como lo expresé anteriormente, EPM debe dedicarse a cumplir su objeto social y a garantizar la eficiencia, la cobertura y la calidad en la prestación de los servicios públicos domiciliarios, y el Municipio de Medellín a cumplir su función constitucional, manteniendo la necesaria responsabilidad con respecto al gasto social y a ser el soporte principal para promover el desarrollo y el bienestar de la población. Una vez asuma la Alcaldía observaremos la situación de la entidad y trabajaremos en beneficio de todos.

Jorge Mejía Martínez

a) El clima laboral se ha deteriorado, hay que reconstruirlo. Mis propuestas tienen un objetivo transversal que es la de hacer una administración, en la central del Municipio y en sus empresas, de profundo carácter participativo, sin renunciar a las responsabilidades propias de quien gobierna.

b) Es necesario rehacer las buenas relaciones de EPM con el sector financiero en especial con los Fondos de Pensiones.

c) De igual manera si predicamos la participación debemos acoger las veedurías que sobre las Empresas de propiedad Municipal, sus secretarías, programas y proyectos organice la ciudadanía. Para reforzar este mecanismo participativo, haremos que los indicadores de gestión: eficiencia, eficacia, cobertura e impacto, sean llevados por instituciones diferentes a la administración municipaltas cuales pueden ser asociaciones gremiales o universidades.

Luis Guillermo Pardo Cardona

Claro que hay desaciertos.

a) Hay que comenzar por terminar la Fundación de EPM, la cual sólo ha servido para atender gastos innecesarios, suntuarios y caprichosos en la actual administración municipal.

b) Hay que consultar las diferentes dependencias técnicas especializadas para tomar las decisiones acertadas en materia de la prestación de servicios públicos, o si no, ¿para qué existen los funcionarios nombrados en esas dependencias?

c) Hay que concertar adecuadamente con los trabajadores sindicalizados para que haya un agradable clima laboral y una mejor prestación del servicio.

d) Hay que resolver urgentemente el problema de los 85.000 usuarios que tienen los "servicios cortados" actualmente. Eso no admite más dilación y se debió abocar a tiempo por la actual administración

e) Replantear el programa de contact center, el cual no generó nunca los 8000 empleos anunciados, escasamente se ha llegado a los 800.

f) Abocar debidamente el tema de congelación de tarifas, el cual tampoco ha cumplido el objetivo prometido en campaña.

4. ¿Qué pueden esperar los usuarios de usted, como candidato y como Alcalde, en materia de tarifas de servicios públicos?

Sergio Naranjo Pérez

La gestión de las Empresas Públicas y, en particular, la política tarifaría estarán enmarcadas dentro de la legislación y la regulación vigentes y deberán conciliar la visión económica y financiera de la empresa, de su permanencia en el tiempo y de proporcionar servicios de calidad, con la de tipo social y el mejoramiento de la calidad de vida. Para los estratos con mayores dificultades en la ciudad, buscaremos la justa creación de un Fondo de Solidaridad, como lo establece la Ley 142, con el fin de subsidiar estos consumos y de esa manera cumplir con uno de los objetivos del Estado, como es el de luchar por la equidad y la redistribución del ingreso para promover el desarrollo.

Jorge Mejía Martínez

Me ocuparé desde el primer día de gestión en consolidar mecanismos que permitan unas tarifas adecuadas; en resolver el problema masivo de desconectados y en establecer la garantía de unos consumos mínimos para todos los usuarios.

Sergio Fajardo Valderrama

Los criterios para definir el Régimen de Tarifas, tal como lo establece la ley, serán los de Eficiencia Económica, Neutralidad, Solidaridad, Redistribución, Suficiencia Financiera, Simplicidad y Transparencia.

Las fórmulas tarifarias no podrán trasladar a los usuarios los Costos de una Gestión Ineficiente y se elaborarán de tal manera que se facilite su comprensión y el Régimen Tarifario será explícito y completamente público para los usuarios y muy especialmente las tarifas deben consultar la capacidad económica de éstos.

Las tarifas tienen que ser justas, equitativas y acordes con la capacidad económica de los usuarios. Una administración comprometida de las Empresas Públicas de Medellín tiene que ser Eficaz y Eficiente en sus políticas y de resultados financieros. La gestión económica tiene que ser rigurosa y con base en la racionalización de gastos, costos e inversión y con el objetivo de que los beneficios de la gestión se reflejen en unas tarifas económicas.

Como es conocido las tarifas son reguladas nacionalmente. Empresas Públicas de Medellín tiene personal especializado que estudia los criterios de la regulación e interviene en su estructuración. Mantendremos un permanente seguimiento de las actuaciones previas de las Comisiones Nacionales que regulan las Tarifas de los Servicios e interactuaremos con éstas antes de su definición, buscando siempre que las tarifas sean acordes con la situación económica de los usuarios y de la entidad.

Jorge Enrique Vélez

Solo puedo contestar que yo responderé por las acciones de mi administración y procuraré no tener el espejo retrovisor que a veces tiende a utilizarse para juzgar las administraciones anteriores. Creo que los desaciertos y los aciertos tienen que ser juzgados por la ciudadanía.

Luis Guillermo Pardo Cardona

Si bien las tarifas de servicios públicos están reguladas, o mejor, impuestas por las Comisiones Reguladoras, es necesario emprender una acción tanto a nivel legislativo como a nivel técnico para ofrecer unas tarifas justas y adecuadas de tal manera que el usuario pueda acceder a los servicios públicos, pagarlos y continuar utilizándolos. 0 sea: tarifas justas, accesibles y pagaderas. Gana el usuario y gana EPM. Además se enfocará decididamente el tema de los usuarios que tienen problema con el pago de sus servicios públicos así:

a) Reconexión sin costo a los usuarios

b) Plan de alivio sin costo financiero para los 85.000 usuarios que tienen todos los servicios cortados

c) Cronograma amplio de pago
El Fondo de Solidaridad debe propiciar las opciones
de pago de la deuda a través de intercambio por tra-
bajo social, con apoyo de la empresa privada

5. ¿Está de acuerdo con implementar descuentos Comerciales? ¿De qué magnitud los ha contemplado y a qué usuarios beneficiaría?

Sergio Naranjo Pérez

En su debido momento estudiaremos integralmente los pro y los contra de un plan de descuentos, pero ese no es el gran problema social que más nos inquieta sino el altísimo desempleo debido a unas políticas económicas inapropiadas. Reactivaremos la economía de la ciudad, volveremos a generar confianza y clima de inversión y volverá a haber empleo productivo para que todos puedan pagar sus servicios públicos oportunamente. Para las 81.000 familias desconectadas, en riesgo y en la ilegalidad, hemos diseñado un plan de financiación a 60 meses, sin cuota inicial ni intereses, para que a partir del primero de enero cuenten otra vez con todos sus servicios de manera normal y módicamente, con las mayores facilidades, puedan ponerse al día para que cese esa injusticia social.

Jorge Mejía Martínez

La igualdad no es la equidad. Buscaré con las tarifas de servicios públicos mejorar los ingresos disponibles de los estratos con menores ingresos, para ello haremos de fondo una revisión a la estratificación en la ciudad y entre otras posibilidades, auscultaremos mecanismos que permitan contratos con EPM teniendo al Municipio como gran consumidor y delegando de nuevo la distribución y el cobro en EPM.

Sergio Fajardo Valderrama

La administración actual prometió una congelación de tarifas y realmente no hubo ninguna congelación. Ante la imposibilidad de hacerlo, se ideó un sistema de descuento Comercial, que tal como se implementó, otorgándolo sólo a los usuarios que estuvieran cumplidos con sus pagos, resultó beneficiando a quienes realmente no lo necesitaban, los estratos altos y en cambio, los estratos bajos poco se beneficiaron.
Un descuento Comercial así planteado, como su nombre lo indica, es un sistema utilizado por muchas empresas para su propio beneficio y no el de sus clientes, puesto que para obtener un descuento incentiva el pago en mora, lo que redunda a favor de la Empresa.
Coyuntura! y no permanentemente, en situaciones económicas difíciles, un descuento Comercial podría considerarse si se aplica para los usuarios de menores recursos. Unas tarifas razonables no requerirían estos mecanismos que eventualmente benefician a unos pocos, pero que crean distorsiones en un régimen de tarifas que debe ser explícito y bien ordenado.

Jorge Enrique Vélez

Esto corresponde a la estrategia empresarial de EPM y debe ser objeto de los análisis que debe hacer permanentemente su Junta Directiva y su administración.

Luis Guillermo Pardo Carmona

Ante todo hay que revisar la Ley 142 y apoyarse en el Fondo de Solidaridad para ayudar fundamentalmente al estrato 7 el cual es el que tiene inconvenientes para pagar. Por lo tanto no hay razón para hacer descuentos Comerciales, porque el problema fundamental está en otro lado.

6. ¿Le apostaría en campaña y luego desde la Alcaldía a una congelación de tarifas de servicios públicos?

Sergio Naranjo Pérez

Las tarifas de servicios públicos no son materia de campaña política: Primero, por respeto al elector ya que este tema está ampliamente regulado por las autoridades nacionales, legal y debidamente establecidas, y segundo, porque la composición de las tarifas hace del valor una variable que no podemos predecir.

Jorge Mejía Martínez

He planteado múltiples mecanismos para lograr un cobro más ajustado a las verdaderas capacidades de los estratos más bajos. Debo adicionar que continuaremos la revisión de las normas que rigen la Creg y las tarifas, para buscar reformas necesarias con el gobierno nacional, que nos garanticen mayor autonomía para definir nuestras propias tarifas, de acuerdo a las potencialidades propias.

Sergio Fajardo Valderrama

Una política de congelación de tarifas, puede, en casos de coyuntura, establecerse pero con riesgos que tienen que ser seriamente muy bien calculados, para que el beneficio de la congelación no afecte gravemente la viabilidad financiera de la entidad. En todo caso no consideramos que sea serlo, como argumento de campaña, ofrecer el congelamiento de las tarifas.

Jorge Enrique Vélez

No es serlo proponer congelación o rebaja en las tarifas, máxime cuando ello en parte es responsabilidad de La Comisión de Regulación (Creg). Las tarifas se mantendrán en los menores niveles posibles, garantizando eficiencia en la operación de las empresas. Las Empresas Públicas con una visión social, y como una respuesta concreta a la difícil situación de los ingresos de los habitantes de la ciudad, impulsará la creación de un sistema de Servicios Públicos prepago. Es decir, el ciudadano que lo prefiera, comprará los servicios que esté en capacidad de pagar. Lo anterior, además de evitar que 80.000 viviendas estén desconectadas, racionalizará el consumo, evitará el incremento de la cartera, contribuirá a disminuir el número de conexiones fraudulentas y fomentará la cultura del ahorro.

Luis Guillermo Pardo Cardona

No se trata tanto de apostarle, sino ante todo de educar a la ciudadanía en el consumo de los servicios públicos, además hay que conocer y entender que se deben tener unas tarifas adecuadas y justas con beneficio para el estrato 1 y 2 sin afectar las finanzas de EPM. Las rebajas y descuentos que la EPM otorgó, y que en el 2002 fueron del orden de $42.674 millones, apenas representaron el 2.0% de los ingresos operacionales totales, en tanto que los gastos financieros, afectados por la devastación y el impuesto al patrimonio representaron en su conjunto el 58% de las utilidades operacionales.

La tarifa debe ser el reflejo del costo de producción del servicio, de manera tal que se garantice el mantenimiento de su infraestructura y la expansión del mismo. Ahí no deben aparecer ni tasas de ganancia, ni sobrecostos por voladuras, ni desastres naturales, ni mucho menos los costos del clientelismo, la corrupción o la ineficiencia.

La metodología actual para el cálculo de las tarifas: favorece la especulación. Además, se requiere la creación del Fondo de Solidaridad para Subsidios y Redistribución del Ingreso.

7. ¿Comparte el criterio de que las tarifas deben crecer al mismo ritmo de la inflación y lo defendería en el caso de los servicios prestados por EPM?

Sergio Naranjo Pérez

La inflación es una variable macroeconómica de efectos generales en la nación y que no podemos ignorar. Las autoridades del Banco de la República, por orden de la Constitución, deben velar porque ésta se mantenga en los niveles más bajos posibles. Las tarifas de las empresas prestadoras de servicios públicos domiciliarios, de acuerdo con las normas, son establecidas mediante parámetros muy complejos por los entes nacionales responsables del tema. Como Alcalde de Medellín velaré porque las tarifas sean justas, sociales, equitativas y benéficas para todos, tanto usuarios como la empresa, porque si ella desapareciera el daño sería gravísimo para la comunidad. Estas entidades deben tener un manejo altamente responsable; es bueno tener en cuenta el caso de Emcali quien fuera una de las mejores organizaciones del país, pero que por inadecuadas gestiones ha estado a punto de desaparecer.

Jorge Mejía Martínez

Mejor que partir de la inflación es consolidar los Negocios de EPM en otras reglones diferentes a

Antioquia y campos diversos que permitan a las Empresas unas utilidades de las cuales se puedan beneficiar los hogares de Medellín y establecer el método de fijación de las tarifas no con base en la inflación sino en los resultados del período contable inmediatamente anterior y de los niveles de los fondos sociales de la entidad.

Sergio Fajardo Valderrama

Una tarifa razonable que consulte la realidad económica de los usuarios y la viabilidad y subsistencia de las empresas, es un objetivo por el cual hay que luchar ejerciendo una administración eficiente. Tarifas con crecimiento al mismo ritmo de una inflación controlada, como sucede hoy en el país es lo deseable. De hecho hoy, por mandato de la ley del Plan de Desarrollo Nacional y hasta el año 2006 de su vigencia, las tarifas de los servicios de Acueducto y Alcantarillado, para los estratos 1 y 2, en sus consumos básicos, solo podrán crecer al ritmo de la inflación. Para los otros estratos será necesario hacer las consideraciones y estudios financieros mencionados y desear que los resultados económicos lo permitan.

Jorge Enrique Vélez

El tema de los movimientos en las tarifas de los servicios públicos que tiene un carácter técnico en la determinación de las fórmulas de ajuste, ha remontado el ámbito de discusión meramente empresarial y ha llamado la atención tanto del Gobierno Central como del Banco de la República. Es de esperarse modificaciones en los aspectos normativos que introducirán cambios en las fórmulas para la determinación de las modificaciones tarifarias. Lo más prudente y serlo es esperar como se desarrolla este tema y EPM deberá ante todo propiciar tarifas costeables basadas como ya lo expresé en una política de eficiencia y bajo el rigor de un desempeño empresarial de primer orden.

Luis Guillermo Pardo Cardona

Es importante mantener la inflación bajo control. Pero también el exceso de atención a la inflación puede ser perjudicial. Aquí Se impone: el sano equilibrio con visión social. Además hay que tener claro que lo que padecemos en nuestro entorno es la están Ración vs las alzas desmesuradas.

8. ¿Qué balance tiene usted del desarrollo del programa de masificación de Internet? ¿Le parecen adecuados los resultados? ¿Según la información que le han suministrado en EPM, cuál es el impacto del programa sobre las finanzas de la entidad? ¿Ha preguntado o le han informado cuánto gana o pierde EPM con cada paquete de navegación que vende en los diversos estratos sociales?

Sergio Naranjo Pérez

Esperaremos hasta el primero de enero para observar cuál es la verdadera situación del programa de los computadores y de la masificación de Internet con ti fin de poder tomar las decisiones correspondientes que favorezcan a todos. Estudiaremos fórmulas para impulsar ti plan de conectividad para que nos beneficiemos de este progreso y nos ayude a ser más productivos y competitivos, pero ti diseño de este proyecto debe estar de acuerdo con la capacidad de la ciudad.

Jorge Mejía Martínez

El programa fue diseñado para tres años de los cuales han transcurrido los 7 primeros meses. Es un programa que debe rediseñarse para que no se convierta solo en dotación de computadores y ampliación de la base futura de demandantes de Internet. Con el acrecentamiento de la cultura informática que se soporta en la acción gubernamental del Alcalde actual con ti programa de masificación de la red de Internet, se logra que aumente el número de equipos de computación en los centros educativos, en las oficinas de los funcionarios del Estado, en los centros de producción y servidos y en los hogares de los habitantes de la ciudad.
Esta fortaleza, será aprovechada para empezar a tejer la Red Regional de información que

permitirá el acceso a la información jurídica, política, económica, social, educativa, de empleo, seguridad alimentarla y nutricional, precios y todo lo relacionado con la cotidianidad, reduciendo costos, agilizando los procesos y por consiguiente tiempos de operación y posibilitando elevar la calidad de vida de los ciudadanos. Se trata de una red tipo WAN con nodos en puntos estratégicos, conectados a los Call Center existentes y estimulando la creación de otros nuevos.

Sergio Fajardo Valderrama

Un programa de masificación de Internet como ti propuesto por las Empresas Públicas de Medellín, bien planeado y ejecutado, es indudablemente un extraordinario mecanismo que beneficiaría el desarrollo económico y social de la ciudad. Infortunadamente el balance actual es muy negativo. El estilo de confrontación y de imposición del alcalde, originó que la planeación y los estudios de viabilidad no correspondieran a la realidad. Se ordenaron varios análisis que obligatoriamente tenían que dar resultados positivos, atendiendo ti deseo del ordenador de éstos. Cuando no mostraron viabilidad, alcalde descalificó a los técnicos de la Empresa declarándolos personas sin sensibilidad social, ya que los resultados no eran viables financieramente, en especial en los estratos bajos. Conozco los informes de la Contraloría sobre el desarrollo del programa y realmente son preocupantes en alto grado. Del total de 200.000 computadores del programa, al 4 de marzo de2003, se habían vendido a los diferentes estratos solamente 10.423 unidades y en los cuales, según el análisis de la Contraloría, el valor total no recuperado por las Empresas Públicas de Medellín asciende a $1.405720.928 y considera "que se puede haber incurrido en un posible detrimento fiscal" y "determina como presuntos responsables a los miembros de la Junta Directiva ... y al Gerente Comercial de las Empresas Públicas de Medellín ... y a quienes que en calidad de Gerentes Generales de Empresas Públicas de Medellín suscriban el contrato de compraventa de los equipos en las condiciones de cero intereses". Haciendo cuentas de "tienda de barrio", si en 10.000 unidades se dejan de recuperar $1.4000 millones de pesos, si se vendieran los 200.000 adquiridos por la Empresa, con los conceptos de la Contraloría se dejarían de recuperar $28.000 millones de pesos.

Además la Contraloría advierte en su informe que: "se corre entonces el inmenso riesgo, se reitera, que de no ser posible la venta total de los 200.000 paquetes o computadores a través del programa de masificación de Internet, Empresas Públicas de Medellín deberá asumir el costo de los restantes con las implicaciones que ello conllevaría. A estos riesgos no es dable adentrar a las Entidades Públicas".

Según la Contraloría por cada computador vendido (no hace relación a paquete de navegación), el valor no recuperado varía entre $126.062 en el Estrato 1, hasta $142.575 en el Estrato 6.

A este respecto la Contraloría en el resumen de su informe expresa: "este Órgano de Control advierte a la Administración, que cada vez que venda un PC con la política financiera actual, se verá inmersa, como ya se demostró, en un presunto detrimento fiscal, el cual será objeto de la respectiva investigación fiscal".

¿Qué pasa con estos informes? ¿Qué pasa con las respectivas investigaciones? Que yo sepa, nadie lo sabe. El Alcalde con su estilo de voluntad única, creó una enorme confusión en un programa que podría ser de gran beneficio si se hubiese planeado bien en forma integral.

Jorge Enrique Vélez

Estoy a la espera de los informes de auditoría financiera y de gestión de la empresa con la evaluación en detalle de estos programas y así contar con información suficiente para poderme pronunciar en estos asuntos.

Luis Guillermo Pardo Cardona

¡Ha sido una inversión de alto riesgo! No se han cumplido las expectativas, pues hasta el momento no se han colocado sino 52.836 computadores de la meta de 200.000 que había anunciado el alcalde Pérez, los cuales tuvieron un costo global superior a los US315 millones. Además se están teniendo que colocar fuera de la ciudad de Medellín, en otros departamentos para poder sostener que se venden, pero el objetivo era otro, era impulsar el uso de la tecnología en los estratos más necesitados socioeconómicamente y eso no se ha cumplido y en cambio se ha asumido un alto costo económico. No hay oposición a la tecnología, sino que pretendemos que haya una debida planeación para este tipo de programas. Para que ese programa sea exitoso debe haber una cuantiosa colocación en el mercado de los usuarios de Medellín.

9. ¿Cómo ve usted el clima laboral en EPM?

Sergio Naranjo Pérez

La nuestra es una propuesta por una Gran Medellín competitiva en lo económico, equitativa en lo social y ambientalmente sana. Eso, sin lugar a dudas implica un compromiso frontal con la concertación, la preparación, la capacitación y la potencialización de nuestro mayor capital, el humano. Por lo tanto, con todos los servidores públicos trabajaremos, como ha sido mi costumbre, por la implementación de un clima laboral estimulante, exigente y profundamente respetuoso en todas las dependencias oficiales. Además, dentro del marco de los principios empresariales que han regido a EPM desde su creación, como son el rigor jurídico, técnico, financiero y administrativo, me comprometo a mejorar las condiciones de las personas que laboran en la empresa fortaleciendo el clima organizacional, la cultura corporativa y la seguridad laboral. En este sentido nos comprometemos también con la transparencia en la contratación del personal para que el cuerpo de empleados de la organización esté a la altura de las necesidades y de las posibilidades de la organización.

Jorge Mejía Martínez

Es necesario mejorarlo como ya lo expliqué.

Sergio Fajardo Valderrama

El buen clima laboral de las Empresas Públicas de Medellín está totalmente destruido. El Acalde descalificó el recurso humano y no le tiene confianza y los funcionarios tampoco se la tienen a él. Sólo existe la autoridad impuesta y los empleados están en permanente intranquilidad, temerosos de su estabilidad y cumpliendo órdenes sin posibilidades de deliberación sobre los programas que se les ordena ejecutar.
En la administración de las Empresas Públicas de Medellín estimularemos un Clima Labora! que corresponda a la Confianza, Credibilidad y Armonía que debe haber entre los administradores y todos los colaboradores: Empleados y trabajadores oficiales.
En nuestra administración la Gestión Humana tendrá un papel relevante. Todas las políticas de relación con los empleados y trabajadores estarán orientadas a acrecentar el Sentido de Empoderamiento de éstos con su Empresa.
El Recurso Humano continuará siendo el mayor pa-

trimonio de las Empresas Públicas de Medellín.
Mantendremos, preservaremos y estimularemos
el Patrimonio del Conocimiento, acumulado por
sus empleados y trabajadores y al mismo tiempo
promoveremos la capacitación de jóvenes profesionales y trabajadores, de tal manera que la re-
novación natural del personal que por el tiempo
de servicio obtengan su derecho de jubilación, se
produzca conservando y acrecentando el Patrimonio del Conocimiento en la entidad. Se hará
un reclutamiento general entre jóvenes de las universidades e institutos tecnológicos de la región
en un concurso de la excelencia.

Jorge Enrique Vélez

Siempre he creído en el alto nivel profesional
y técnico del personal de la empresa y estoy
seguro que con los postulados sobre buen gobierno empresarial que impondremos en nuestra administración para todas las empresas del
municipio, lograremos alcanzar la motivación
y el estímulo al personal que sirve a una de las
empresas más importantes del país. (Incluye
respuesta a punto 10).

Luis Guillermo Pardo Cardona

El clima ha estado afectado por los desaciertos y
bandazos de la actual administración desde sus
inicios, baste recordar el abrupto cambio gerencial de hace unos meses además de un uso no
adecuado del presupuesto de EPM. La actual ad-

ministración cual considera que las diversas dependencias especializadas y los dos sindicatos al
interior de las EPM son "convidados de piedra"
y no le merecen ningún respeto en cuanto a las
decisiones a tomar al interior de la entidad.
Para uno darse cuenta del clima laboral en EPM,
sólo se debe mirar la reseña de los periódicos locales en cuanto a la reunión de los últimos días de
los empleados EPM en el Teatro Metropolitano o
a la memoria escrita consignada de dicho acto.
Es la primera vez desde 1955 que el Gerente de EPM se cambia abruptamente. Esto
es resultado igualmente de los bandazos
de la administración actual que ya men-
cionamos en otro punto. Además se han
cambiado otros altos ejecutivos en EPM
de la misma manera antes mencionada.

10. ¿Qué opina frente a la existencia de dos sin-dicatos en EPM (Sintraemsdes y SinproEPM?

Sergio Naranjo Pérez

La entidad debe respetar el derecho a la libre asociación, así como promover el compromiso de los empleados con el presente
y el futuro de EPM. Yo soy un amigo de la
concertación y del diálogo, los diferentes
servidores públicos me conocen y saben que
siempre he respetado a cabalidad sus derechos y escuchado sus propuestas; por eso,
los resultados para toda la ciudad fueron
excelentes durante mi pasada administra-

ción: el Municipio de Medellín fue modelo de gestión, líder y ejemplo en Colombia y latinoamericano. Los sindicatos de EPM se han constituido en la legalidad y con los mejores propósitos, por lo cual, yo no sólo los respetaré como Alcalde sino que escucharé sus ideas y aportes y así lo hará también quién dirija los destinos de la entidad desde su gerencia.

Jorge Mejía Martínez

Hay que respetar su existencia, porque fue legal su constitución. El respeto a los derechos democráticos de los ciudadanos, será nuestra guía.

Sergio Fajardo Valderrama

Respetaremos los derechos de Asociación de los Empleados y Trabajadores de las Empresas. Se procurarán medios e ideas que tiendan puentes de diálogo y concertación.

Luis Guillermo Pardo Cardona

La Ley 584 se refiere a la libertad sindical y yo soy respetuoso de ella.

11. ¿Cuál es el perfil que usted tiene definido para el cargo de Gerente General de EPM? ¿Estaría dispuesto a anunciar el nombre o nombres de sus candidatos para esa posición,

antes del día de las elecciones para Alcalde?
Sergio Naranjo Pérez

El gerente de EPM debe ser una persona de toda la confianza para los habitantes de La Gran Medellín. Sin lugar a dudas, debe cumplir con un perfil de alta capacidad gerencíal y administrativa, creativo, con experiencia e identificado con la ciudad competitiva e internacional que vamos a desarrollar. Esta persona tendrá que demostrarle a nuestra metrópoli y al país su criterio, su responsabilidad, su independencia y su respeto por todos. Aquí no se puede improvisar ni nos vamos a equivocar; por eso, el nombramiento se debe pensar detenidamente. En este momento debemos concentrar los esfuerzos en nuestras propuestas para Medellín. Al Gerente de EPM lo nombra el Alcalde de la ciudad y no los candidatos. Una vez me encuentre rigiendo el destino de esta ciudad de todos mis afectos, daré a conocer mi gabinete oportunamente.

Jorge Mejía Martínez

El Gerente General de EPM debe reunir cualidades y experiencia administrativa en grandes proyectos; debe tener cualidades de líder; conocer el mercado internacional de tecnologías afines a los servicios de EPM y de servicios públicos.

Sergio Fajardo Valderrama

Los miembros de la Junta Directiva y el Gerente General serán de altas calidades humanas, con perfiles y experiencias empresariales que correspondan a la dirección de un Grupo Empresarial con compromiso social y de desarrollo económico, tal como deben ser las Empresas Públicas de Medellín.

El Gerente General, además, debe ser un ejecutivo con capacidad de coordinación y mediación. Que aglutine y solidarice a los empleados de la entidad brindando confianza, credibilidad y demandando responsabilidad. Debe tener una alta capacidad de representación para actuar ante iguales de entidades públicas y privadas, nacionales e internacionales.

Durante la campaña no anunciaremos nombres de personas que vayan a ser miembros de la Junta Directiva, ni tampoco el nombre de quien pueda ser el Gerente General El Proceso Participativo de las fuerzas sociales de nuestra propuesta para estos nombramientos Sí será Público como en efecto lo estamos anunciado al responder esta encuesta. (Incluye respuesta a pregunta 12).

Jorge Enrique Vélez

Yo aspiro a que la dirección de EPM vuelva por los fueros de lo que fue la administración del Doctor Diego Calle Restrepo. Me reservo los nombres de las personas que pueden llenar los requisitos para esta alta posición pues creo que EPM no puede ser el centro del debate político en la búsqueda de la alcaldía de Medellín. (No

responde la 12).
Luis Guillermo Pardo Cardona

El Gerente General de EPM debe de ser un ejecutivo al cual le quepa en la cabeza la dimensión de la mejor empresa pública de Latinoamérica, que sea sumamente transparente y pulcro en el manejo de la entidad y que sabiendo que es un funcionario que depende del alcalde, desarrolle una acción pública de máximo beneficio social para la ciudadanía. Es decir, debe saber que está desempeñando una función pública donde hay que combinar la gestión gerencial, el conocimiento técnico y la sensibilidad social al mismo tiempo.

12. ¿Qué perfiles ha definido para los miembros de la Junta Directiva de EPM?
¿Le suena la idea de tener una especie de Junta de Directores, remunerada y con dedicación exclusiva?

Sergio Naranjo Pérez

La calidad de los integrantes de la Junta Directiva de EPM debe ser de la mayor altura, en concordancia con su responsabilidad al frente de la segunda empresa más grande de Colombia y para asegurar su transparencia y niveles de eficiencia y de competitividad que le han sido propios en el pasado. Estructuraremos la Junta de EPM con la participación de empresarios, de académicos, de la Cámara de Comercio, de asociaciones de profesionales y de ligas de usuarios. Siempre será necesario acreditar unos requisitos mínimos y exigentes para ser miembro de la Junta, que será una expresión plural pero muy calificada de la comunidad.

Jorge Mejía Martínez

Creo haber contestado esta pregunta en el literal f) de la respuesta a la primer pregunta.

Luis Guillermo Pardo Cardona

En los miembros de la Junta Directiva de EPM, nombrados de conformidad con los Estatutos, primará la característica de un alto perfil donde de conjugará lo gerencial, lo técnico y lo social. Sin estas tres condiciones en sus miembros se comienza a perder el norte de la entidad desde la cabeza. Además, en un sano ejercicio democrático deberá existir participación de los trabajadores de EPM.

13. ¿Promovería usted la privatización parcial o total de las EPM?

Sergio Naranjo Pérez

No, y así quedó consignado en mi Programa de Gobierno, debidamente inscrito en la Registraduria. Como ya lo expresé anteriormente, nuestras acciones garantizarán que las Empresas Públicas, orgullo nacional, continúen como Empresa industrial y Comercial del Estado, propiedad exclusiva del Municipio de Medellín, con una dimensión social manifestada en el uso de los excedentes que transfiere a nuestro ente territorial, con el objeto de invertirlos en el mejoramiento de la calidad de vida de nuestra gente.

Jorge Mejía Martínez

No. La discusión sobre la propiedad se cerró hace tiempo, la ciudadanía manifestó en todos sus estratos que quería unas EPM de propiedad única del Municipio. En el pasado Consejo Comunitario celebrado en Envigado (el N° 29) el Presidente Uribe volvió ha echar candado a la discusión cuando dijo referido a EPM e Isagen que, no se pueden privatizar, porque son las dos únicas entidades nacionales que construyen represas y los inversionistas privados "no construyen represas". Es que son los capitales públicos los que tienen que asumir la inversión estratégica, que por sus riesgos y tiempos prolongados para empezar a retribuir, no resulta atractiva para los inversionistas privados. Pero las Empresas Públicas deben formar alianzas con el capital privado para promover nuevas inversiones en campos diferentes a las de los servicios públicos domiciliarios.

Sergio Fajardo Valderrama

No privatizaremos las Empresas Públicas de Medellín. Conservaremos su carácter de perso-

na jurídica de orden municipal, mantendremos
y acrecentaremos su función de crear desarrollo y bienestar social en la región.

Jorge Enrique Vélez

No está contemplado este asunto en mi programa de gobierno.

Luis Guillermo Pardo Cardona

En mi alcaldía no se promoverá tipo de privatización alguna en las EPM. Las EPM han sido
construidas y son el gran patrimonio de la ciudadanía de Medellín, por lo tanto deben de seguir siendo públicas, eso sí, con un acertado y
pulcro manejo gerencial, sin excluir alianzas estratégicas con aporte privado y lo público donde
la participación del capital de EPM sea superior
al 51 %. Es más, yo creo que hay que revisar la
Ley 142 del 94 que rige en materia de servicios
públicos domiciliarios, pues riñe abiertamente
con el espíritu de la Constitución en lo concerniente a la finalidad social del Estado, ya que
desmonta en la práctica la concepción de Estado Social de Derecho, pues mantiene en buena
parte la orientación mercantil, con sus hondas
repercusiones económicas, sociales y políticas.
No hay que olvidar que no puede seguirse dando
el tratamiento de "diente" al usuario del servicio,
pues éste accede a un mercado de servicios públicos, y no a un mercado de bienes de consumo.
Hay que preguntarse primero si cuenta o no con

el dinero para cancelar la tarifa o el precio del bien
y si el precio es adecuado y justo; si no se hace así
se contraría el mandato constitucional.

**14. ¿Hacia dónde enfocará los Negocios de
EPM? ¿Reforzará su presencia en Antioquia?
¿Seguirá su expansión a nivel nacional? ¿Será
más agresivo en la conquista de mercados internacionales?**

Sergio Naranjo Pérez

EPM debe cumplir con su objeto social y
garantizar, cada vez con mejor eficiencia,
eficacia y efectividad, un mayor cubrimiento y calidad de la prestación de los
servicios públicos domiciliarios que le corresponden a Medellín, su mercado natural. Sin embargo, también tiene un compromiso moral e ineludible con Antioquia;
por esa razón, junto con Eade y Edatel
buscaremos fórmulas que le permitan a
nuestra región contar con un mejor servicio en todo su territorio y con unas tarifas
más justas pues en el momento son excesivamente altas. En general, la empresa no
puede frenar su crecimiento y su desarrollo y debe compaginar su labor social con
su permanencia en el tiempo; por lo tanto, debe buscar inversiones productivas y
rentables nacionales e internacionales que
le permitan fortalecerse y competir en los
diferentes mercados.

Todas esas cosas, pues partiendo en primer lugar de cumplir sus objetivos de prestadora de servicios públicos de la ciudad de Medellín, luego que liderar el desarrollo de Antioquia y de cerrarla brecha de desigualdades con la prestación de los servicios públicos básicos en los municipios del departamento pero a la vez hay que aplicar el refrán antioqueño que dice que no deben llevarse los huevos a una sola canasta, expresión coloquial para expresarla recomendación de diversificación que da la teoría de riesgos.

Adicional a lo propuesto trabajaremos para llevar a la práctica la propuesta que la Cámara de Comercio de Medellín, presentó en el periódico El Colombiano, enero 31 de 1996y que transcribo: "Medellín debe proponerse como objetivo de largo plazo desarrollar una plataforma competitiva de clase mundial, en la cual se garanticen mejores oportunidades y condiciones de vida para todos sus habitantes. Por su parte, la preocupación estratégica de las E.P.M. de la ciudad deberá ser la de contribuir a este propósito, a la vez que garantizar su consolidación y expansión en el futuro y mejorar la calidad y diversidad de los servicios que ofrece a sus usuarios actuales y potenciales.". Para ello plantemos la formación de un consorcio con capital de EPM, capital oficial y privado, y las Universidades de Medellín.

Sergio Fajardo Valderrama

El Grupo Empresarial Empresas Públicas de Medellín deberá definir el marco general de su acción en los negocios. Actualmente existen Negocios que corresponden a una política de expansión, con el objetivo de traer nuevos recursos adicionales para invertir en el desarrollo de la región. Una atención especial se tendrá para que este objetivo sea real.

También se deben estudiar nuevos Negocios en el ámbito nacional e internacional, con el mismo objetivo, pero en todo caso teniendo en cuenta siempre que las Empresas Públicas de Medellín deben mirar al Departamento de Antioquia como su lógico siguiente paso de intervención. Las Empresas Públicas de Medellín en desarrollo de su objetivo de regionalización deberá fortalecer administrativa y técnicamente a la Empresa Antioqueña de Energía -Eade- y a la Empresa Departamental de Telecomunicaciones -Edatel, en las cuales tiene una alta participación de su propiedad y con el control administrativo y evitar el manejo político y burocrático de estas empresas para que sean financieramente viables y eficientes, de manera que se logren unas tarifas razonables de acuerdo a la situación económica de los usuarios de la región antioqueña en la que prestan los servicios de energía y telecomunicaciones.

Al mismo tiempo, en las Empresas Públicas de Medellín continuaremos con la política de in-

tegración de mercados regionales en el Departamento de Antioquia, promocionando y participando en la constitución de Empresas de
Acueducto y Alcantarillado Regionales.

También, dentro de la política je regionalización estudiaremos la posibilidad técnica y económica de dotar de los servicios de Acueducto
y Alcantarillado a todos los Corregimientos y
Veredas de los municipios del Valle de Aburrá,
tal como ya se ha hecho en los Corregimientos
y Veredas del Municipio de Medellín.

Este proyecto que proveerá de agua potable y
saneamiento y que es vital para la salud y la
calidad de vida de los habitantes de los Corregimientos y Veredas lo promoveremos con las
directivas del Área Metropolitana, con los Concejos y Alcaldes de los municipios, y definida
su viabilidad técnica y económica, iniciaremos
su desarrollo en concertación con a comunidad,
tal como se hizo en la ciudad de Medellín.

Jorge Enrique Vélez

Para ser consecuente con la autonomía que espero dar a EPM, estos asuntos corresponderán
a la Junta Directiva y a su Administración. De
hecho en los lineamientos generales que hemos
diseñado para la conducción de las empresas
del municipio hemos establecido que corresponde a las Juntas Directivas ser eficientes, independientes y responsables, actuaren torno
a la sostenibilidad y crecimiento de la compañía y deberán obrar en función de la empresa,

su estrategia, su entorno, sus oportunidades y amenazas y estarán orientadas a apoyara la Administración en la orientación estratégica de las empresas. Todo esto dentro de un criterio que en condiciones de igualdad impulse preferentemente las obras y las inversiones de EPM en el departamento de Antioquia.

Luis Guillermo Pardo Cardona

Hay que revisar minuciosamente el portafolio de inversiones en general. Habrá que reforzar la presencia en Antioquia para un mejor, mayor y real beneficio de la población. No vale la pena expandirse a nivel nacional comprando todas las empresas quebradas del país. En cambio, es necesario ser más agresivo en la conquista de mercados internacionales en lo concerniente a energía y agua potable. Para colocar un sencillo ejemplo: ¿por qué no hemos comenzado a exportar agua potable si los compradores están esperando y la pagan a un buen precio?

15. ¿Qué puntos del Acuerdo sobre lo Fundamental en EPM estaría dispuesto a promover como Alcalde?

Sergio Naranjo Pérez

Estamos de acuerdo con la iniciativa ciudadana del Acuerdo sobre lo Fundamental con respecto a la gestión de EPM. Promoveremos la necesaria veeduría con los más destacados representantes de la sociedad con el fin de que esta organización, corazón y vida de los antioqueños, sea manejada con todo el rigor gerencial, administrativo, jurídico, técnico y financiero que amerita. Formaremos una Junta Directiva con la participación del sector privado, de los gremios, de académicos, de la Cámara de Comercio, de asociaciones de profesionales y de los usuarios, de manera que sea idónea, profesional y especializada y que se convierta en una expresión de la participación y de la representación de la ciudad.

Jorge Mejía Martínez

Creo que las respuestas a la primera pregunta muestran mis coincidencias con el llamado Acuerdo sobre lo fundamental.

Sergio Fajardo Valderrama

Estamos de acuerdo prácticamente con todos los puntos considerados en la propuesta de Acuerdo sobre lo Fundamental en Empresas Públicas de Medellín, con excepción del tema de la Junta de Directores, por las razones expuestas en las respuestas de la Pregunta 12. Es muy difícil que personas sensatas difieran sustancialmente con respecto al funcionamiento del organismo motor de desarrollo más importante de la región. La supervivencia de las Empresas Públicas de Medellín dependerá, necesariamente, del consenso de todas las fuerzas sociales y en especial del sector público y el sector privado y del grado de satisfacción de la comunidad. Es tan importante la entidad para toda la región, que la búsqueda del consenso debe ser permanente.

Jorge Enrique Vélez

Tengo clara mi visión sobre el papel que debe jugar EPM en el desarrollo de la Ciudad, el Departamento y la Nación. No me he detenido a analizar el mencionado acuerdo y por lo tanto me abstengo de responder esta pregunta.

Luis Guillermo Pardo Cardona

La Junta Directiva, la cual ya dijimos que debe tener un alto perfil gerencial, académico, técnico y social, con participación de los trabajadores y debidamente remunerados y con el apoyo logístico adecuado. Además, estos miembros deben ser nombrados de acuerdo con los estatutos, para evitar repetir situaciones como las que ocurren en el Banco de la República. También compartimos la visión de transparencia, de buen gobierno, de información pública permanente y de acceso al ejercicio del control social y la veeduría ciudadana■

EL AUTOR

Germán Jiménez Morales es periodista independiente, escritor y conferencista, especialista en el análisis de temas económicos y sociales, rentas criminales y corrupción.

Su carrera como escritor la comenzó en 1991 y desde entonces ha publicado las siguientes obras:

• Amando desde el corazón de mi vagina. **Best Seller en Amazon en inglés y español.**

• Así me hablo para sanar mis heridas emocionales. **Best Seller en Amazon.**

• Las oscuras fortunas de Colombia. Best Seller en Amazon.

• La frustrada privatización de EPM.

• El hombre que arrodilló a la joya de la corona.

- La calidad, una filosofía de vida.
- El jefe se jubila.
- Aghh, tengo unas ganas de pegarle a mi jefe.
- 50 años de control fiscal en Antioquia.
- Naufragio cultural y otras historias de periodismo económico.
- Álvaro Villegas Moreno: Secretos de un líder.
- Colombia se apaga.
- Tras las huellas del apagón.
- Pescadero Ituango: La central de las ambiciones.

Ha sido galardonado con el Premio Rey de España, Simón Bolívar, el Premio Colprensa (dos ocasiones), Premio Cipa a la Excelencia Periodística, en la categoría Escritor-Periodista, Premio Cotelco al mejor trabajo periodístico, Premio Club de la Prensa como Periodista Distinguido y en 2013 y 2014 formó parte del grupo de seleccionados al premio latinoamericano de periodismo de investigación del Instituto de Prensa y Sociedad (Ipys) y Transparencia Internacional, por sus reportajes sobre La catedral privada de Pablo Escobar y su detallado seguimiento a la crisis de Interbolsa y el Fondo Premium Capital.

Desde 2018 comenzó a especializarse como investigador en sanación emocional, campo en el cual ha publicado dos obras Best Seller en Amazon: Amando desde el corazón de mi vagina y Así me hablo para sanar mis heridas emocionales. Más de 1.000 personas se han beneficiado con sus técnicas, en talleres, conferencias y asesorías individuales.